OFAC Settlement Agreements

Darius O. Schindler

OFAC Settlement Agreements

Sanctions Enforcement Actions gegen Nicht-US-Unternehmen 2019–2024

Springer Gabler

Darius O. Schindler
CiTEX Forschungsgesellschaft mbH
Karlsruhe, Deutschland

ISBN 978-3-658-50016-0 ISBN 978-3-658-50017-7 (eBook)
https://doi.org/10.1007/978-3-658-50017-7

Die Deutsche Nationalbibliothek verzeichnet diese Publikation in der Deutschen Nationalbibliografie; detaillierte bibliografische Daten sind im Internet über https://portal.dnb.de abrufbar.

Springer Gabler ist ein Imprint der eingetragenen Gesellschaft Springer Fachmedien Wiesbaden GmbH und ist ein Teil von Springer Nature.
Die Anschrift der Gesellschaft ist: Abraham-Lincoln-Str. 46, 65189 Wiesbaden, Germany

Meinen Eltern

Vorwort

Die Dynamik internationaler Sanktions- und Exportkontrollregelungen hat in den vergangenen Jahren erheblich an Bedeutung gewonnen. Unternehmen, die grenzüberschreitend tätig sind, sehen sich zunehmend mit einem komplexen Geflecht rechtlicher Verpflichtungen konfrontiert, das nationale, europäische und US-amerikanische Regelungen miteinander verknüpft. Besonders die Praxis des Office of Foreign Assets Control (OFAC) verdeutlicht eindrücklich, wie stark extraterritoriale Normen den Handlungsspielraum europäischer Unternehmen beeinflussen können.

Dieses Buch widmet sich der Analyse von OFAC-Settlement Agreements in den Jahren 2019 bis 2024. Ziel ist es, die außergerichtlichen Einigungen zwischen OFAC und Nicht-US-Unternehmen nicht nur als Einzelfälle, sondern als Ausdruck einer weitergehenden Steuerungslogik zu begreifen: Sie sind Sanktion, Präventionsinstrument und Compliance-Vorgabe zugleich. Damit tragen sie wesentlich dazu bei, dass sich faktische internationale Standards für die Gestaltung von Internal Compliance Programmes herausbilden.

Die Arbeit verfolgt einen doppelten Ansatz: Zum einen werden die rechtlichen Grundlagen des US-Sanktions- und Exportkontrollrechts systematisch dargestellt, einschließlich der Rolle zentraler Institutionen wie dem Bureau of Industry and Security (BIS) und dem OFAC selbst. Zum anderen erfolgt eine detaillierte Fallanalyse, die es ermöglicht, Muster, Risikokonstellationen und branchenspezifische Besonderheiten zu identifizieren. Die Ergebnisse zeigen, dass OFAC-Settlements über die reine Sanktionierung hinaus ein globales Referenzmodell für Compliance-Strukturen schaffen.

Das Buch richtet sich gleichermaßen an Juristen, Geschäftsführer, Compliance-Beauftragte und Risikomanager. Es soll dazu beitragen, das Verständnis für die extraterritoriale Reichweite des US-Sanktionsrechts zu vertiefen und Unternehmen Orientierung bei der Entwicklung robuster Compliance-Strukturen zu geben.

Karlsruhe, Deutschland
im September 2025

Darius O. Schindler

Interessenkonflikt

Der/die Autor*in hat keine für den Inhalt dieses Manuskripts relevanten Interessenkonflikte.

Inhaltsverzeichnis

Teil IV Folgen für die Gestaltung der Exportcompliance

Abkürzungsverzeichnis[1]

AEO	Authorised Economic Operator (Zugelassener Wirtschaftsbeteiligter)
AG/AGG	Allgemeine Genehmigung
AML	Anti-Money Laundering
AWG	Außenwirtschaftsgesetz
AW-Prax	Außenwirtschaftliche Praxis (Zeitschrift)
AWV	Außenwirtschaftsverordnung
BAFA	Bundesamt für Wirtschaft und Ausfuhrkontrolle
BIS	Bureau of Industry and Security, Behörde des US-Handelsministeriums, zuständig für Fragen der nationalen Sicherheit und Hochtechnologie (v. a. Dual-Use-Güter).
BSA	Bank Secrecy Act
BSR	Burmese Sanctions Regulations, 31 CFR Part 537
CACR	Cuban Assets Control Regulations, 31 CFR Part 515
CCL	Commerce Control List, US-amerikanische Liste der Dual-Use-Güter, veröffentlicht unter 15 CFR Part 774
CFR	Code of Federal Regulations, von den US-Bundesbehörden erlassenen Verwaltungsverordnungen

[1] In das Verzeichnis wurden nur solche Abkürzungen aufgenommen, die nicht allgemein bekannt sind oder sich aus *Kirchner* (2021): *Abkürzungsverzeichnis der Rechtssprache*, 10. Auflage, Berlin, Deutschland: De Gruyter ergeben.

CL	Mit einem Charging Letter wird ein exportkontrollrechtliches Verwaltungsvollstreckungsverfahren des BIS gemäß den EAR eingeleitet. Der Beklagte ist berechtigt, die darin enthaltenen Verstöße und Behauptungen im Rahmen der in Teil 766 EAR festgelegten Gerichtsverfahren zu bestreiten.
CMIC	Chinese Military-Industrial Complex
CML	Common Military List of the European Union
CSR	Corporate Social Responsibility
DoD	Department of Defense
DoJ	Department of Justice
DU	Dual Use
Dual-Use-Verordnung	Verordnung (EU) 2021/821 des Europäischen Parlaments und des Rates vom 20. Mai 2021 über eine Unionsregelung für die Kontrolle der Ausfuhr, der Vermittlung, der technischen Unterstützung der Durchfuhr und der Verbringung betreffend Güter mit doppeltem Verwendungszweck.
EAR	Export Administration Regulations (US-Exportvorschriften), geregelt in 15 CFR Part 730 ff.
EAR99	EAR99 betrifft zivile US-Güter, die nicht in der Commerce Control List (CCL) aufgeführt sind, also keine Dual-Use-Güter sind.
ECCN	Export Control Classification Number (ECCN) ist eine Kennzeichnung für Dual-Use-Güter, die dem US-Exportkontrollrecht unterliegen. Sie sind in der Commerce Control List (CCL) aufgeführt.
ECDT	Der Export Control Decision Tree ist eine Anleitung zur Anwendung des US-Exportrechts, geregelt in Supplement No. 1 to Part 732, Title 15.
ECP	Export-Compliance-Program(m)
EMCP	Export Management and Compliance Program
EO	Executive Order, Durchführungsverordnung des Präsidenten der Vereinigten Staaten
EUC	Der End-Use Check ist die physische Überprüfung von Gütern bei einer an einer Transaktion beteiligten Partei vor Ort.

EUM	End-Use Monitoring Programm zur Kontrolle ausgeführter Güter.
FDPR	Foreign Direct Product Rule
FMS	Foreign Military Sales, der Verkauf von Rüstungsgütern zwischen Staaten.
FNKSR	Foreign Narcotics Kingpin Sanctions Regulations
FR	Final Rule des BIS (Regelung zur Änderung der EAR)
GTSR	Global Terrorism Sanctions Regulations, 31 CFR Part 594
ICP	Internal Compliance Program, innerbetriebliches Compliance Programm
IEEPA	International Emergency Economic Powers Act (1977)
ITAR	Die International Traffic in Arms Regulations (ITAR) sind ein Regelwerk der Vereinigten Staaten zur Beschränkung und Kontrolle der Ausfuhr von Verteidigungs- und Militärtechnologien.
ITSR	Iranian Transactions and Sanctions Regulations, 31 CFR Part 560
JCPOA	Joint Comprehensive Plan of Action, Atom-Abkommen mit dem Iran (2015)
KOM	Europäische Kommission
KYC	Know Your Customer
MC	Management Commitment
LSR	Libyan Sanctions Regulations, 31 CFR Part 570
MTCR	Missile Technologie Control Regime, Trägertechnologie-Kontrollregime
NSD	The Department of Justice's National Security Division
OEA	Office of Enforcement Analysis, Behörde innerhalb des Bureau of Industry and Security (BIS)
OEE	Das Office of Export Enforcement (OEE) ist ein Teil des US-Handelsministeriums, Bureau of Industry and Security, das an der Entwicklung, Umsetzung und Durchsetzung von Exportkontrollen für kommerzielle Technologien und für viele militärische Technologien beteiligt ist. Es konzentriert sich ausschließlich auf die Durchsetzung von Exportkontrollen und arbeitet eng mit Geheimdienstanalysten zusammen.

OFAC	Office of Foreign Assets Control, Behörde des US-Finanzministeriums, zuständig für Wirtschafts- und Handelssanktionen
RuHSR	Russian Harmful Foreign Activities Sanctions Regulations
SDN	Specially Designated Nationals and Blocked Person
SSI List	Sectoral Sanctional Identification List
SSR	Sudanese Sanctions Regulations, 31 CFR Part 538
SySR	Syrian Sanctions Regulations, 31 CFR Part 542
TWEA	Trading with the Enemy Act (1917)
USML	US-Munition-List (Rüstungsgüter)
VO	Verordnung
VSD	voluntary self-disclosure (freiwillige Selbstanzeige)
WMDPSR	Weapons of Mass Destruction Proliferators Sanctions Regulations, 31 CFR Part 544

Einleitung

1

Die internationale Wirtschaftstätigkeit unterliegt in wachsendem Umfang regulatorischen Anforderungen, die weit über nationale Grenzen hinausreichen. Im Zentrum stehen die wirtschafts- und sicherheitspolitisch motivierten Sanktionen der Vereinigten Staaten, deren extraterritoriale Wirkung Unternehmen weltweit vor erhebliche Herausforderungen stellt. Das Office of Foreign Assets Control (OFAC) fungiert hierbei als zentrale Durchsetzungsbehörde für die Umsetzung der US-amerikanischen Sanktionsprogramme. Seine Maßnahmen betreffen nicht nur Akteure innerhalb der Vereinigten Staaten, sondern erfassen auch ausländische Unternehmen, sofern ein sogenannter „US-Nexus“ vorliegt – etwa durch Transaktionen in US-Dollar, die Verwendung von US-Waren oder -Software oder die Beteiligung von US-Personen.

Diese extraterritoriale Ausdehnung der Sanktionshoheit hat in den vergangenen Jahren eine Vielzahl von Enforcement-Verfahren gegen Nicht-US-Unternehmen ausgelöst. Besonders die sogenannten OFAC Settlements, also außergerichtliche Einigungen zwischen OFAC und den betroffenen Unternehmen, haben sich zu einem prägenden Instrument der Sanktionsdurchsetzung entwickelt. In diesen Verfahren werden nicht nur hohe Geldstrafen verhängt, sondern auch weitreichende Compliance-Verpflichtungen auferlegt. Hierzu zählen regelmäßige Audits, strukturierte Schulungsprogramme, umfassende Berichtspflichten und tiefgreifende organisatorische Reformen. Solche Verpflichtungen können über mehrere Jahre bestehen und greifen erheblich in die Unternehmensorganisation ein. Neben dem finanziellen Schaden ist auch die internationale Signalwirkung solcher Verfahren von erheblicher Bedeutung.

Die Relevanz des Themas zeigt sich aus verschiedenen Perspektiven. Erstens verdeutlichen die Settlements die Notwendigkeit, dass auch außerhalb der USA an-

D. O. Schindler, *OFAC Settlement Agreements*,
https://doi.org/10.1007/978-3-658-50017-7_1

sässige Unternehmen die US-Sanktionsvorschriften beachten müssen, sobald sie mit US-Personen, -Technologien, -Finanzsystemen oder -Waren in Berührung kommen. Zweitens verweisen die Fälle auf eine zunehmende Konvergenz von Compliance-Anforderungen: international tätige Unternehmen sind gezwungen, sowohl europäische als auch US-amerikanische Standards in ihre internen Kontrollsysteme zu integrieren. Drittens offenbaren die untersuchten Verfahren, dass Sanktionen längst nicht mehr auf klassische Rüstungsgüter oder Dual-Use-Produkte beschränkt sind, sondern nahezu alle Wirtschaftsbereiche betreffen können – von IT-Dienstleistungen über Finanztransaktionen bis hin zu Vertriebs- und Lizenzvereinbarungen. Daraus folgt, dass ein wirksames Sanktions- und Exportkontroll-Compliance-Programm nicht nur eine rechtliche Notwendigkeit, sondern zugleich ein strategisches Steuerungsinstrument darstellt, das organisationsübergreifend konzipiert und umgesetzt werden muss.

Dieses Buch widmet sich der systematischen Analyse ausgewählter OFAC Settlement Agreements der Jahre 2019 bis 2024 mit dem Ziel, Muster und Risikoindikatoren zu identifizieren, die für europäische Unternehmen sanktionsrechtlich relevant sind. Neben den rechtlichen Grundlagen werden die praktischen Auswirkungen auf die Gestaltung von Internal Compliance Programmes (ICP) untersucht. Damit soll ein Beitrag zum Verständnis der Schnittstelle zwischen US-amerikanischer Sanktionspraxis und europäischem Unternehmensalltag geleistet werden – verbunden mit konkreten Leitlinien für den Aufbau wirksamer Compliance-Strukturen. Durch die Verbindung von Fallanalyse, regulatorischem Rahmen und Standardisierung entsteht ein interdisziplinäres Fundament, das Juristen, Geschäftsführern, Risikomanagern und Compliance-Beauftragten gleichermaßen von erheblicher praktischer Relevanz ist.

Teil I

Grundlagen der US-Exportkontrolle

2 Einführung

Die USA haben eines der striktesten Exportkontrollsysteme weltweit, das in bestimmten Fällen auch europäische Unternehmen bindet (sog. extraterritoriale Wirkung). Die US-Ausfuhrkontrollen und Wirtschaftssanktionen gelten primär für Aktivitäten von US-Personen. Sie werden aber in vielen Fällen auch auf die Aktivitäten von Nicht-US-Personen angewendet (Hocke et al. 2024, Kap. VI. Rn. 15; Wecker und Ohl (Hrsg.) 2013, S. 90).

Ausfuhrregelungen finden sich in den Export Administration Regulations (EAR), den International Traffic in Arms Regulations (ITAR) und verschiedenen Sanktionsprogrammen, die vom Office of Foreign Assets Control (OFAC) verwaltet werden. Hinzu kommen Executive Orders des Weißen Hauses, also Erlasse des US-Präsidenten. Ein Verstoß gegen diese Vorschriften kann nicht nur zu hohen Strafen führen, sondern auch zu einer eigenen Sanktionierung des ausländischen Unternehmens in den USA, was neben einer Sperre des Unternehmens auf dem US-Markt auch weitere weltweite Folgen hätte.

Europäische Unternehmen müssen US-Exportrecht anwenden, wenn sie selbst als US-Person gelten. Dafür gibt es mehrere Sachverhalte. Daneben muss US-Recht berücksichtigt werden, wenn das Exportgut als US-Gut gilt oder wenn es in besonderem Maße US-Anteile beinhaltet (de minimis-Regel). Schließlich ist zu berücksichtigen, dass in bestimmten Fällen auch US-Sanktionen anzuwenden sind. Daher ist es zwingend erforderlich, sich mit dem US-Recht auseinanderzusetzen, wenn man sich im Einflussbereich der US-Regeln bewegt.

D. O. Schindler, *OFAC Settlement Agreements*,
https://doi.org/10.1007/978-3-658-50017-7_2

Wichtige U.S. Regierungsbehörden 3

3.1 Bureau of Industry and Security

Das Bureau of Industry and Security (BIS) ist eine dem US-Handelsministerium untergeordnete Behörde, die im Zentrum der güterbezogenen Exportkontrolle der Vereinigten Staaten steht. Seine Aufgabe besteht vor allem in der Regulierung und Überwachung von sogenannten Dual-Use-Gütern, also Produkten, Technologien und Software, die sowohl für zivile als auch für militärische Zwecke verwendet werden können (Hirschhorn et al. 2022, S. 8). Damit kommt dem BIS eine Schlüsselrolle in der Schnittstelle zwischen Außenwirtschaft, nationaler Sicherheit und Außenpolitik der USA zu.

Die Behörde ist organisatorisch in verschiedene Untereinheiten gegliedert. Besonders wichtig ist das Office of Export Enforcement (OEE), das für die Durchsetzung der Exportkontrollvorschriften verantwortlich ist. Es führt Ermittlungen durch, arbeitet eng mit dem Justizministerium zusammen und verhängt Sanktionen bei Verstößen (zu den Investigations and Enforcement Proceedings vgl. Hirschhorn et al. 2022, S. 120–123). Ergänzend dazu analysiert das Office of Enforcement Analysis (OEA) die mit Exporten verbundenen Risiken, wertet Daten aus und kooperiert mit Nachrichtendiensten, um potenzielle Verstöße gegen die Exportkontrollvorschriften frühzeitig zu erkennen.

Ein wesentlicher Teil der Tätigkeit des BIS besteht in der Ausarbeitung und Anwendung der Export Administration Regulations, EAR (Gordon et al. 2019, S. 117). Diese finden sich in Titel 15 des Code of Federal Regulations und bilden den Kern des US-amerikanischen Exportkontrollrechts für Dual-Use-Güter. Zentrale Grundlage ist die sogenannte Commerce Control List (CCL), die sämtliche

D. O. Schindler, *OFAC Settlement Agreements*,
https://doi.org/10.1007/978-3-658-50017-7_3

kontrollierten Güter mit einer Export Control Classification Number (ECCN) aufführt und damit festlegt, welche Exporte einer Genehmigungspflicht unterliegen.

Neben der Regulierung ist das BIS auch für die Lizenzierung zuständig. Unternehmen, die kontrollierte Güter exportieren oder reexportieren möchten, müssen entsprechende Genehmigungen beantragen. Dabei prüft die Behörde sowohl die beabsichtigte Endverwendung als auch die Identität des Endnutzers. In diesem Zusammenhang führt das BIS verschiedene Sanktions- und Kontrolllisten, etwa die Denied Persons List, die Entity List oder die Unverified List, die weltweit für Unternehmen verbindliche Prüfkriterien darstellen.

Über die Kontrolle hinaus wirkt das BIS auch gestaltend auf die unternehmerische Compliance-Praxis. Mit seinen regelmäßig veröffentlichten Export Compliance Guidelines setzt es Maßstäbe für die Einrichtung und Ausgestaltung interner Exportkontrollprogramme. Diese Leitlinien betonen die Bedeutung von Management Commitment, einer systematischen Risikobewertung, gezielten Schulungsmaßnahmen sowie internen Audits und Prüfmechanismen. Damit trägt das BIS nicht nur zur Durchsetzung des US-Exportrechts bei, sondern prägt zugleich den internationalen Standard für Exportcompliance in Unternehmen.

3.2 Office of Foreign Assets Control

Das Office of Foreign Assets Control (OFAC) ist die zentrale US-Behörde für die Verwaltung und Durchsetzung von Wirtschafts- und Handelssanktionen (Hirschhorn et al. 2022, S. 200–201). Es ist Teil des Finanzministeriums der Vereinigten Staaten und übernimmt innerhalb der Regierung die Rolle des wichtigsten „zivilen Sanktionsvollstreckers".

> „[OFAC] administers and enforces economic sanctions programs primarily against countries and groups of individuals, such as terrorists and narcotics traffickers. The sanctions can be either comprehensive or selective, using the blocking of assets and trade restrictions to accomplish foreign policy and national security goals."
> (Office of Foreign Assets Control o.J.)

Das Finanzministerium hat eine lange Tradition im Umgang mit Sanktionen. Bereits vor dem Krieg von 1812 verwaltete Finanzminister Gallatin die Sanktionen, die gegen Großbritannien wegen der Schikanen gegen amerikanische Seeleute verhängt wurden. Während des Bürgerkriegs verabschiedete der Kongress ein Gesetz, das Geschäfte mit der Konföderation verbot, den Verfall von Waren, die in solche Geschäfte verwickelt waren, verlangte und ein Lizenzsystem mit Regeln und Vorschriften vorsah, die vom Finanzministerium verwaltet wurden (https://ofac.treasury.gov/about-ofac).

Das OFAC ist Nachfolger des Office of Foreign Funds Control (FFC), das zu Beginn des Zweiten Weltkriegs nach dem deutschen Einmarsch in Norwegen im Jahr 1940 eingerichtet worden war. In seiner heutigen Form besteht das OFAC seit Dezember 1950. Es entstand aus dem FFC und wurde gegründet, um die nach dem Koreakrieg verhängten Restriktionen gegen China und Nordkorea zu überwachen (Gordon et al. 2019, S. 108).

Die Hauptaufgabe des OFAC besteht darin, Finanzströme zu kontrollieren und Sanktionen gegen Staaten, Regierungen, Organisationen, Unternehmen und Einzelpersonen umzusetzen. Hierbei arbeitet es auf der Grundlage von präsidialen Exekutivanordnungen und Gesetzen wie dem Trading with the Enemy Act oder dem International Emergency Economic Powers Act. Seine Maßnahmen reichen vom Einfrieren von Vermögenswerten über die Blockade von Transaktionen bis hin zur Veröffentlichung von Sanktionslisten.

Besondere Bedeutung hat die Specially Designated Nationals and Blocked Persons List (SDN-List). Auf dieser führt das OFAC Personen und Organisationen, deren Vermögenswerte in den USA eingefroren sind und mit denen US-Personen keine Geschäfte tätigen dürfen. Daneben verwaltet es weitere Listen wie die Sectoral Sanctions Identification List (SSI List). Die Eintragung in eine dieser Listen hat weitreichende wirtschaftliche Folgen und wirkt aufgrund des Dollar-Zahlungsverkehrs häufig auch für Nicht-US-Unternehmen faktisch wie ein globales Handelsverbot.

OFAC ist aber nicht nur für die Verwaltung bestehender Programme zuständig, sondern auch für deren Ausgestaltung. Nachdem der Präsident eine Executive Order erlässt, übernimmt das Amt die konkrete Umsetzung durch detaillierte Vorschriften im Code of Federal Regulations (31 C.F.R. Teil 500 ff.). Dabei kann es neue Personen oder Organisationen in die Sanktionslisten aufnehmen oder allgemeine Lizenzen („general licenses“) erteilen, die Ausnahmen von bestehenden Sanktionen vorsehen.

Seine praktische Bedeutung zeigt sich insbesondere in der Terrorismusbekämpfung und in Fällen der extraterritorialen Anwendung von Sanktionen. OFAC hat die Befugnis, Vermögenswerte von Personen oder Unternehmen einzufrieren, wenn diese sich innerhalb der US-Gerichtsbarkeit befinden oder eine Transaktion über das US-Finanzsystem läuft. Dies erklärt, weshalb auch Nicht-US-Unternehmen regelmäßig in den Fokus geraten, sobald ihre Geschäfte in irgendeiner Form einen US-Bezug aufweisen.

Für die Unternehmenspraxis ist von besonderer Bedeutung, dass OFAC zwar keine detaillierten Vorgaben für Compliance-Programme macht, aber mit dem Framework for OFAC Compliance Commitments (2019) Leitlinien veröffentlicht hat, die Mindeststandards für ein Sanktions-Compliance-Programm formulieren. Dazu gehören Management Commitment, Risikobewertung, interne Kontrollen, Tests und Audits sowie Schulungen.

3.3 Department of Justice

Das US-Justizministerium (Department of Justice, DoJ) spielt eine zentrale Rolle bei der strafrechtlichen Verfolgung von Verstößen gegen das US-Exportrecht (Gordon et al. 2019, S. 109; Hoff 2019, S. 95) und teilweise auch für die Durchsetzung extraterritorialer Sanktionen(Adler 2016, S. 40; Hoff 2019, S. 95). Es hat die Befugnis, Strafverfahren gegen Personen und Unternehmen einzuleiten, die gegen die Export Administration Regulations (EAR), US-Sanktionen oder die International Traffic in Arms Regulations (ITAR) verstoßen. Dies umfasst sowohl US-amerikanische als auch ausländische Akteure, die in illegale Exportaktivitäten involviert sind, wie z. B. den Export von kontrollierten Gütern oder Technologien ohne entsprechende Genehmigung.

Das DoJ arbeitet dabei eng mit anderen Behörden wie BIS und dem OFAC zusammen, um sicherzustellen, dass Verstöße gegen Exportkontrollgesetze strafrechtlich verfolgt werden (Gordon et al. 2019, S. 109).

Das DoJ hat in den vergangenen Jahren zahlreiche Unternehmen und Einzelpersonen wegen mutmaßlicher Verstöße gegen US-Wirtschaftssanktionen strafrechtlich verfolgt. Die Abgrenzung zur zivilrechtlichen Sanktionierung durch das OFAC liegt am zentralen Kriterium des Vorsatzes. Nach gefestigter Rechtsprechung bedeutet dies, dass der Angeklagte wissen muss, dass sein Verhalten gegen US-Recht verstößt. Es genügt allerdings, wenn er sich des rechtswidrigen Charakters seines Handelns bewusst ist; ein detailliertes Wissen darüber, gegen welche konkrete gesetzliche Norm oder regulatorische Vorschrift verstoßen wird, ist nicht erforderlich. Maßgeblich ist somit die bewusste Missachtung des geltenden Sanktionsrechts im weiteren Sinne (Hirschhorn et al. 2022, S. 368).

Ungeklärt ist hingegen die dogmatische Frage, ob für eine Verurteilung das Vorliegen von subjektivem Wissen (tatsächliche Kenntnis des verbotenen Charakters der Handlung) erforderlich ist oder ob bereits ein objektives Wissenselement genügt, das heißt, dass die Kenntnis der Umstände, aus denen sich die Rechtswidrigkeit ergibt, ausreichend ist. Diese Unsicherheit eröffnet sowohl für die Strafverfolgungsbehörden als auch für die Verteidigung Spielräume bei der rechtlichen Bewertung und Auslegung des Vorsatzerfordernisses unter dem Trading with the Enemy Act (TWEA) und dem International Emergency Economic Powers Act (IEEPA) (Hirschhorn a. a. O.).

Teil II

Rechtsrahmen und Enforcement-Praxis

U.S. Export Controls and Sanctions

4

4.1 Güterbezogene Exportkontrolle

4.1.1 Rechtsgrundlagen

Die güterbezogene Exportkontrolle ist in Title 15 (Commerce and Foreign Trade) Chapter VII (Bureau of Industry and Security, Department of Commerce) des Code of Federal Regulations (CFR) geregelt. Sie betrifft in erster Linie Dual-Use-Güter. Die Export Administration Regulations (EAR) in 15 CFR 730 bis 780 regeln die Kontrolle bestimmter Exporte, Reexporte und weiterer exportrechtlich relevanter Aktivitäten.

Die gesetzliche Grundlage der EAR bildete lange der Export Administration Act (EAA) von 1979. Da dieses Gesetz jedoch mehrfach ausgelaufen war, wurden die EAR über Jahrzehnte hinweg durch präsidiale Notstandserklärungen gestützt, die sich auf den International Emergency Economic Powers Act (IEEPA) von 1977 stützten. Erst mit dem Export Control Reform Act (ECRA) von 2018 wurde eine dauerhafte gesetzliche Grundlage geschaffen, die heute den Rahmen für die Tätigkeit des BIS bildet (Hirschhorn et al. 2022, S. 2–5).

Inhaltlich decken die EAR vier große Kontrollkategorien ab:

Nationale Sicherheit – etwa Hochtechnologien oder Verschlüsselungstechnik, die die militärische Leistungsfähigkeit fremder Staaten stärken könnten.

Außenpolitik – Exporte, die im Widerspruch zu außenpolitischen Interessen der USA stehen, z. B. Lieferungen in „terrorism supporting countries".

Nichtverbreitung – Güter im Zusammenhang mit Kernwaffen, Raketen sowie chemischen und biologischen Waffen.

D. O. Schindler, *OFAC Settlement Agreements*,
https://doi.org/10.1007/978-3-658-50017-7_4

Short Supply Controls – bestimmte Produkte, deren Ausfuhr wegen Knappheit in den USA beschränkt ist (z. B. bestimmte Erdölprodukte oder Hölzer).

4.1.2 Items subject to the EAR

Besonders relevant ist die extraterritoriale Reichweite der EAR. Sie erfassen nicht nur Waren, die unmittelbar aus den USA exportiert werden, sondern auch Reexporte aus Drittstaaten sowie ausländische Produkte, die in relevanter Weise US-Technologie oder US-Komponenten enthalten. Nach der sogenannten De-minimis-Regel (15 CFR 734.4) sind ausländische Güter dann von den EAR erfasst, wenn ihr US-Anteil über 25 % des Warenwerts liegt – bei Exporten in besonders sensible Staaten liegt diese Schwelle bei 10 %. Hinzu kommt die Foreign Direct Product Rule, nach der selbst ausländische Produkte, die auf Basis bestimmter US-Technologie hergestellt wurden, der US-Exportkontrolle unterfallen. Geregelt ist dies unter der Bezeichnung „subject to the EAR“:

> „**Items subject to the EAR.**
> (1) All items in the United States, including in a U.S. Foreign Trade Zone or moving intransit through the United States from one foreign country to another;
> (2) All U.S. origin items wherever located;
> (3) Foreign-made commodities that incorporate controlled U.S.-origin commodities, foreign-made commodities that are ‘bundled’ with controlled U.S.-origin software, foreign-made software that is commingled with controlled U.S.-origin software, and foreign-made technology that is commingled with controlled U.S.-origin technology:
> (i) In any quantity, as described in § 734.4(a) of this part; or
> (ii) In quantities exceeding the de minimis levels, as described in § 734.4(c) or § 734.4(d) of this part;
> (4) Certain foreign-produced “direct products” of specified “technology” and “software,” as described in § 734.9 of the EAR; and
> (5) Certain foreign-produced products of a complete plant or any major component of a plant that is a “direct product” of specified “technology” or “software” as described in § 734.9 of the EAR.“
> 15 CFR 734.3

Rechtlich greifen die US-Exportkontrollvorschriften damit auf mehreren Ebenen: Sie beruhen auf formellen Gesetzen des Kongresses (ECRA, IEEPA), werden in Verordnungen des Handelsministeriums (EAR) konkretisiert und durch administrative Listen wie die Commerce Control List (CCL) umgesetzt, in der sämtliche kontrollierten (dual-use) Güter über eine Export Control Classification Number (ECCN) erfasst sind. Über die Definition der *subjects to the EAR* (15 CFR 734.3 Ziff. 3–5) können aber auch Nicht-US-Güter dem US-Exportkontrollrecht unterfallen.

Bemerkenswert ist, dass US-Exportrecht weltweit auf alle US-Güter anzuwenden ist (*wherever located*). Das führt dazu, dass exportierende Unternehmen beachten müssen, ob sie klassifizierte US-Güter in ihrem Warenbestand haben. Wenn diese verarbeitet werden, unterliegt das Endprodukt nur dann dem US-Exportrecht, wenn die de minimis-Kriterien erfüllt sind. Andernfalls erlischt das US-Exportrecht mit der Verarbeitung.

4.2 US-Sanktionen

Die Rechtsgrundlage der US-amerikanischen Wirtschaftssanktionsprogramme beruht entweder auf exekutiven Maßnahmen des Präsidenten (Executive Order) oder auf gesetzgeberischen Akten des Kongresses. In der Regel werden Sanktionsprogramme durch den Präsidenten initiiert, die dieser im Rahmen von durch den Kongress delegierten Befugnissen erlässt (Graber 2021, S. 5). Damit lässt sich jede Sanktionsmaßnahme – mittelbar oder unmittelbar – auf einen gesetzlichen Rechtsakt des Kongresses zurückführen, der die exekutive Handlung legitimiert. Anders als Gesetze benötigen Executive Orders jedoch keiner Zustimmung des Kongresses, sind aber gleichwohl rechtlich bindend (Hoff 2019, S. 45).

Grundlage einer Executive Orders ist Art. 2 der Verfassung der Vereinigten Staaten, der die Macht der Exekutive auf das Amt des Präsidenten der Vereinigten Staaten überträgt. Dieser hat weitreichende Exekutiv- und Durchsetzungsbefugnisse. Die Möglichkeit, solche Anordnungen zu erlassen, beruht auch auf ausdrücklichen oder stillschweigenden Gesetzen des Kongresses, die dem Präsidenten einen gewissen Ermessensspielraum einräumen (sog. delegierte Gesetzgebung, vgl. Contrubis 1999, S. 1–2; Graber 2021, S. 6).

Die überwiegende Zahl der gegenwärtig bestehenden Programme stützt sich auf den International Emergency Economic Powers Act (IEEPA). Voraussetzung für die Anwendung des IEEPA ist die förmliche Feststellung eines nationalen Notstands durch den Präsidenten. Dieser muss in einer Executive Order eine konkrete Bedrohung der nationalen Sicherheit, Außenpolitik oder Wirtschaft der Vereinigten Staaten benennen und in diesem Zusammenhang den nationalen Notstand erklären. Mit dieser Erklärung erlangt der Präsident die Befugnis, den Außenhandel umfassend zu regulieren und im Zusammenhang mit der festgestellten Notlage Sanktionsmaßnahmen zu verhängen (Gordon et al. 2019, S. 111).

Executive Orders sind rechtlich bindend, auch wenn sie nicht der Zustimmung des Kongresses bedürfen und daher keine formellen Gesetze darstellen. In jedem Fall liegt die unmittelbare Entscheidung über die Verhängung von Sanktionen fast immer bei der Exekutive, auch wenn der Gesetzgeber beschließen kann, bestehende Befugnisse zu ergänzen oder einzuschränken, indem er beispielsweise ein separates Gesetz verabschiedet, das sich speziell mit einer bestimmten Situation oder einem bestimmten Land befasst (Gordon et al. 2019, S. 109).

Die US-Sanktionen sind in spezifische Regime oder „Programme“ gegliedert. In den USA sind derzeit 37 verschiedene Sanktionsprogramme in Kraft, die sich gliedern in

(1) Programme, die auf eine länder- oder regionenspezifische Situation abzielen, und
(2) Programme, die auf ein bestimmtes Thema, eine Gruppe oder eine Aktivität abzielen.

Die Sanktionsprogramme selbst sind dann im Code of Federal Regulations (CFR), einer Sammlung der Bundesverordnungen (also keine Parlamentsgesetze) veröffentlicht. Diese stellen neben dem United States Code eine bedeutende Quelle für das Bundesrecht der Vereinigten Staaten dar. Die Programme haben in ihrer Benennung folgende Struktur:

- Titel 31: Money and Finance: Treasury
- CFR: Code of Federal Regulations
- Part 501-599: Sanktionsregime

So sind beispielsweise die US-Sanktionen gegen den Iran (*Iranian Transactions and Sanctions Regulations* – ITSR, vgl. z. B. Fallstudie 2 – Stanley Black & Decker), die auf einer Executive Order beruhen, in 31 CFR Part 560 geregelt.

4.2.1 Sanctions Programs

Die OFAC verwaltet zurzeit 37 aktive Wirtschafts- und Finanzsanktionsprogramme. Die Programme stützen sich überwiegend auf den International Emergency Economic Powers Act (IEEPA), vereinzelt auch auf den Trading with the Enemy Act (TWEA) – etwa bei Kuba – sowie auf Spezialgesetze wie CAATSA oder PEESA.

Der IEEPA verleiht dem Präsidenten weitreichende Befugnisse zur Ausrufung nationaler Notstände und zum Erlass von Handels- und Finanzverboten. TWEA bleibt für Kuba relevant. Ergänzend wirken Spezialgesetze wie CAATSA (2017), das erstmals ein umfassendes sekundäres Sanktionsregime kodifizierte, sowie das Export Control Reform Act (ECRA) und PEESA (Pipeline-Energiesektor). Juristisch kontrovers ist, ob und inwieweit solche Gesetze mit dem Völkervertrags- und Gewohnheitsrecht vereinbar sind, wenn sie extraterritorial gelten. Die Forschung sieht hier eine Balance zwischen legitimen Sicherheitsinteressen und dem Grundsatz der Nichteinmischung; sie betont zugleich, dass der Dollar-Zentralität in der Weltfinanzordnung eine faktische Durchsetzungsmacht zukommt, die über rein rechtliche Argumente hinausgeht.

Stand 31. Juli 2025 werden vom OFAC die foZlgenden Programme verwaltet:

	Sanktionsprogramm	Letzte Aktualisierung
1.	Afghanistan-Related Sanctions	25.02.2022
2.	Balkans-Related Sanctions	28.05.2025
3.	Belarus Sanctions	21.08.2025
4.	Burma-Related Sanctions	24.07.2025
5.	Central African Republic Sanctions	08.12.2023
6.	Chinese Military Companies Sanction	01.06.2022
7.	Counter Narcotics Trafficking Sanctions	18.08.2025
8.	Counter Terrorism Sanctions	18.08.2025
9.	Countering America's Adversaries Through Sanctions Act-Related Sanctions	01.07.2025
10.	Cuba Sanctions	27.08.2024
11.	Cyber-Related Sanctions	14.08.2025
12.	Democratic Republic of the Congo-Related Sanctions	12.08.2025
13.	Ethiopia-Related Sanctions	08.02.2022
14.	Foreign Interference in a United States Election Sanctions	31.12.2024
15.	Global Magnitsky Sanctions	18.08.2025
16.	Hong Kong-Related Sanctions	31.03.2025
17.	Hostages and Wrongfully Detained U.S. Nationals Sanctions	25.03.2025
18.	International Criminal Court-Related Sanctions	20.08.2025
19.	Iran Sanctions	21.08.2025
20.	Iraq-Related Sanctions	09.07.2025
21.	Lebanon-Related Sanctions	10.08.2023
22.	Libya Sanctions	17.10.2022
23.	Magnitsky Sanctions	17.08.2023
24.	Mali-Related Sanctions	04.08.2023
25.	Nicaragua-Related Sanctions	15.05.2024
26.	Non-Proliferation Sanctions	31.07.2025
27.	North Korea Sanctions	27.08.2025
28.	Promoting Accountability for Assad and Regional Stabilization Sanctions (PAARSS)	30.06.2025

(Fortsetzung)

	Sanktionsprogramm	Letzte Aktualisierung
29.	Rough Diamond Trade Controls	18.06.2018
30.	Russian Harmful Foreign Activities Sanctions	27.08.2025
31.	Somalia Sanctions	24.05.2023
32.	South Sudan-Related Sanctions	08.12.2023
33.	Sudan and Darfur Sanctions	16.01.2025
34.	Transnational Criminal Organizations	17.07.2025
35.	Ukraine-/Russia-Related Sanctions	13.08.2025
36	Venezuela-Related Sanctions	07.07.2025
37.	Yemen-Related Sanctions	18.11.2021

4.2.2 Typologie der Programme

Rechtstechnisch lassen sich die US-Sanktionen entlang von drei Achsen typisieren (Gordon et al. 2019, S. 110):

Adressatenkreis Länder- bzw. regimespezifische Programme zielen auf staatliche Akteure; thematische Programme wie „Global Magnitsky" greifen transnationales Fehlverhalten auf; sektorale Spezialregime beschneiden konkrete Branchen oder Finanzierungswege.

Reichweite Primäre Sanktionen binden „US-Personen" im Sinne des US-Außenwirtschaftsrechts; sekundäre Sanktionen zwingen Drittstaaten-Akteure zur Befolgung, indem sie den Zugang zum US-Markt oder zum Dollar-Clearing in Aussicht stellen – eine extraterritoriale Praxis, die in der Völkerrechtslehre kontrovers diskutiert wird.

Intensität Die Spannweite reicht vom Embargo (Kuba, Nordkorea, Iran) über sektorale Beschränkungen (Russland-Direktiven 1–4) bis zu reinen Blocking-Maßnahmen für einzelne Personen oder Unternehmen.

4.2.2.1 Länder- und regimespezifische Programme

Die vollumfänglichen Länderprogramme verbieten US-Personen fast jede Interaktion mit den jeweiligen Jurisdiktionen und blockieren sämtliche Vermögenswerte. Dies gilt klassisch für Kuba (TWEA-Embargo), Iran und Nordkorea.

Das Iran-Regime ist dabei das komplexeste: Neben einem IEEPA-Embargo greifen sekundäre Ölsanktionsklauseln und ein dichtes Netz an sektoralen Verboten. Das zeigt sich exemplarisch an OFAC-Verfahren gegen europäische Konzerne, bei denen Finanztransaktionen über US-Korrespondenzbanken genügten, um Zuständigkeit zu begründen, etwa in Danfoss (Fall 24) oder SAP SE (Fall 14).

Seit 2014 steht auch Russland im Zentrum eines vielschichtigen Sanktionsregimes. Neben SDN-Einträgen begrenzen die SSI-Direktiven den Kapital- und Technologiezufluss in die Energie-, Verteidigungs-, Finanz- und Bergbausektoren. Zusätzliche sekundäre Sanktionen nach CAATSA §§ 231 ff. treffen Nicht-US-Unternehmen, die „signifikante Transaktionen" mit dem russischen Verteidigungs- oder Nachrichtendienstsektor eingehen.

Weitere landesbezogene Embargos bestehen u. a. gegen Venezuela, Myanmar, Belarus und jüngst Äthiopien. Jedes Programm weist eigene General Licenses und branchenspezifische Ausnahmen auf, die in der Praxis sorgfältig kartiert werden müssen.

4.2.2.2 Themenbezogene Programme

Die sogenannten „functional programs" betreffen kein Territorium, sondern ein Verhalten. So richtet sich das Counter Terrorism-Programm seit EO 13224 (2001) gegen Personen, die den Terrorismus materiell unterstützen; sämtliche US-Vermögenswerte solcher Akteure werden eingefroren. Das Global Magnitsky-Programm schafft ein globales Instrument zur Bekämpfung schwerer Korruption und Menschenrechtsverletzungen. Seine Attraktivität liegt darin, dass es designierte Personen unabhängig von ihrem Sitzstaat blockiert und Drittakteuren Geschäfte mit ihnen untersagt.

Weitere thematische Regime sind Counter Narcotics, Cyber-related, Non-Proliferation, Transnational Criminal Organizations sowie das 2020 eingeführte Programm zur Unterstützung von Geiseln und unrechtmäßig festgehaltenen US-Bürgern. Jedes Programm besitzt eigene Sanktionskriterien, die OFAC in öffentlich einsehbaren FAQs präzisiert.

4.2.2.3 Sektorale und sekundäre Programme

Sektorale Beschränkungen wurden zuerst 2014 gegen Russland erprobt und beschränken dort heute insbesondere den Zugang zu langfristiger Dollarfinanzierung für ausgewählte Banken sowie die Lieferung von Spitzentechnologie für Tiefsee- und Schieferöl-Projekte. Ferner untersagt die Chinese Military-Industrial Complex Companies-Verordnung (CMIC) US-Investitionen in bestimmte chinesische Rüstungs- und High-Tech-Unternehmen. Aufgrund von Sekundärsanktionen sind auch Nicht-US-Unternehmen von den CMIC-Regelungen betroffen.

Sekundäre Sanktionen bilden das schärfste Schwert der US-Sanktionspolitik. Die extraterritoriale Wirkung löst regelmäßig diplomatische Proteste aus: Europäische Staaten sehen hierin einen Bruch des Souveränitätsprinzips, während die USA sich auf die „effects-Doktrin" berufen, wonach jeder Vorgang mit substanziellem US-Bezug ihrer Jurisdiktion unterliegt.

4.2.2.4 Specially Designated Nationals (SDN)

Zu den listenbasierten Sanktionen gehören Verbote von Aktivitäten von US-Personen, an denen Personen oder Einrichtungen beteiligt sind, die als „*Specially Designated Nationals*" (SDN) bezeichnet werden (Hocke et al. 2024, Kap. VI. Rn. 14). Jede Person auf der SDN-Liste ist mit einem Kennzeichen versehen, das auf das für sie geltende Sanktionsprogramm verweist (Gordon et al. 2019, S. 110). Vermögenswerte dieser gelisteten Personen innerhalb der US-Gerichtsbarkeit sind eingefroren, und es ist US-Personen untersagt, mit ihnen Geschäfte zu tätigen (Hirschhorn et al. 2022, S. 220).

Die Wirkungen der SDN-Liste reichen jedoch weit über die Vereinigten Staaten hinaus. Da nahezu alle internationalen Finanztransaktionen in irgendeiner Form über das US-Dollar-System abgewickelt werden, geraten auch Nicht-US-Unternehmen faktisch unter Druck, sich an die Vorgaben zu halten. Ein europäisches Kreditinstitut, das eine Überweisung zugunsten einer SDN-gelisteten Person abwickelt, läuft Gefahr, selbst in den Fokus von OFAC zu geraten, mit empfindlichen Bußgeldern belegt zu werden oder den Zugang zum US-Finanzsystem zu verlieren. Auf diese Weise entfaltet die SDN-Liste eine ausgeprägte extraterritoriale Wirkung.

Die Eintragung in die SDN-Liste hat deshalb für die Betroffenen oft schwerwiegendere Folgen als nationale Strafmaßnahmen. Sie führt in der Praxis regelmäßig zu einem faktischen Ausschluss vom globalen Wirtschafts- und Finanzverkehr. Auch wenn theoretisch Rechtsmittel zur Verfügung stehen – in den USA über sogenannte delisting petitions bei OFAC, in Europa über die Anfechtung autonomer EU-Listungen vor dem EuGH –, ist der Rechtsschutz angesichts der politischen Ebene solcher Entscheidungen in der Praxis stark begrenzt.

Für die Exportcompliance bedeutet die SDN-Liste, dass Unternehmen verpflichtet sind, sämtliche Geschäftspartner systematisch gegen diese Liste zu prüfen. Daher hat sich in der Praxis der Begriff des Screenings etabliert, bei dem Kunden-, Lieferanten- und Mitarbeiterdaten mit der jeweils aktuellen Version der SDN-Liste abgeglichen werden. OFAC selbst hat 2019 mit dem „Framework for OFAC Compliance Commitments" klargestellt, dass ein funktionierendes Screening-System ein zentrales Element jedes wirksamen Compliance-Programms darstellt.

5 US-Nexus

Im Kontext des US-Exportrechts ist die Feststellung, ob ein Sachverhalt der US-Gerichtsbarkeit unterliegt, von zentraler Bedeutung. Dieser als „US-Nexus" bezeichnete Bereich umfasst verschiedene Anknüpfungspunkte, die definieren, wann eine Handlung oder ein Vorgang in den Geltungsbereich des US-Rechts fällt. Zu den wichtigsten Anknüpfungspunkten gehören das betroffene US-Gut selbst (der Exportgegenstand), die Beteiligung von US-Personen sowie bestimmte vertragliche Situationen (z. B. die Zahlungsabwicklung in US-Dollar). Diese Kriterien bestimmen, ob US-Recht anwendbar ist, selbst wenn die beteiligten Unternehmen außerhalb der USA agieren.

In nahezu allen untersuchten OFAC-Fällen spielte der US-Nexus die zentrale Rolle. Die sorgfältige Prüfung seiner Voraussetzungen ist daher von grundlegender Bedeutung für europäische Unternehmen mit internationalen Geschäftsbeziehungen.

Ein US-Nexus kann auf unterschiedliche Weise entstehen. Klassischerweise liegt er vor, wenn eine Transaktion, ein Vertragspartner oder ein Gut einen unmittelbaren Bezug zu den USA aufweist. Das ist der Fall bei Geschäften auf US-Hoheitsgebiet, Verträgen über US-Güter oder der Beteiligung einer US-Person oder eines US-Unternehmens. Doch der Anwendungsbereich ist weit größer. Bereits die Verwendung des US-Dollar-Zahlungsverkehrs, die Nutzung von US-Technologie oder Software, oder die Abwicklung einer Transaktion über Server oder Kommunikationswege in den Vereinigten Staaten können genügen, um einen US-Nexus zu begründen (vgl. auch Hohmann 2019, S. 21, der diese die sechs „US-Türöffner" nennt).

Im Bereich der güterbezogenen Exportkontrolle (EAR) ist der US-Nexus besonders durch die Reexport- und De-minimis-Regeln geprägt. Danach können

D. O. Schindler, *OFAC Settlement Agreements*,
https://doi.org/10.1007/978-3-658-50017-7_5

auch ausländische Produkte der US-Kontrolle unterliegen, wenn sie in bestimmtem Umfang US-Elemnte enthalten oder nach US-Konstruktionsdaten hergestellt wurden. Bei den finanz- und personenbezogenen Sanktionen von OFAC wiederum genügt oftmals ein einziger US-Dollar-Transfer über ein in New York ansässiges Clearing-System (z. B. CHIPS oder Fedwire), um die Zuständigkeit amerikanischer Behörden auszulösen.

Die US-Behörden interpretieren den Nexus traditionell weit. In der Praxis bedeutet dies, dass auch Nicht-US-Unternehmen in das Visier amerikanischer Sanktionen geraten können, obwohl sie außerhalb der Vereinigten Staaten handeln. Fälle wie die milliardenschweren OFAC-Settlements gegen europäische Banken zeigen, dass selbst minimale Verbindungen – etwa die Abwicklung einer Überweisung über ein US-Korrespondenzkonto – ausreichen, um empfindliche Strafen auszulösen.

Für die Exportcompliance ergibt sich daraus eine erhebliche Herausforderung. Unternehmen müssen nicht nur das eigene Handeln nach nationalem und europäischem Recht prüfen, sondern zugleich analysieren, ob ein US-Nexus vorliegt, der amerikanische Vorschriften aktiviert. Damit wird der US-Nexus zum juristischen „Einfallstor" für die extraterritoriale Anwendung von US-Sanktions- und Exportkontrollrecht.

5.1 US-Gut

Das US-Exportkontrollrecht ist immer dann anzuwenden, wenn das Exportgut dem US-Recht unterliegt (*Subject to the EAR*). Ein Exportgut ist in folgenden Fällen *subject tot he EAR* und unterliegt dem US-Exportkontrollrecht (Hirschhorn et al. 2022, S. 8; Hohmann et al. 2024, S. 37):

- Exportgut ist in den USA hergestellt („Made in USA") und wird aus den USA exportiert (US-Export) oder aus einem Drittstaat weitergeliefert (US-Reexport): hier gilt der Grundsatz „Das US-Exportrecht reist mit".
- Ein europäisches Exportgut („Made in EU") wird aus den USA exportiert
- Im europäischen Exportgut („Made in EU") sind gelistete US-Güter in relevantem Umfang verbaut (*de minimis-rule*)
- Das Exportgut ist im Ausland mit US-Technologie (Know-How, Patente u. a.) oder US-Software hergestellt (Foreign Direct Product)

Damit verfolgt der Begriff des US-Guts einen funktionalen Ansatz: Entscheidend ist nicht der Ort der Herstellung, sondern die technische oder wirtschaftliche

Verflechtung mit den Vereinigten Staaten. Ein ausländischer Hersteller, der etwa eine europäische Maschine mit US-Mikrochips exportiert, kann sich im Anwendungsbereich der EAR wiederfinden.

Für die Unternehmenspraxis bedeutet dies, dass bei jeder Exportprüfung zunächst festzustellen ist, ob das jeweilige Produkt als US-Gut einzustufen ist. Nur in diesem Fall greifen die Genehmigungspflichten nach den EAR. Da die Definition weit gefasst ist, führt sie in der Praxis häufig dazu, dass auch Nicht-US-Unternehmen in den Anwendungsbereich des US-Exportkontrollrechts geraten und ihre Compliance-Strukturen entsprechend anpassen müssen.

In der vorliegenden Untersuchung betraf dieser US-Nexus die Fälle Société Internationale de Télécommunications Aéronautiques SCRL (Fall 8), Nordgas S.r.l. (Fall 13), SAP SE (Fall 14) und Alfa Laval Middle East Ltd. (Fall 15), in denen Güter mit US-Ursprung (re-)exportiert wurden.

5.2 US-Person

Neben der güterbezogenen Exportkontrolle ist das US-Exportkontrollrecht immer dann anzuwenden, wenn das ausführende Unternehmen als US-Person gilt. Dieser Bereich betrifft nicht nur die Exportkontrolle gem. EAR, sondern vor allem den Bereich der Sanktionen.

Alle Anforderungen und Verbote der US-Sanktionsprogramme gelten für „US-Personen". US-Personen werden je nach spezifischem Sanktionsprogramm definiert, umfassen aber im Allgemeinen US-Bürger, Ausländer mit ständigem Wohnsitz in den USA, Inhaber einer „Green Card", nach US-Recht oder nach dem Recht eines Staates innerhalb der USA (einschließlich ausländischer Niederlassungen) gegründete Einrichtungen und alle Personen, die sich physisch in den USA befinden (Hirschhorn et al. 2022, S. 201).

Umgekehrt gilt, dass ausländische Personen, die außerhalb der USA ansässig sind und deren Aktivitäten vollständig außerhalb der USA durchgeführt werden, ohne dass sie Waren, Dienstleistungen oder Technologien mit Ursprung in den USA betreffen, für die Zwecke der Durchsetzung von US-Sanktionen nicht der US-Gerichtsbarkeit unterliegen.

Es gibt jedoch bestimmte Umstände, unter denen die Aktivitäten oder Verbindungen einer ausländischen Person mit US-Personen dazu führen können, dass die ausländische Person der US-Gerichtsbarkeit unterliegt. Zu diesen Umständen gehört, wenn ein ausländischer Rechtsträger von einer US-Person *„owned or controlled"* ist (Hirschhorn et al. 2022, S. 215).

5.2.1 US-Person im Rahmen der EAR

Die EAR regeln die Kontrolle bestimmter Exporte und Reexporte von US-Gütern. Daneben aber werden auch bestimmte Aktivitäten von US-Personen kontrolliert. Die EAR setzen auch die Bestimmungen des Anti-Boykott-Gesetzes um, die vorschreiben, dass bestimmte Verhaltensweisen von US-Personen verboten sind, die zur Folge haben, dass Boykotte, die von einem Land gegen ein mit den Vereinigten Staaten befreundetes Land gefördert oder verhängt werden, gefördert oder unterstützt werden. Daher ist an dieser Stelle zu prüfen, wer im Rahmen der EAR als US-Person gilt.

Die EAR definieren den Begriff der US-Person in 15 CFR 772.1. Danach ist US-Person:

> „(a) For purposes of (…) the term U.S. person includes:
> (1) Any individual who is a citizen of the United States, a permanent resident alien of the United States, or a protected individual as defined by 8 U.S.C. 1324b(a)(3);
> (2) Any juridical person organized under the laws of the United States or any jurisdiction within the United States, including foreign branches; and
> (3) Any person in the United States."
> 15 CFR 772.1 „U.S. Person"

Der erste Punkt betrifft natürliche Personen, die als US-Personen den EAR unterstehen. Citizen sind US Staatsbürger. Ein *„permanent resident alien"* ist ein Ausländer, der Inhaber einer United States Permanent Resident Card (amtlich: Form I-551, umgangssprachlich: „Green Card") ist (Hirschhorn et al. 2022, S. 405). Damit ist für europäische Unternehmen wichtig zu beachten, ob ein Geschäftsführer Inhaber einer Green-Card ist. Dann ist er trotz anderer Staatsbürgerschaft exportrechtlich einen US-Person.

Der zweite Punkt regelt, welche juristischen Personen als US-Personen den EAR unterstehen. Danach sind Unternehmen nur dann US-Personen nach den EAR, wenn sie nach dem amerikanischen Recht organisiert sind. Das bedeutet, dass nur Unternehmen mit einer amerikanischen Gesellschaftsform US-Personen nach den EAR sind. Unternehmen, die nach deutschem bzw. europäischem Recht organisiert sind, wie beispielsweise eine GmbH, sind nach den EAR keine US-Personen. Diese Aussage gilt für den Anwendungsbereich der EAR auch dann, wenn beispielsweise der Geschäftsführer der GmbH ein amerikanischer Staatsbürger oder Inhaber einer Green-Card ist.

Die EAR-Regelungen betreffen gem. 15 CFR 772.1 aber auch *„US subsidiaries"*. Dies meint neben unselbstständigen Niederlassungen auch Tochtergesellschaften, wenn folge Voraussetzungen erfüllt sind:

„(1) The U.S. entity beneficially owns or controls (whether directly or indirectly) 25 percent or more of the voting securities of the foreign subsidiary or entity, if no other persons owns or controls (whether directly or indirectly) an equal or larger percentage; or

(2) The foreign entity is operated by the U.S. entity pursuant to the provisions of an exclusive management contract; or

(3) A majority of the members of the board of directors of the foreign subsidiary or entity also are members of the comparable governing body of the U.S. entity; or

(4) The U.S. entity has the authority to appoint the majority of the members of the board of directors of the foreign subsidiary or entity; or

(5) The U.S. entity has the authority to appoint the chief operating officer of the foreign subsidiary or entity."

15 CFR 772.1 (b) „U.S. subsidiary"

Mit dieser Regelung können US-Exportvorschriften auf ausländische Tochtergesellschaften ausgedehnt werden, wenn diese die Voraussetzungen der Inhaberschaft oder Kontrolle erfüllen. Damit muss im Rahmen der Compliance auch die gesellschaftsrechtliche Struktur eines europäischen Unternehmens berücksichtigt werden.

Besonders problematisch ist, dass die US-Behörden die sogenannte „Kontrolltheorie" sehr weit auslegen. Bereits ein bestimmender Einfluss auf Geschäftsführung oder Aufsichtsorgane kann genügen, um eine ausländische Tochtergesellschaft als „U.S. subsidiary" einzuordnen. Diese extraterritoriale Anwendungspraxis führt dazu, dass auch nach deutschem oder europäischem Recht organisierte Gesellschaften faktisch der US-Gerichtsbarkeit unterfallen können, wenn sie in einen US-Konzern eingebunden sind oder bestimmte organisatorische Abhängigkeiten aufweisen. In der Literatur wird dies als eine Form funktionaler Erweiterung nationaler Jurisdiktion diskutiert (Li 2022).

Für europäische Unternehmen bedeutet dies, dass die bloße Annahme, man sei aufgrund der eigenen Rechtsform nicht an US-Recht gebunden, unzureichend ist. Vielmehr müssen in der Risikoanalyse auch Konzernstrukturen, Kontrollrechte und mögliche faktische Einflussnahmen US-amerikanischer Gesellschafter einbezogen werden (Hoff 2019, S. 81–82).

5.2.2 US-Person im Rahmen von Sanktionsprogrammen

5.2.2.1 Grundsatz

Grundsätzlich gelten US-Sanktionen und Exportverbote für „US-Personen" (Gordon et al. 2019, S. 113). Dies umfasst neben US-Staatsbürgern und US-Unternehmen auch (unselbstständige) ausländische Zweigstellen oder sonstige Niederlassungen von US-Personen ohne eigene Rechtspersönlichkeit (z. B. die deutsche Niederlassung einer US-Corporation).

Für die Sanktionsprogramme des OFAC gibt es jedoch, anders in den EAR, keine einheitliche Definition der US-Person. Ähnlich wie im deutschen bzw. europäischen Recht definiert auch im US-Exportkontrollrecht jede Verordnung respektive jedes Gesetz die relevanten Begriffe so, wie sie im Anwendungsbereich des jeweiligen Rechtsgebiets gelten sollen. Vor diesem Hintergrund gibt es im US-Exportkontrollrecht nicht nur eine Definition für den Begriff der US-Person, sondern abhängig vom jeweiligen Rechtsgebiet und Sanktionsprogramm ganz unterschiedliche. Es besteht aber grundsätzlich Einigkeit darüber, dass ausländische juristische Personen grundsätzlich von den US-Sanktionsprogrammen nicht betroffen sind, selbst wenn diese im Besitz von US-Personen sind (Tochtergesellschaften) oder von diesen kontrolliert werden (US-Management). Hiervon gibt es aber in den einzelnen Sanktionsprogrammen entscheidende Ausnahmen.

Damit hängt die Frage der US-Person und damit verbunden der Anwendbarkeit des US-Sanktionsrechts davon ab, welches Programm zur Anwendung kommt. Die Sanktionsprogramme sind in 31 CFR Part 501 bis 599 normiert.

5.2.2.2 Sanktionsrechtliche US-Person

Aus den unterschiedlichen US-Sanktionsprogrammen kann man ableiten, dass sich diese stets an US-Personen richten. Diese sind in den Sanktionsprogrammen wie folgt definiert:

> „The term United States person or U.S. person means any United States citizen, permanent resident alien, entity organized under the laws of the United States or any jurisdiction within the United States (including foreign branches), or any person in the United States.“
>
> Exemplarisch 31 CFR 570.315 (Libyen)

Permanent Residents im sanktionsrechtlichen Sinne sind, wie auch nach den EAR, auch Inhaber einer Green-Card (Hirschhorn et al. 2022, S. 405). Tochtergesellschaften von US-Unternehmen hingegen sind nicht verpflichtet, US-Sanktionen zu berücksichtigen. Sie gelten nicht als US-Person im Sinne der US-Sanktionen. Eine Ausnahme hiervon bilden jedoch die Sanktionen gegen Kuba und den Iran. Diese Sanktionen verpflichten auch ausländische Rechtsträger, wenn ein gesellschaftsrechtlicher Bezug zu den USA besteht.

5.2.2.3 Kuba- und Iran-Sanktionen

Das Sanktionsprogramm gegen Kuba regelt in 31 CFR 515.329 (Cuban Assets Control Regulations – CACR), dass folgende Personen der US-Gerichtsbarkeit und damit dem Sanktionsprogramm unterliegen:

> „(a) Any individual, wherever located, who is a citizen or resident of the United States;
> (b) Any person within the United States as defined in § 515.330;
> (c) Any corporation, partnership, association, or other organization organized under the laws of the United States or of any State, territory, possession, or district of the United States; and
> (d) Any corporation, partnership, association, or other organization, wherever organized or doing business, that is **owned or controlled by** persons specified in paragraphs (a) or (c) of this section."
> 31 CFR 515.329 (CACR)
> Hervorhebungen durch den Verfasser

Ein ausländischer Rechtsträger, der von einer US-Person *„owned or controlled"* wird, unterliegt mithin dem US-Sanktionsprogramm und damit der US-Gerichtsbarkeit. Die Voraussetzungen, um *„owned or controlled by"* zu sein, werden in diesem Sanktionsprogramm jedoch nicht geregelt.

US-Sanktionen gegen den Iran sind in 31 CFR Part 560 geregelt (Iranian Transactions and Sanctions Regulations – ITSR). 31 CFR 560.215 regelt Verbote für ausländische Entitäten, die *„owned or controlled by a United States person and established or maintained outside the United States"* sind. Anders als in den Kuba-Sanktionen ist diese Voraussetzung in diesem Sanktionsprogramm wie folgt geregelt:

> „For purposes of paragraph (a) of this section, an entity is "owned or controlled" by a Unit-ed States person if the United States person:
> (i) **Holds a 50 percent or greater equity interest** by vote or value in the entity;
> (ii) Holds a **majority of seats on the board of directors** of the entity; or
> (iii) Otherwise **controls the actions**, policies, or personnel decisions of the entity."
> 31 CFR 560.215(b) (ITSR)
> Hervorhebungen durch den Verfasser

Nach Abs. (a) gilt für die Nicht-US-Tochtergesellschaften folgendes Verbot:

> „Except as otherwise authorized pursuant to this part, an entity that is **owned or controlled by** a United States person and established or maintained **outside the United States** is prohibited from knowingly engaging in any transaction, directly or indirectly, with the Government of Iran or any person subject to the jurisdiction of the

Government of Iran that would be prohibited pursuant to this part if engaged in by a United States person or in the United States.“

31 CFR 560.215(a) (ITSR)

Hervorhebungen durch den Verfasser

5.2.2.4 Stellungnahme

Eine US-Mehrheitsbeteiligung an einem ausländischen Unternehmen führt in den meisten Fällen nicht automatisch zur Anwendung primärer US-Sanktionsbeschränkungen und -verbote auf dieses Unternehmen. Das bedeutet, dass die meisten US-Sanktionsprogramme, einschließlich der damit verbundenen Verbote, nicht unmittelbar für ausländische Tochtergesellschaften von US-Unternehmen gelten.

Es gibt jedoch zwei Ausnahmen: Die Sanktionsprogramme gegen Kuba und den Iran. In diesen Fällen erstrecken sich die Regelungen auch auf Nicht-US-Unternehmen, wenn diese von einer US-Person „*owned or controlled*“ sind. In solchen Situationen unterliegen die Aktivitäten der ausländischen Tochtergesellschaften der US-Gerichtsbarkeit. Dies muss bei der Gestaltung des Compliance-Management-Programms besonders berücksichtigt werden.

In der vorliegenden Untersuchung bestand dieser US-Nexus (*owned or controlled by*) in den Fällen AppliChem GmbH (1), Stanley Black & Decker, Inc. (2), Acteon Group, Ltd. (4), Eagle Shipping International (USA) LLC (7), First Bank of Romania (17) und 3M Company (28).

Ein weiterer wichtiger Aspekt ist, dass ein Ausländer mit einer US-Green-Card als „*permanent resident*“ gilt und damit als US-Person im Sinne der Sanktionsregeln. Das bedeutet, dass eine GmbH, deren deutscher Geschäftsführer eine Green-Card besitzt, als „*controlled by a US-Person*“ angesehen werden kann. Dies könnte dazu führen, dass die GmbH allein aufgrund der Green-Card des Geschäftsführers der US-Gerichtsbarkeit unterliegt.

Diese Aspekte sind bei der Ausgestaltung eines Compliance-Management-Programms besonders zu beachten, um sicherzustellen, dass das Unternehmen nicht unbeabsichtigt den US-Sanktionsgesetzen unterworfen wird.

5.3 Vertraglicher Nexus

Das OFAC hat Nicht-US-Unternehmen wegen Ausfuhrverstößen verfolgt, bei denen die Verbindung zu den USA weniger eindeutig ist. In den meisten dieser Fälle wird die Haftung für Nicht-US-Unternehmen auf einem von zwei Wegen festgestellt: (1) wenn festgestellt wird, dass das Nicht-US-Unternehmen Transaktionen, an denen sanktionierte Unternehmen beteiligt waren, in US-Dollar abgewickelt hat oder (2) wenn festgestellt wird, dass das Nicht-US- Unternehmen eine US-Person zu einem verbotenen Verhalten veranlasst hat.

5.3.1 US-Dollar

Die Vereinigten Staaten interpretieren sowohl das Persönlichkeitsprinzip als auch das Territorialitätsprinzip im Rahmen ihres Exportkontrollrechts und ihrer Sanktionsregime weitreichend. Das Territorialitätsprinzip rechtfertigt, dass ein Großteil der globalen Finanztransaktionen unter die US-Gerichtsbarkeit fällt, was die extraterritoriale Reichweite des US-Rechts erheblich ausdehnt (Hohmann et al. 2024, S. 26). Diese umfassende Interpretation ermöglicht den USA eine signifikante Einflussnahme auf internationale wirtschaftliche Aktivitäten (Li 2022, S. 100).

Die Abwicklung von Überweisungen und anderen Transaktionen in US-Dollar durch Nicht-US-Unternehmen erfolgt typischerweise über eine Korrespondenzbank, die für das Clearing und die Abwicklung verantwortlich ist (Gordon et al. 2019, S. 273; Hohmann et al. 2024, S. 41). Mit Einführung der zentralen Clearingsysteme CHIPS (Clearing House Interbank Payment System) und Fedwire (Federal Reserve Wire Network) durch US-Banken wurde die Abwicklung von US-Dollar-Transaktionen global standardisiert, Diese Systeme sind direkt mit der Federal Reserve Bank in den USA verbunden, wodurch diese Bank eine zentrale Rolle als Vermittler für nahezu alle US-Dollar-Transaktionen weltweit einnimmt (Li 2022, S. 102).

Dies verstärkt die extraterritoriale Reichweite des US-Export- und Sanktionsrechts, da praktisch alle internationalen US-Dollar-Transaktionen über eine US-Bank abgewickelt werden und so in den Geltungsbereich der US-Gerichtsbarkeit fallen. Daher interpretiert das OFAC US-Dollar-Zahlungen, die aus oder an sanktionierte Länder, Personen oder Einrichtungen gehen, daher als verbotene Ausfuhr oder Wiederausfuhr von Dienstleistungen aus den Vereinigten Staaten und einen „Export von Finanzdienstleistungen" aus den Vereinigten Staaten. Diese weite Auslegung im Rahmen des Territorialitätsprinzips ermöglicht es dem OFAC, die Zuständigkeit über nahezu alle weltweiten Geldtransfers zu beanspruchen, wenn sie in US-Dollar abgewickelt werden (Li 2022, S. 101).

In den letzten Jahren hat das OFAC diese Praxis gezielt genutzt, um durch die Einbeziehung des US-Finanzsystems einen sogenannten US-Nexus zu etablieren. Dieser US-Nexus dient als Grundlage, um Sanktionen gegen Nicht-US-Personen durchzusetzen. Diese Vorgehensweise ermöglicht es den US-Behörden, ihre Sanktionsregelungen auf ausländische Entitäten auszuweiten, sofern deren Transaktionen über das US-Finanzsystem abgewickelt werden. Damit wird die Reichweite der US-Sanktionsregelungen erheblich erweitert, was besonders bei der Gestaltung von Compliance-Programmen durch international agierende Unternehmen berücksichtigt werden muss. (Gordon et al. 2019, S. 273).

Die vorliegende Untersuchung hat gezeigt, dass sämtliche Exportverstöße im Bankenbereich diesen US-Nexus haben und dass dies im Industriebereich ein Drittel aller Fälle betrifft (vgl. Teil III, Abschn. 10.1.1.1). Damit ist dies der relevanteste Anknüpfungspunkt für die US-Gerichtsbarkeit.

5.3.2 US-Vertragspartner

Der International Emergency Economic Powers Act aus dem Jahre 1977 (IEEPA) und viele von der OFAC im Rahmen des IEEPA umgesetzte Sanktionsprogramme verbieten Handlungen, die einen Verstoß gegen US-Sanktionen „verursachen" (*„causing a violation in the US", vgl. 50 U.S.C. § 1705(a) 2018)*. Das OFAC und das Justizministerium haben den Standpunkt vertreten, dass Nicht-US-Personen in den Vereinigten Staaten mit zivil- oder strafrechtlichen Sanktionen belegt werden können, wenn sie eine US-Person zu einem Verstoß gegen US-Wirtschaftssanktionen „veranlassen" (Gordon et al. 2019, S. 114; Hirschhorn et al. 2022, S. 211–212; Hohmann et al. 2024, S. 63).

Durch die Änderung wird die strafrechtliche Verantwortlichkeit auch auf Personen ausgedehnt, die sich vorsätzlich zur Begehung einer rechtswidrigen Handlung verschwören oder dabei Beihilfe leisten. Die Änderung hat somit schwerwiegende Auswirkungen für nicht-amerikanische Unternehmen mit Tochtergesellschaften in den USA. Insbesondere scheint es, dass viele der jüngsten Durchsetzungsmaßnahmen gegen Nicht-US-Banken unter Berufung auf die oben genannten Bestimmungen eingeleitet wurden, auch wenn die betreffenden Behörden unter den gegebenen Umständen dazu neigten, auf einen separaten Zusammenhang mit der Gerichtsbarkeit hinzuweisen (Gordon et al. 2019, S. 115).

Daher ist in bestimmten kritischen Fällen zu berücksichtigen, dass bei der Abwicklung des Exports keine US-Vertragspartner beteiligt werden (Logistiker, Dienstleister, Banken u. a.). Zu den kritischen Fällen gehören Lieferungen in Regionen, die von US-Sanktionen betroffen sind (vor allem China, Kuba, Naher und Mittlerer Osten). Dies betraf in der vorliegenden Untersuchung die Fälle 3M Company (28), EFG International AG (30) und AIOTEC GmbH (34).

5.4 Secondary Sanctions

Die extraterritoriale Durchsetzung des US-Exportrechts im Rahmen von „*Secondary Sanctions*" ist ein seit langem bestehender Bestandteil vieler US-Wirtschaftssanktionsprogramme (Gordon et al. 2019, S. 115; Moyer und Mabry 1988, S. 216–217). Obwohl OFAC dieses Konzept in seinen Verordnungen nie umfassend definiert hat, kommt es in der Praxis häufig zur Anwendung (Hirschhorn et al. 2022, S. 216). Dies zwingt Unternehmen weltweit, umfangreiche Compliance-Programme zu entwickeln und zu implementieren, um sicherzustellen, dass sie nicht unbeabsichtigt gegen US-Recht verstoßen.

Sekundärsanktionen lassen sich über die von OFAC bereitgestellte „Sanctions List Search"-Datenbank (https://sanctionssearch.ofac.treas.gov/) identifizieren. Personen und Organisationen, die in diesem Verzeichnis mit der Identifikation „*Secondary sanctions risk*" versehen sind, unterliegen besonderen extraterritorialen Beschränkungen. Diese bestehen unabhängig von einem sonstigen US-Nexus und betreffen jede Nicht-US-Person, die mit einer SDN-gelisteten Person eine Geschäftstätigkeit unterhält (Hohmann et al. 2024, S. 62).

Für die Unternehmenspraxis bedeutet dies, dass im Rahmen der Compliance eine detaillierte Prüfung des Umfangs der jeweils bestehenden Sekundärsanktionen erforderlich ist. Dabei ist insbesondere zu klären, ob und inwieweit eine bestehende oder geplante Vertragsbeziehung von den einschlägigen Sekundärsanktionen tatsächlich erfasst wird (Hohmann 2019). Die bloße Listung stellt noch keine automatische Untersagung sämtlicher Geschäftskontakte dar, sie markiert jedoch als Red Flag ein erhebliches Risiko, das eine sorgfältige Risikoanalyse und gegebenenfalls die Einbindung rechtlicher Expertise zwingend erforderlich macht.

In jüngerer Zeit haben vor allem die Iran-Programme sowie die Sanktionsregelungen im Zusammenhang mit Russland/Ukraine und China (CMIC) den Anwendungsbereich der Sekundärsanktionen ausgeweitet, indem sie diese für die Beteiligung an „*significant transactions*" mit gelisteten Parteien oder verbotenen Aktivitäten vorsehen. Zur Auslegung dieses Schwellenbegriffs haben sowohl OFAC als auch das US-Außenministerium Orientierungshilfen veröffentlicht.

Im Rahmen der Umsetzung des Comprehensive Iran Sanctions, Accountability, and Divestment Act (CISADA) hat OFAC eine Reihe von Kriterien benannt, die für die Beurteilung maßgeblich sind, ob eine Transaktion als „signifikant" einzustufen ist. Zu diesen Faktoren zählen insbesondere (Hirschhorn et al. 2022, S. 216; Hohmann et al. 2024, S. 148):

1. Umfang, Anzahl und Häufigkeit der Transaktionen,
2. Art, Komplexität und wirtschaftliche Zielsetzung,
3. Kenntnisstand des Managements und das Vorliegen wiederkehrender Muster,
4. Nähe der Transaktionen zu gelisteten Personen oder Organisationen,
5. Auswirkungen auf die mit den Sanktionen verfolgten Ziele,
6. Vorliegen täuschender oder verschleiernder Praktiken,
7. sowie bestimmte Sondertatbestände im Zusammenhang mit Vermögenswerten der iranischen Zentralbank.

Die US-Behörden verfügen damit über ein erhebliches Ermessensspektrum bei der Beurteilung der „Signifikanz". Gleichwohl wird durch die Guidance klargestellt, dass nicht jede einzelne Transaktion mit einer gelisteten Partei automatisch den Tatbestand erfüllt. Entscheidend sind vielmehr quantitative Parameter (Höhe, Frequenz), qualitative Aspekte (Zweck, Relevanz für Sanktionsziele, Verschleierungshandlungen) sowie das Vorliegen struktureller Muster (Hirschhorn et al. 2022, S. 217).

Damit bleibt die Schwelle bewusst offen und ermöglicht OFAC, Sekundärsanktionen flexibel als außenpolitisches Steuerungsinstrument einzusetzen. Für Unternehmen außerhalb der USA bedeutet dies ein erhebliches Maß an Rechtsunsicherheit, da die Bewertung letztlich von einer behördlichen Einzelfallentscheidung abhängt.

Daher ist es unerlässlich, die internationalen Lieferketten, Geschäftsbeziehungen und internen Prozesse sorgfältig zu überwachen und zu analysieren, um potenzielle Risiken einer extraterritorialen Anwendung des US-Exportrechts frühzeitig zu erkennen und entsprechend zu mitigieren.

5.5 Stellungnahme

Aus der Untersuchung zur Anwendung des US-Exportrechts auf ausländische Unternehmen und den US-Nexus lässt sich ableiten, dass diese extraterritoriale Wirkung des US-Exportrechts eine Herausforderung für international tätige Unternehmen darstellt, da sie die Anwendung US-amerikanischer Exportkontrollen und Sanktionen weit über die geografischen Grenzen der Vereinigten Staaten hinaus ausdehnt. Nach Gordon (2019, S. 272) sollten sich Nicht-US-Unternehmen daher der verschiedenen Möglichkeiten bewusst sein, wie ihr Verhalten außerhalb der USA einen Verstoß gegen die US-Sanktionen darstellen kann.

Diese extraterritoriale Anwendung bedeutet, dass sich auch Unternehmen außerhalb der USA an bestimmte US-Vorschriften halten müssen, wenn ihre Aktivitäten einen Bezug (Nexus) zu den USA aufweisen, beispielsweise durch die

Nutzung von US-Technologie, den Handel mit US-Produkten oder Transaktionen in US-Dollar.

Besonders kritisch ist die extraterritoriale Anwendung des US-Exportrechts in Fällen, in denen US-Personen oder US-Unternehmen direkt oder indirekt Kontrolle über ausländische Rechtsträger ausüben. So unterliegen Tochtergesellschaften von US-Unternehmen, die in anderen Ländern tätig sind, unter bestimmten Bedingungen den US-Exportkontrollvorschriften und Sanktionsregelungen. Dies betrifft insbesondere die Sanktionsprogramme gegen Länder wie Kuba und Iran, bei denen auch ausländische Tochtergesellschaften von US-Unternehmen zur Einhaltung der US-Vorschriften verpflichtet sind, wenn sie von US-Personen kontrolliert werden.

Das US-Exportrecht schafft damit eine erhebliche Rechtsunsicherheit, da Unternehmen, die möglicherweise nur eine indirekte Verbindung zu den USA haben, wie etwa durch den Einsatz von US-Komponenten oder die Zusammenarbeit mit US-Personen, den strengen US-Vorschriften unterliegen können.

Diese extraterritoriale Wirkung des US-Exportrechts ist aus völkerrechtlicher Perspektive stark umstritten (Gordon et al. 2019, S. 115; Hirschhorn et al. 2022, S. 18; Moyer und Mabry 1988, S. 108–116). Viele Staaten betrachten die extraterritoriale Anwendung des US-Export- und Sanktionsrechts als Eingriff in ihre Souveränität und als Verstoß gegen das Prinzip der Nicht-Einmischung. Trotz dieser Kritik hat die US-Regierung bisher wenig Bereitschaft gezeigt, die Reichweite des US-Exportrechts zu beschränken (Hirschhorn et al. 2022, S. 18).

6 Compliance-Management im US-Exportrecht

Das US-Exportkontrollrecht bildet einen zentralen Bestandteil der nationalen Sicherheitsarchitektur der Vereinigten Staaten. Durch umfassende Regulierungsregime wie die Export Administration Regulations (EAR), die International Traffic in Arms Regulations (ITAR) sowie die Sanktionsvorschriften des Office of Foreign Assets Control (OFAC) unterliegt der grenzüberschreitende Handel mit Gütern, Technologien und Dienstleistungen einer strengen Kontrolle.

Angesichts der zunehmenden Komplexität und des extraterritorialen Charakters dieser Regelungen gewinnt die Implementierung von Compliance Management Systemen (CMS) in der Praxis global operierender Unternehmen erheblich an Bedeutung. Diese werden im Exportrecht als Internal Compliance Program (ICP) oder Export Compliance Program (ECP) bezeichnet.

Ein CMS im Sinne der Exportkontrolle bezeichnet die Gesamtheit organisatorischer Maßnahmen, Richtlinien, Prozesse und Kontrollmechanismen, die darauf abzielen, sicherzustellen, dass sämtliche exportrelevanten Tätigkeiten eines Unternehmens mit den einschlägigen gesetzlichen Vorgaben im Einklang stehen. Die Notwendigkeit eines solchen Systems ergibt sich aus der strikten Durchsetzung US-amerikanischer Exportkontrollvorschriften, die in zahlreichen Fällen empfindliche zivil- und strafrechtliche Sanktionen vorsehen. Neben der präventiven Risikosteuerung erfüllt ein CMS dabei auch eine dokumentierende und nachweisende Funktion, insbesondere im Rahmen potenzieller Ermittlungs- oder Lizenzverfahren.

Die regulatorischen Anforderungen an ein solches System sind vielschichtig: Sie betreffen u. a. die Klassifizierung von Produkten und Technologien (z. B. anhand der Commerce Control List), die Prüfung von Endnutzern und Endverwendungen, die Kontrolle interner und externer Transfers sowie die laufende Schu-

D. O. Schindler, *OFAC Settlement Agreements*,
https://doi.org/10.1007/978-3-658-50017-7_6

lung von Personal. Besondere Relevanz kommt dabei der sog. „empowered official“ zu – einer zentralen Rolle im US-Exportkontrollrecht mit umfassenden Verantwortlichkeiten und Entscheidungskompetenzen.

6.1 Einführung zu Compliance-Management-Systemen

Dem Begriff der Compliance kommt in Wirtschaft und Recht seit jeher eine hohe Bedeutung zu (Hauschka und Besch (Hrsg.) 2010, S. 5 ff.; Merz 2018, S. 84). Dabei bezieht sich Compliance im Wesentlichen auf die Verpflichtung, alle relevanten Gesetze und Vorschriften einzuhalten. Dies ist eigentlich ein altes Prinzip, das im Handelsrecht bereits im frühen Mittelalter mit dem Aufkommen der Hansekaufleute und Gilden als „der ehrenwerte Kaufmann“ beschrieben wurde (Bauer 1906).

Compliance Management kann als eine konkrete Umsetzung der rechtlichen Verantwortung von Unternehmen betrachtet werden. Da Verstöße gegen rechtliche Vorschriften oft auch finanzielle Schäden verursachen können, trägt Compliance Management auch zur ökonomischen Verantwortung bei. Darüber hinaus spielt es eine Rolle in der ethischen Verantwortung, insbesondere wenn das Fehlverhalten sowohl rechtliche als auch moralische Ebene aufweist. Dabei wird die Perspektive aller Stakeholder einbezogen, einschließlich Führungskräften, Mitarbeitern, Lieferanten und weiteren Marktpartnern, die durch ihr Verhalten den Unternehmenserfolg beeinflussen können (Kreipl 2020, S. 130).

Das Besondere am Compliance Management liegt in der Integration dieses Ansatzes in einen umfassenden organisatorischen Rahmen. Es geht nicht nur um die Einhaltung von Gesetzen und Vorschriften, sondern um die Schaffung eines durchdachten, systematischen Konzepts, das auf die spezifischen Bedürfnisse und Ziele des Unternehmens abgestimmt ist (Behringer et al. 2018, S. 20). Dieses Konzept verbindet rechtliche, ökonomische und ethische Verantwortlichkeiten. Dies fördert nicht nur die Regelkonformität, sondern trägt auch zur langfristigen Stabilität und dem Erfolg des Unternehmens bei.

Compliance als Managementsystem erfordert ein proaktives Engagement der Geschäftsleitung und bezieht das gesamte Unternehmen mit ein. Es geht nicht nur um die bloße Einhaltung gesetzlicher Vorschriften, sondern umfasst sämtliche organisatorischen Maßnahmen, die sicherstellen, dass sowohl die Geschäftsführung als auch alle Mitarbeiter sich rechtmäßig verhalten (Behringer et al. 2018, S. 35; Kreipl 2020, S. 131; Wecker und Laak 2008, S. 29–42). Diese Maßnahmen betreffen alle Organisationsebenen und sämtliche Geschäfts- und Funktionsbereiche des Unternehmens (Kreipl 2020, S. 131). Compliance ist somit eine umfassende, unternehmensweite Verantwortung, die auf systematische und präventive Weise umgesetzt wird, um rechtliche und ethische Standards zu gewährleisten.

Dabei ist eine Compliance-Management-Struktur zu schaffen, die den Forderungen nach Unabhängigkeit, Wirksamkeit und Dauerhaftigkeit gerecht wird (Kreipl 2020, S. 154; Wecker und Laak 2008, S. 43–64). In der Literatur werden verschiedene Strukturen von Compliance-Systemen diskutiert. Ihnen ist gemeinsam, dass sie dem folgenden, risikoanalytischen Aufbau folgen (vgl. Kreipl 2020, S. 154–161):

(1) Identifikation von Risiken
(2) Information und Kommunikation
(3) Implementierung von Kontrollsystemen
(4) Entwicklung einer Compliance-Kultur

Ihren Niederschlag gefunden haben Compliance-Management-Systeme in der ISO 37301, die die Anforderungen und Leitlinien für die Einrichtung, Entwicklung, Umsetzung, Bewertung, Wartung und Verbesserung eines Compliance-Management-Systems (CMS) festlegt. Ziel dieses Standards ist es, Organisationen dabei zu unterstützen, ihre Verpflichtungen zu verstehen, die Einhaltung dieser Verpflichtungen sicherzustellen und die Risiken von Compliance-Verstößen zu minimieren.

Die Norm ISO 37301 wurde am 13. April 2021 als international gültige ISO-Norm veröffentlicht. Inhaltlich baut sie auf der früheren ISO 19600 aus dem Jahre 2014 auf. Entwickelt wurde die Norm durch das Normenkomitee ISO/TC 309 „Governance of organizations“.

Ein zentrales Grundprinzip der ISO 37301 ist der Ansatz der kontinuierlichen Verbesserung, der auf dem PDCA-Zyklus (Plan-Do-Check-Act) basiert. Dieses Modell wurde Anfang des 20. Jahrhunderts von *W.A. Shewhart* zur Qualitätssicherung entwickelt (Makowicz 2018, S. 70) und auf Compliance-Management-Systeme übertragen. Dabei ist dieser Zyklus aber keine Besonderheit der Compliance. Er kommt in seiner Grundstruktur mit unterschiedlicher Terminologie auch in anderen Bereichen vor, so z. B. der militärischen Führung und der Führung bei Feuerwehren (Lagefeststellung, Planung, Befehlsgebung, Kontrolle). Durch den Zyklus-Prozess, der mit einer Kontrolle abschließt und die weitere Planung beeinflusst, ist dies ein lebendiger, sich stets entwickelnder Prozess (Abb. 6.1).

Jedoch spiegelt diese Norm nicht die Anforderungen des Exportkontroll- und Sanktionsrechts wider. Ein CMS muss sich an diesen orientieren, um zur Export-

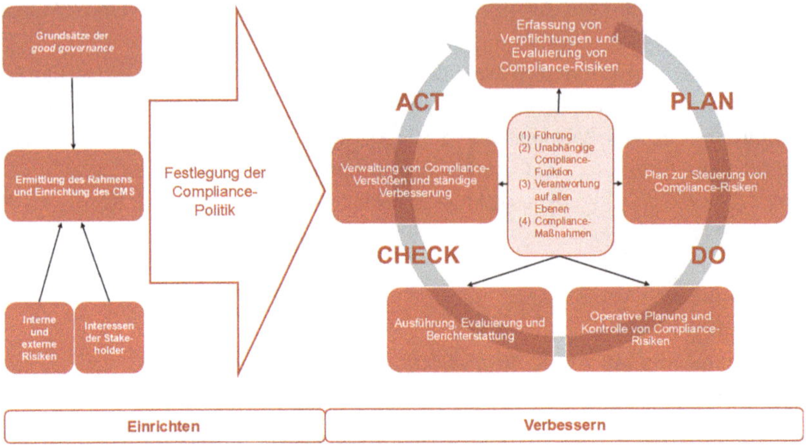

Abb. 6.1 CMS-Modell nach DIN ISO 37301. (Quelle: eigene Darstellung nach Makowicz, 2018, S. 72, Abb. 30)

compliance zu werden. Und gerade dem ersten Schritt eines solchen CMS, der Identifikation von US-exportkontroll- und sanktionsrechtlichen Risiken, dient diese Untersuchung.

6.2 Best Practice Guidelines on Internal Compliance Programmes for Dual-Use Goods and Technologies (Wassenaar Arrangement)

Die „Best Practice Guidelines on Internal Compliance Programmes for Dual-Use Goods and Technologies“ des Wassenaar Arrangements von 2011 stellen klare Anforderungen an die Implementierung eines wirksamen internen Compliance-Programms (ICP) dar, die sich an den konkreten Anforderungen im Unternehmen orientieren:

> „Bearing in mind, that the method in which ICPs are developed and implemented will depend on the size, organizational structure, and other circumstances of exporters […].“
>
> (Department of State 2022, S. 1)

Nach diesen Richtlinien gliedert sich ein Export-Compliance-Programm in folgende Elemente (a. a. O., S. 3–7):

(1) Commitment to Compliance
(2) Structure and Responsibility
(3) Export Screening Procedures
(4) Shipment Control
(5) Performance review
(6) Training
(7) Record Keeping
(8) Reporting and Corrective Action

Die Wassenaar-Guidelines haben maßgeblich dazu beigetragen, einen international anerkannten Mindeststandard für ICPs zu etablieren. Zwar fehlt ihnen rechtliche Verbindlichkeit, doch sind sie durch ihre Aufnahme in nationale Rechtsordnungen und Verwaltungspraxis faktisch wirksam geworden. Viele nationale Exportkontrollbehörden – auch innerhalb der EU – greifen auf diese Struktur zurück, wenn sie Erwartungen an unternehmensinterne Kontrollsysteme formulieren.

Damit bilden die Wassenaar-Guidelines eine internationale Referenzfolie, auf die sich sowohl US-amerikanische als auch europäische Behörden bei der Formulierung eigener Anforderungen stützen. Für Unternehmen bedeutet dies, dass die Implementierung dieser Elemente nicht nur dem Nachweis gegenüber nationalen Behörden dient, sondern auch als Best-Practice-Standard im internationalen Handel gilt.

6.3 Nunn-Wolfowitz Task Force Report

1999 beauftragte der US-amerikanische Elektronik Konzern Hughes den ehemaligen US Senator Sam Nunn und den damals als Botschafter tätigen, späteren Weltbank Präsidenten Paul Wolfowitz, ein Compliance-Modell für die Implementierung einer „best practice" in der Exportkontrolle zu entwickeln (Merz 2018, S. 88). Dieses wurden im Juli 2000 in einem „Report" vorgelegt (Nunn und Wolfowitz 2000) und gilt als Grundlagenwerk und Geburtsstunde der heutigen Exportkontroll-Compliance-Systeme (Merz 2018, S. 89).

In dem Report wurden Schlüsselbereiche identifiziert, die für ein ganzheitliches Comliance-System in der Exportkontrolle von entscheidender Bedeutung sind. Sie umfassen (Merz 2018, S. 89–94):

1 **Export-Compliance-Gremium** als koordinierendes Compliance Organ im Unternehmen, das von einem leitenden und weisungsbefugten Angestellten geführt wird.

2 **Export-Compiance-Personal**, das in ausreichender Anzahl und Qualifikation das CMS umsetzt.
3 **Export-Compliance-Strukturierung**, um ein strukturiertes und einheitliches Vorgehen im Unternehmen zu gewährleisten.
4 **Export-Compiance Intranet**, in dem die Kontrollmechanismen und Policies dargestellt werden und den Mitarbeitern jederzeit zur Verfügung stehen.
5 **Ausbildung, Schulung und Training** der Mitarbeiter, um Exportverstöße zu vermeiden und das Bewusstsein für Compliance zu fördern.
6 **Umgang mit Genehmigungen** bei der Beantragung und Verwaltung und Abwicklung der einzelnen Ausfuhren.
7 **Dokumentation und Aufbewahrung** der außenwirtschaftsrechtlich relevanten Vorgänge.
8 **Audits**, um Defizite eines Compliance-Programms zu identifizieren und das CMS zu verbessern.

Das von Nunn und Wolfowitz entwickelte Exportkontroll-Compliance-Modell bietet einen strukturierten und systematischen Ansatz, um Unternehmen vor Verstößen gegen Exportkontrollvorschriften zu schützen. Es basiert auf der Implementierung klar definierter Schlüsselbereiche, die sowohl präventive als auch kontrollierende Maßnahmen beinhalten. Das Modell fördert eine durchgängige Dokumentation und systematische Überprüfung der Exportaktivitäten, was die Effizienz der Unternehmensabläufe erhöht und eine bessere Einhaltung der rechtlichen Anforderungen sicherstellt. Durch regelmäßige Audits wird darüber hinaus die Möglichkeit geschaffen, Schwachstellen zu identifizieren und das System kontinuierlich zu verbessern. Dies erfolgt im Rahmen dieser Untersuchung für die Frage der Auswirkungen extraterritorial wirkender US-Exportkontrolle auf Nicht-US-Unternehmen.

6.4 Economic Sanctions Enforcement Guidelines

Im Rahmen der US-Sanktionen wurden am 9. November 2009 in 31 CFR Part 501 App. A *Economic Sanctions Enforcement Guidelines* veröffentlicht, die Leitlinien zur Durchsetzung von Wirtschaftssanktionen betreffen (Office of Foreign Assets Control 2009). Sie regeln angemessenen Zwangsmaßnahmen des OFAC auf offensichtliche Verstöße gegen US-Wirtschaftssanktionsprogramme.

Die in Appendix A zu Part 501 niedergelegten Economic Sanctions Enforcement Guidelines enthalten zwar kein eigenständiges Regelwerk zur Einrichtung von Internal Compliance Programmen, sie lassen jedoch Rückschlüsse darauf zu, welche Strukturen und Maßnahmen OFAC als mildernde Umstände bei der Sanktionsbemessung berücksichtigt. Damit liefern die Guidelines indirekt wichtige Leitlinien für die Ausgestaltung wirksamer Compliance-Strukturen.

Im Mittelpunkt steht der **risikobasierte Ansatz**. OFAC erwartet, dass Organisationen ihr individuelles Risiko im Hinblick auf Sanktionsprogramme regelmäßig bewerten (31 CFR Appendix-A-to-Part-501 III.E.). Diese Risikoanalyse hat sich auf Kunden, Produkte, Dienstleistungen, geografische Regionen und Transaktionsarten zu erstrecken. Sie bildet die Grundlage für die Priorisierung von Kontrollmaßnahmen und die zielgerichtete Allokation von Ressourcen.

Von zentraler Bedeutung ist zudem die **Dokumentation und Implementierung von Compliance-Policies und -Prozessen**. Es genügt nicht, interne Richtlinien lediglich formal zu etablieren; sie müssen praktisch umgesetzt und nachweisbar gelebt werden. In den Guidelines wird ausdrücklich hervorgehoben, dass nur ein wirksam implementiertes Programm im Einzelfall als strafmildernder Faktor berücksichtigt werden kann.

Ein weiterer wesentlicher Aspekt betrifft die **freiwillige Selbstanzeige („voluntary self-disclosure") und Kooperation mit den Behörden** (31 CFR Appendix-A-to-Part-501 III.G.). Unternehmen, die potenzielle Verstöße zeitnah und umfassend an OFAC melden, können eine erhebliche Reduzierung der Sanktionen erreichen. Die Guidelines stellen klar, dass sowohl die Bereitschaft zur Offenlegung als auch die Qualität der Kooperation bei der Strafzumessung berücksichtigt werden.

Auch die **Überwachung von Größe, Häufigkeit und Wert von Transaktionen** ist in den Guidelines als relevantes Kriterium benannt (31 CFR Appendix-A-to-Part-501 III.D.3.). Daraus folgt, dass ein ICP technische und organisatorische Mechanismen zur laufenden Überprüfung dieser Parameter vorsehen muss. Auffällige Muster oder ungewöhnlich komplexe Transaktionen müssen identifiziert, dokumentiert und einer erhöhten Prüfung unterzogen werden.

Besonders hervorgehoben wird zudem die **Verantwortung des Managements** (31 CFR Appendix-A-to-Part-501 III.B.3.). Die Kenntnis oder gar Beteiligung von Führungskräften an einem Verstoß wird als schwerwiegender erschwerender Umstand gewertet. Daraus folgt, dass ein wirksames ICP zwingend ein klares **Management Commitment** voraussetzt. Dieses muss sich nicht nur in einer formalen Erklärung niederschlagen, sondern in aktiver Unterstützung, Ressourcenzuweisung und einer nachweisbaren Einbindung der Unternehmensleitung in das Compliance-System.

Schließlich weisen die Guidelines auf die Bedeutung von **internen Audits, Tests und einer konsistenten Dokumentation** hin. Wiederholte Verstöße oder systemische Defizite deuten auf ein mangelhaftes ICP hin. Unternehmen müssen daher interne Prüfungen vornehmen, Schwachstellen identifizieren und geeignete Korrekturmaßnahmen implementieren. Die Fähigkeit, Verstöße nachzuvollziehen und deren Ursachen zu beheben, ist ein maßgebliches Kriterium für die Beurteilung durch OFAC.

Zusammenfassend lässt sich festhalten, dass die Guidelines den Rahmen für ein ICP nicht kodifizieren, aber die wesentlichen Erwartungshaltungen klar benennen: Risikoorientierung, dokumentierte Policies, Management Commitment, Offenlegungspflichten, kontinuierliche Überwachung sowie Audits und Dokumentation. Ein ICP, das diese Elemente umfasst, wird nicht nur regulatorisch als mildernder Faktor anerkannt, sondern stellt auch in der Unternehmenspraxis ein wirksames Instrument zur Risikominimierung und Absicherung gegen extraterritoriale Sanktionsdurchsetzung dar.

6.5 BIS Export Compliance Guidelines

Im Januar 2017 hat das Bureau of Industry and Security (BIS) *Export Compliance Guidelines* veröffentlicht, die die Elemente eines effektiven Compliance Programms darstellen (Bureau of Industry and Security 2017).

Die Guidelines ähneln strukturell dem Nunn-Wolfowitz Task Force Report, legen ihren Schwerpunkt jedoch nicht auf *best practices*, sondern auf die grundlegende Struktur eines Export-Compliance-Programms. Dabei weist das BIS darauf hin, dass es Elemente identifiziert habe, die sich als entscheidend für ein effektives Export-Compliance-Programm herausgestellt hätten (Bureau of Industry and Security 2017, S. 1). Diese umfassen:

(1) **Management Commitment** als für die Export-Compliance entscheidendes Element. Es muss von der Unternehmensspitze ausgehen und durch eine klare Erklärung unterstützt werden. Ausreichende Ressourcen sollten bereitgestellt werden, und das Management muss aktiv Widerstände gegen Compliance-Maßnahmen angehen.
(2) **Risk Assessment**, um häufige Risiken im Exportprozess zu identifizieren und geeignete Maßnahmen zur Risikominderung zu ergreifen. Dies umfasst die Bestimmung der Zuständigkeit, die Klassifizierung der Güter und die Klärung von Lizenzanforderungen.
(3) **Export Authorization** mit der Bestimmung der Zuständigkeit im Unternehmen und Klassifikation der Güter sowie die Prüfung, ob eine Genehmigung notwendig ist.

(4) **Recordkeeping** im Rahmen von Teil 762 EAR, um ein strukturiertes System einzurichten.
(5) **Training** der Mitarbeiter, um eine Compliance-orientierte Unternehmenskultur zu fördern.
(6) **Audits**, um die Effektivität des Compliance-Programms zu bewerten.
(7) **Handling Export Violations and Taking Corrective Actions**, um Verstöße frühzeitig zu erkennen und Korrekturmaßnahmen durchzuführen.
(8) **Build and Maintain Your Export Compliance Manual**, das regelmäßig aktualisiert und als Referenz für die Mitarbeiter verwendet werden kann.

Diese acht Kernelemente verdeutlichen, dass die BIS-Guidelines nicht lediglich als unverbindliche Empfehlung, sondern als faktischer Maßstab für die Wirksamkeit von Export-Compliance-Programmen zu verstehen sind. Sie formulieren einen Mindeststandard, an dem sich sowohl die Beurteilung durch die US-Behörden als auch die Erwartungen internationaler Geschäftspartner orientieren.

Für Nicht-US-Unternehmen bedeutet dies, dass die Übernahme dieser Strukturen nicht nur dem Ziel dient, formale Anforderungen der EAR zu erfüllen, sondern zugleich der Etablierung eines belastbaren „Best Practice"-Rahmens für die gesamte Export- und Sanktionscompliance. Damit fungieren die BIS-Guidelines als Brücke zwischen rechtlicher Regulierung und organisatorischer Umsetzung: Sie verbinden normative Vorgaben mit operativen Handlungsanleitungen und tragen dazu bei, Exportkontrolle als integralen Bestandteil der Corporate Governance zu verankern.

6.6 Framework for OFAC Compliance Commitments

Obwohl das Office of Foreign Assets Control (OFAC) die zentrale US-Behörde im Bereich der Sanktionen ist, gibt es anders als beim BIS keine Empfehlung zur Gestaltung eins Compliance-Programms. In seinen FAQ (Office of Foreign Assets Control o.J.) gibt das OFAC lediglich in Einzelfragen Hinweise zur Gestaltung eines ICP.

Lediglich für die Compliance Commitments, also die in dieser Arbeit untersuchten Vergleiche bei Exportverstößen gibt es mit dem *Framework for OFAC Compliance Commitments* (2019) einen Rechtsrahmen für die Gestaltung der Compliance-Vereinbarungen im Falle von Exportverstößen. Aufgrund ihrer Klarheit können diese für die Gestaltung eines ICP im Rahmen der vom OFAC verfolgten US-Sanktionen herangezogen werden. Die umfassen in ihrem Kern folgende (bekannte) Elemente:

(1) Mangement Commitment
(2) Risk Assessment
(3) Internal Controls
(4) Testing and Auditing
(5) Training

Dieses Rahmenwerk ist spezifischer als der Nunn-Wolfowitz Task Force Report und die BIS Export Compliance Guidelines. Sie beziehen sich inhaltlich speziell auf die vom OFAC regulierten US-Sanktionen und stellen daher im Rahmen der Exportkontrolle ein *Sanctions Compliance Program (SCP)* dar. Dabei gelten diese Commitments nicht nur für US-Personen, sondern auch für ausländische Einrichtungen, die in den USA oder mit den USA tätig sind, für US-Personen oder die Waren und Dienstleistungen mit US-Ursprung verwenden (KPMG 2022).

6.7 Compliance Program Guidelines des U.S. Department of State

Die vom Department of State herausgegebenen ITAR Compliance Program Guidelines (aktuelle Fassung vom 5. Dezember 2022) sollen Unternehmen, die Verteidigungsgüter oder -dienstleistungen entwickeln, herstellen, exportieren oder vermitteln, einen Orientierungsrahmen für die Einrichtung und Umsetzung wirksamer Compliance-Strukturen bieten. Sie stützen sich auf den Arms Export Control Act (AECA) sowie die International Traffic in Arms Regulations (ITAR) und formulieren Mindeststandards, die im Vollzug und in der behördlichen Erwartungspraxis maßgeblich sind.

Im Zentrum steht das **Bekenntnis des Managements** Zur Entwicklung und Förderung einer Kultur der Rechtstreue (Department of State 2022, S. 6). Ohne eine klare und dokumentierte Unterstützung durch die Unternehmensleitung lässt sich ein wirksames Exportkontrollsystem nicht implementieren. Das Commitment muss sich in offiziellen Erklärungen, in Ressourcenzuweisungen und in der Einbindung von Compliance-Zielen in die Unternehmenssteuerung widerspiegeln.

Darüber hinaus betonen die Guidelines die **korrekte Registrierung und Klassifikation** (Department of State 2022, S. 13–14). Unternehmen, die nach den ITAR registrierungspflichtig sind, müssen dies beim DDTC vornehmen. Eine zutreffende Entscheidung über die Rechtsgrundlage der Exportkontrolle – ob ein Produkt, eine Dienstleistung oder eine technische Information der ITAR oder den EAR unterliegt – ist essenziell, da Fehlklassifikationen häufig Ausgangspunkt von Verstößen sind. Jede Ausfuhr, jeder Reexport und jede technische Dienstleistung setzt die entsprechende Genehmigung voraus, sei es in Form einer Lizenz oder eines speziellen Abkommens.

Ein weiteres Kernelement bildet die **ordnungsgemäße Dokumentation und Aufbewahrung** (Department of State 2022, S. 25–29). Sämtliche exportkontrollrechtlich relevanten Unterlagen sind mindestens fünf Jahre vorzuhalten. Hierzu zählen nicht nur Lizenzunterlagen, sondern auch technische Daten, Verträge, Geschäftskorrespondenz und Zahlungsnachweise. Viele Unternehmen implementieren ergänzend **Technology Control Plans (TCPs)**, die insbesondere den Umgang mit sensiblen Daten und den Zugang ausländischer Mitarbeiter oder Besucher regeln.

Von zentraler Bedeutung ist auch der Umgang mit **Verstößen und deren Offenlegung** (Department of State 2022, S. 30–34). Die Guidelines verlangen, dass Unternehmen interne Systeme zur Früherkennung und Meldung potenzieller Verstöße schaffen, auch unter Einschluss anonymer Hinweisgeber. Werden Verstöße festgestellt, so sind sie umgehend zu untersuchen, zu dokumentieren und – sofern relevant – in Form einer freiwilligen Selbstanzeige (Voluntary Disclosure) an das DDTC zu melden. Solche Selbstanzeigen werden regelmäßig als mildernder Faktor gewertet und können erhebliche Sanktionsreduktionen zur Folge haben.

Die Guidelines legen zudem besonderen Wert auf **regelmäßige Schulungen** (Department of State 2022, S. 35–38). Diese müssen aufgaben- und risikobezogen ausgestaltet sein. Das empfohlene Stufenmodell reicht von Basisschulungen für alle Mitarbeiter über spezifische Trainings für Management und Fachpersonal bis hin zu vertiefenden Programmen für Compliance-Verantwortliche und sogenannte *Empowered Officials*.

Ein weiterer Eckpfeiler ist die **laufende Risikobewertung** (Department of State 2022, S. 41). Unternehmen müssen ihre Risikoexposition in Bezug auf Produkte, Kunden, Märkte und Endverwendungen regelmäßig analysieren und entsprechende Anpassungen ihrer Compliance-Strukturen vornehmen. Besonders bei Fusionen und Übernahmen gewinnt dieses Element an Bedeutung, da sich hier Risiken aus Integration und IT-Systemen ergeben.

Die Wirksamkeit des Programms ist durch **regelmäßige Audits und Monitoring** (Department of State 2022, S. 45–59). sicherzustellen. Interne und externe Prüfungen dienen dazu, Defizite aufzudecken, die Umsetzung regulatorischer Anforderungen zu kontrollieren und Korrekturmaßnahmen zu implementieren. Ergebnisse solcher Audits müssen dokumentiert und dem Management zur Nachverfolgung vorgelegt werden.

Abschließend betonen die Guidelines die Notwendigkeit eines **schriftlich fixierten Compliance-Handbuchs** (Department of State 2022, S. 60–62). Dieses

Handbuch muss für alle Mitarbeiter zugänglich sein, klare Verantwortlichkeiten, Prozesse und Checklisten enthalten und in regelmäßigen Abständen aktualisiert werden.

Insgesamt machen die ITAR Guidelines deutlich, dass ein wirksames Compliance-Programm auf Risikoorientierung, klare Verantwortlichkeiten, formalisierte Prozesse, Management Commitment und kontinuierliche Kontrolle angewiesen ist. Sie zielen nicht auf formale Strukturen allein, sondern auf eine gelebte Compliance-Kultur, die sämtliche Geschäftsprozesse – von Human Resources über IT-Sicherheit bis zum internationalen Vertrieb – durchdringt.

6.8 Tri-Seal Compliance Note

Am 6. März 2024 haben das US-Handelsministerium (als dem BIS übergeordnetes Ministerium), das US-Finanzministerium (dto. bzgl. dem OFAC) und das US-Justizministerium eine Stellungnahme zu den Verpflichtungen von Nicht-US-Unternehmen in Bezug auf US-Sanktionen und US-Exportkontrolle veröffentlicht. Diese Erklärung wird als *Tri-Seal Compliance Note* bezeichnet (Department of Commerce et al. 2024). In dieser betonen die Behörden die Bedeutung von US-Sanktions- und Exportkontrollgesetze auf Geschäfte und Tätigkeiten ausländischer Unternehmen. Diese müssten im Rahmen ihrer Compliance geeignete Maßnahmen ergreifen, um diese Risiken zu erkennen und darauf zu reagieren (a. a. O., S. 9).

In der Erklärung werden *Compliance Considerations* aufgestellt, die sich explizit an Nicht-US-Personen richten (a. a. O., S. 10). Sie umfassen:

(1) **Risikobasierter Ansatz:** Entwicklung, Implementierung und regelmäßige Aktualisierung eines Sanktions-Compliance-Programms, das auf einer umfassenden Risikobewertung basiert.
(2) **Interne Kontrollen**: Einrichtung strenger interner Verfahren zur Überwachung von Zahlungen und Warenbewegungen, die an Geschäftspartnern, Tochtergesellschvaften und Vertretern beteiligt sind, um potenzielle Verbindungen zu sanktionierten Personen oder Gerichtsbarkeiten zu erkennen.
(3) **Datenmanagement**: Sicherstellen, dass Kundeninformationen (z. B. Reisepässe, Nationalitäten, Adressen, Geolokalisierung) in die Risikobewertung integriert und regelmäßig aktualisiert werden.
(4) **Schulung und Eskalation**: Tochtergesellschaften und Partner sollten in den US-Sanktions- und Exportkontrollvorschriften geschult werden, um rote Flaggen zu erkennen und Verstöße zeitnah der Geschäftsleitung zu melden.

(5) **Korrekturmaßnahmen**: Sofortige Umsetzung von Maßnahmen, um Risiken zu mindern und kompensierende Kontrollen zu etablieren, bis die Ursachen von Compliance-Schwachstellen behoben sind.
(6) **Risikominderung bei Fusionen und Übernahmen**: Maßnahmen zur Reduzierung von Sanktions- und Exportkontrollrisiken identifizieren, besonders bei schnellen Expansionen und IT-Integration.
(7) **Selbstanzeige**: Unternehmen sollten potenzielle Verstöße gegen Sanktions- oder Exportkontrollvorschriften freiwillig bei den zuständigen Behörden anzeigen.

Die Tri-Seal Compliance Note verdeutlicht, dass die US-Behörden eine kohärente Erwartungshaltung gegenüber Nicht-US-Unternehmen entwickelt haben, die unmittelbar an die bisher analysierten Leitlinien anschließt. Während die BIS Export Compliance Guidelines den strukturellen Rahmen für ein wirksames Exportkontrollprogramm setzen und das OFAC Framework for Compliance Commitments zentrale Prinzipien für das Sanktionsrecht formuliert, bündelt die Tri-Seal Note diese Vorgaben in einem Dokument, das sich explizit an ausländische Unternehmen richtet. Die hervorgehobenen Elemente – Risikobewertung, interne Kontrollen, Datenmanagement, Schulungen, Korrekturmaßnahmen, M&A-Due Diligence und Selbstanzeige – lassen sich nahtlos mit den bereits bekannten Bausteinen eines ICP in Beziehung setzen.

Besonders bemerkenswert ist, dass die Tri-Seal Note die extraterritoriale Wirkung von US-Sanktions- und Exportkontrollrecht unmissverständlich unterstreicht. Sie macht deutlich, dass Nicht-US-Unternehmen nicht mehr nur mittelbar durch Geschäftsbeziehungen mit US-Personen betroffen sind, sondern proaktiv eigene Compliance-Strukturen aufbauen müssen, um regulatorische Risiken zu adressieren. Damit wird der bislang eher implizit formulierte Erwartungshorizont nun ausdrücklich zur Handlungsaufforderung.

Im Vergleich zu den BIS-Guidelines und den OFAC-Vorgaben fügt die Tri-Seal Note zwei wesentliche Akzente hinzu: zum einen die konsequente Integration von Datenmanagement in die Risikoanalyse, zum anderen die Betonung von M&A-bezogenen Risiken als eigenständiges Compliance-Feld. Diese Schwerpunkte spiegeln die praktischen Erfahrungen der Enforcement-Praxis wider, in der gerade technische Datenflüsse und Unternehmensübernahmen wiederholt zu Sanktionsverstößen geführt haben.

Insgesamt lässt sich festhalten, dass die Tri-Seal Compliance Note die zuvor diskutierten ICP-Leitlinien nicht ersetzt, sondern vielmehr konsolidiert und verschärft. Sie ist Ausdruck einer koordinierteren US-Durchsetzungspraxis, die die extraterritoriale Anwendung ihrer Rechtsnormen auf ausländische Unternehmen zur Grundlage nimmt und damit den globalen Standard für Export- und Sanktionscompliance weiter prägt. Für europäische Unternehmen bedeutet dies, dass die bisher dargestellten Bausteine eines ICP nicht fakultativ, sondern zwingend umzusetzen sind, um sowohl regulatorischen Risiken als auch erheblichen ökonomischen Schäden vorzubeugen.

Nicht-US-Personen, die sich an Handlungen beteiligen, die den nationalen Sicherheits- oder außenpolitischen Interessen der USA zuwiderlaufen, laufen Gefahr, von den USA mit Sanktionen und Vollstreckungsmaßnahmen, einschließlich strafrechtlicher Verfolgung, belegt zu werden. Die Maßnahmen der letzten Jahre zeigen, dass die USA bei der Anwendung und Durchsetzung von Sanktionen und Ausfuhrkontrollgesetzen weit über das Hoheitsgebiet der USA hinausgehen und sich immer weiter ausdehnen (Schindler 2024).

6.9 Stellungnahme

Die Untersuchung der Compliance-Management-Systeme im US-Exportrecht hat gezeigt, dass es in den USA verschiedenen Ansätze zur Implementierung von Exportkontrollprogrammen gibt. Ausgehend vom sehr abstrakten, an den best practices orientierten Nunn-Wolfowitz Task Force Report legen die BIS Guidelines den Fokus auf die grundlegende Struktur eines Compliance-Programms. Demgegenüber fokussieren sich die OFAC Compliance Commitments auf Compliance-Programme im Rahmen der US-Sanktionen.

Gemeinsam ist den Regelungen, ein maßgeschneidertes, risikobasiertes Compliance-Programm unerlässlich ist, um den Anforderungen des US-Exportrechts gerecht zu werden. Besonders das Engagement des Managements, regelmäßige Audits und kontinuierliche Schulungen sind entscheidend, um die Einhaltung von Export- und Sanktionsvorschriften sicherzustellen, das die Tri-Seal Compliance Note behördenübergreifend verbindet.

Aus einem Vergleich der Wassenaar-Guidelines und den US-Regelungen (Nunn-Wolfowitz, BIS OFAC und Tri-Seal) ergibt sich tatsächlich eine gemeinsame Grundstruktur eines Export-Compliance Programms. Die drei verbindenden Elemente sich das Management Commitment, die Analyse der tatsächlichen Exportrisiken und eine regelmäßige Auditierung des Export-Compliance-Programms. Daraus lässt sich die folgender Grundstruktur eines Compliance-Programms im US-Export- und Sanktionsrecht ableiten:

1. Management Commitment
2. Risikobasierter Ansatz/Risk Assessment

3. Interne Organisation und Strukturen
4. Interne Kontrollen und Prozesse
5. Dokumentation und Recordkeeping
6. Schulung und Training
7. Audits, Testing und Monitoring

Zusammenfassend zeigt sich, dass die US-Vorgaben zu Compliance-Programmen – trotz unterschiedlicher institutioneller Herkunft und Schwerpunktsetzung – auf eine konvergierende Kernstruktur hinauslaufen. Diese Grundelemente spiegeln zugleich internationale Standards wider, wie sie etwa im Wassenaar-Arrangement und auch in europäischen Leitlinien zur Exportkontrolle (Bundesamt für Wirtschaft und Ausfuhrkontrolle 2018; Europäische Kommission 2019) angelegt sind.

Für die Praxis bedeutet dies, dass Unternehmen mit grenzüberschreitenden Geschäftsmodellen gut beraten sind, ihre internen Compliance-Systeme nicht nur an einzelnen Vorgaben (etwa OFAC oder BIS) auszurichten, sondern ein integriertes, einheitliches ICP zu entwickeln, das sowohl güterbezogene Exportkontrolle als auch finanz- und personenbezogene Sanktionen abdeckt. Damit entsteht ein holistisches Compliance-Framework, das nicht nur die formale Einhaltung der US-Vorgaben sicherstellt, sondern auch zur organisationalen Resilienz beiträgt und internationale Geschäftstätigkeit auf eine belastbare rechtliche Grundlage stellt.

7 OFAC Responses to Apparent Violations

OFAC begegnet „*apparent violations*“, also Anhaltspunkten für mögliche Verstöße gegen US-Sanktionsrecht, mit einem abgestuften Reaktionssystem. Dieses reicht von der verfahrensökonomischen Einstellung ohne weitere Maßnahmen, zivilrechtlichen Vergleichen (*Settlement Agreements*) bis hin zu zivilrechtlichen Geldbußen (*Civil Penalties*) und, in gravierenden Fällen, der strafrechtlichen Zuleitung an das Department of Justice (*Criminal Penalties*).

Die behördliche Praxis orientiert sich an einem Bündel von Faktoren, das die Schwere des Sachverhalts, den Grad des Verschuldens sowie die Qualität der unternehmensinternen Compliance-Strukturen bewertet. Im Zentrum stehen die spezifische Gefährdung der Sanktionsziele, der wirtschaftliche Umfang der Transaktionen, Musterhaftigkeit des Verhaltens, Beteiligung oder Kenntnis des Managements, Kooperationsbereitschaft, freiwillige Selbstanzeige, der Reifegrad des Compliance-Programms und etwaige Wiederholungsfälle. Aus diesem Zusammenspiel ergibt sich die Auswahl und Intensität der Reaktion im Einzelfall.

Die Einleitung eines OFAC-Verfahrens setzt regelmäßig voraus, dass aus Sicht der Behörde ein hinreichender Anfangsverdacht besteht, der auf dokumentierten Transaktionen, internen oder externen Hinweisen, eigenen Analysen oder interbehördlichen Informationen beruht. Entscheidungsleitend sind insbesondere die Zielrelevanz der Transaktion (z. B. Bezüge zu gelisteten Personen, Sektoren oder sanktionierten Jurisdiktionen), der US-Nexus (etwa der Zahlungsweg über US-Korrespondenzbanken oder der Einsatz US-basierter IT-Infrastruktur), der potenzielle oder tatsächliche Schaden für die Sanktionsziele sowie die Frage, ob es sich um einen isolierten Vorgang oder um ein systemisches Problem handelt. Ein wesentlicher Gesichtspunkt ist zudem, ob das betroffene Unternehmen über ein angemessenes, risikobasiertes Compliance-Programm verfügt und wie es auf erste

D. O. Schindler, *OFAC Settlement Agreements*,
https://doi.org/10.1007/978-3-658-50017-7_7

Hinweise reagiert: Offenlegung, interne Untersuchung, Sicherungsmaßnahmen und Korrekturhandlungen wirken regelmäßig verfahrenslenkend und sanktionsmindernd, während Verschleierung, unzureichende Kooperation oder fehlende interne Kontrollen die Eingriffstiefe erhöhen.

7.1 Faktoren der Verfahrenseinleitung

Die Einleitung eines Enforcement-Verfahrens durch das OFAC ist das Ergebnis eines vielschichtigen Informationsflusses. Das Amt agiert dabei nicht isoliert, sondern als Teil eines dichten institutionellen Geflechts von US-Behörden, Finanzinstitutionen und privaten Akteuren.

Ein zentrales Element stellt die **freiwillige Selbstanzeige (Voluntary Self-Disclosure, VSD)** dar. Unternehmen können durch rechtzeitige und vollständige Offenlegung von Verstößen erhebliche Strafminderungen erreichen. OFAC betont, dass VSDs nicht nur die Kooperationsbereitschaft dokumentieren, sondern zugleich das Vertrauen in die Ernsthaftigkeit unternehmensinterner Compliance stärken. In der Praxis wurden in zahlreichen Settlements signifikante Reduktionen der Strafhöhe gewährt, wenn die Selbstanzeige mit wirksamen Korrekturmaßnahmen verbunden war.

Von erheblicher Bedeutung sind zudem **Suspicious Activity Reports (SARs)**, die Finanzinstitute nach dem Bank Secrecy Act (BSA) abgeben müssen (Hirschhorn et al. 2022, S. 366). Diese Meldungen verdächtiger Transaktionen stellen einen der wichtigsten Anknüpfungspunkte für OFAC-Ermittlungen dar, da sie in Echtzeit Informationen zu auffälligen Finanzflüssen – insbesondere im US-Dollar-Clearing – liefern. Durch die Kooperation mit der **Financial Crimes Enforcement Network (FinCEN)** erhält OFAC Zugriff auf ein umfassendes Informationssystem, das Finanzströme international verknüpft (Hirschhorn et al. 2022, S. 320).

Daneben spielen **Hinweise aus der Privatwirtschaft und Whistleblower-Meldungen** eine wachsende Rolle. Multinationale Konzerne, Zulieferer oder Wettbewerber liefern Informationen, die nicht selten durch eigene interne Compliance-Systeme generiert werden. Whistleblower können dabei sowohl aus Unternehmen selbst stammen als auch externe Akteure sein, die durch Marktbeobachtungen auf Verstöße aufmerksam werden.

Ein weiterer Faktor ist der **interbehördliche Informationsaustausch**. OFAC arbeitet eng mit dem Bureau of Industry and Security (BIS), dem Department of Justice (DoJ) sowie dem Federal Bureau of Investigation (FBI) zusammen (vgl. Department of Commerce et al. 2024). Während das BIS insbesondere bei Güterexporten und Reexporten von Dual-Use-Produkten involviert ist, koordiniert das

DoJ strafrechtliche Ermittlungen und stellt damit die Verbindung zur strafrechtlichen Durchsetzung her.

Nicht zu unterschätzen sind zudem **Hinweise ausländischer Behörden und internationale Presseberichte**. Gerade bei grenzüberschreitenden Finanz- und Handelsgeschäften stützen sich die US-Behörden auf Informationen ausländischer Strafverfolgungs- oder Aufsichtsbehörden. Internationale Medienberichte können – etwa durch die Offenlegung von Unternehmenspraktiken in Krisengebieten – ebenfalls Anlass für eine Überprüfung durch OFAC sein.

Insgesamt zeigt sich, dass die Verfahrenseinleitung einem präventiv-deterrenten Charakter folgt. Die Vielzahl der potenziellen Informationsquellen schafft für Unternehmen eine hohe Transparenzdichte: Jeder Verstoß gegen US-Sanktionen birgt das Risiko, durch interne, externe oder staatliche Meldungen bekannt zu werden. Gerade die enge Verzahnung zwischen Finanzmarktaufsicht, internationalen Behörden und privater Compliance führt dazu, dass Verstöße nur selten unerkannt bleiben.

7.2 Maßnahmen bei offensichtlichen Verstößen

Die Vorgehensweise der OFAC bei der Durchsetzung von Sanktionen ist in ihren „Enforcement Guidelines" dargelegt, die als Anhang A den Melde-, Verfahrens- und Sanktionsvorschriften beigefügt sind (Appendix A to Part 501 – Economic Sanctions Enforcement Guidelines). Innerhalb dieser Richtlinien bestehen sieben unterschiedliche Reaktionsmöglichkeiten, die bei einem „offensichtlichen Verstoß" gegen Sanktionsbestimmungen zur Anwendung kommen können. Diese abgestufte Vorgehensweise ermöglicht es dem OFAC, flexibel auf Verstöße zu reagieren, indem es sowohl die Schwere des Verstoßes als auch die Kooperationsbereitschaft des Betroffenen berücksichtigt. Dies ist besonders relevant für Unternehmen, die in internationalen Märkten agieren, da sie ihr Compliance-Management darauf ausrichten müssen, die jeweiligen Risiken und potenziellen Reaktionsweisen der OFAC zu antizipieren und angemessen zu adressieren (Gordon et al. 2019, S. 121; Hirschhorn et al. 2022, S. 18).

Ein „offensichtlicher Verstoß" (*apparent violation*) ist ein Verhalten, das einen tatsächlichen oder möglichen Verstoß gegen die US-Wirtschaftssanktionsgesetze darstellt, einschließlich des International Emergency Economic Powers Act (IEEPA), des Trading With the Enemy Act (TWEA), des Foreign Narcotics Kingpin Designation Act und anderer Gesetze, die von der OFAC verwaltet oder durchgesetzt werden, sowie der gemäß diesen Gesetzen erlassenen Executive Orders,

Verordnungen, Anordnungen, Direktiven oder Lizenzen (31 CFR Appendix-A-to-Part-501 I.A.).

Je nach den Fakten und Umständen eines bestimmten Falles kann die Untersuchung des OFAC-gem. 31 CFR Appendix-A-to-Part-501 II.A.-G zu einer oder mehreren der folgenden Maßnahmen führen (Hoff 2019, S. 96 ff.).

7.2.1 Keine Maßnahme

Stellt das OFAC fest, dass keine ausreichenden Beweise vorliegen, um auf einen Verstoß zu schließen, und/oder kommt es zu dem Schluss, dass das Verhalten nicht das Niveau erreicht, das eine administrative Reaktion rechtfertigt, werden keine Maßnahmen ergriffen (31 CFR Appendix-A-to-Part-501 II.A.). In den Fällen, in denen das OFAC Kenntnis davon hat, dass die betroffene Person von den Ermittlungen des OFAC weiß, wird das OFAC in der Regel ein Schreiben an die betroffene Person richten, in dem es mitteilt, dass die Ermittlungen eingestellt werden und keine Verwaltungsmaßnahmen ergriffen werden. Die Feststellung, dass keine Maßnahmen ergriffen werden, stellt eine endgültige Feststellung des offensichtlichen Verstoßes dar, es sei denn, das OFAC erfährt später von weiteren damit zusammenhängenden Verstößen oder anderen relevanten Fakten.

7.2.2 Anforderung zusätzlicher Informationen

Wenn das OFAC feststellt, dass zusätzliche Informationen zu dem offensichtlichen Verstoß benötigt werden, kann es weitere Informationen von der betroffenen Person oder Dritten anfordern (31 CFR Appendix-A-to-Part-501 II.B.). Nach Erhalt der Informationen, die zur Beurteilung des offensichtlichen Verstoßes ausreichen, entscheidet das OFAC, ob weitere Durchsetzungsmaßnahmen ergriffen werden oder ob eine andere Reaktion auf den offensichtlichen Verstoß angemessen ist.

7.2.3 Cautionary Letter

Stellt OFAC fest, dass die vorliegenden Beweise nicht ausreichen, um einen Verstoß abschließend nachzuweisen, oder dass die Verhängung einer zivilrechtlichen Geldstrafe im konkreten Fall nicht gerechtfertigt wäre, kann die Behörde ein Verwarnungsschreiben (Cautionary Letter) erlassen (31 CFR Appendix-A-to-Part-501 II.C.). Dies gilt insbesondere dann, wenn das zugrunde liegende Verhalten unter anderen Umständen einen Verstoß darstellen könnte oder wenn Anhaltspunkte dafür bestehen, dass die betroffene Person keine hinreichende Sorgfalt bei der Einhaltung der einschlägigen Gesetze, Executive Orders und Vorschriften walten lässt.

Mit einem solchen Schreiben bringt OFAC seine Bedenken in Bezug auf das Verhalten sowie die internen Compliance-Richtlinien, -Praktiken oder -Verfahren der betroffenen Organisation zum Ausdruck. Ein Verwarnungsschreiben schließt das Verfahren zwar als endgültige Reaktion auf den festgestellten Sachverhalt ab, stellt jedoch keine verbindliche Feststellung dar, ob ein Rechtsverstoß vorliegt. Es behält seine Bedeutung solange, bis neue, damit zusammenhängende Verstöße oder relevante Tatsachen bekannt werden.

7.2.4 Finding of Violation

Wenn das OFAC feststellt, dass ein Verstoß vorliegt und es für wichtig erachtet, diesen zu dokumentieren, und zu dem Schluss kommt, dass das Verhalten der betroffenen Person eine verwaltungsrechtliche Reaktion rechtfertigt, eine zivilrechtliche Geldstrafe jedoch nicht die angemessenste Reaktion ist, kann das OFAC einen Bescheid erlassen, in der der Verstoß festgestellt wird (31 CFR Appendix-A-to-Part-501 II.D.). Die Feststellung eines Verstoßes kann auch die Bedenken des OFAC hinsichtlich des Verstoßes und/oder der OFAC-Compliance-Strategien, -Praktiken und/oder -Verfahren der betroffenen Person zum Ausdruck bringen und/oder die Notwendigkeit weiterer Compliance-Schritte aufzeigen.

Die Feststellung eines Verstoßes stellt eine endgültige Reaktion auf den Verstoß dar, es sei denn, das OFAC erfährt später von weiteren damit zusammenhängenden Verstößen oder anderen relevanten Tatsachen, und stellt eine endgültige Feststellung der Behörde dar, dass ein Verstoß stattgefunden hat. Die Feststellung eines Verstoßes gibt der betroffenen Person die Möglichkeit, auf die Feststellung zu reagieren, bevor diese Feststellung endgültig wird. Reagiert eine betroffene Person darauf, so stellt die ursprüngliche Feststellung eines Verstoßes keine endgültige Feststellung der Behörde dar, dass ein Verstoß vorliegt. In solchen Fällen wird das OFAC nach Prüfung der eingegangenen Antwort die betroffene Person über seine endgültige Durchsetzungsmaßnahme in Bezug auf den offensichtlichen Verstoß informieren.

7.2.5 Civil Monetary Penalty

Wenn das OFAC feststellt, dass ein Verstoß vorliegt, und zu dem Schluss kommt, dass das Verhalten der betroffenen Person die Verhängung einer Geldstrafe rechtfertigt, kann das OFAC eine zivilrechtliche Geldstrafe verhängen (31 CFR Appendix-A-to-Part-501 II.E.). Die Verhängung einer zivilrechtlichen Geldstrafe stellt eine endgültige Feststellung der Behörde dar, dass ein Verstoß stattgefunden hat, und ist eine endgültige zivilrechtliche Reaktion auf den Verstoß.

7.2.6 Criminal Referral

Unter bestimmten Umständen kann das OFAC die Angelegenheit an die zuständigen Strafverfolgungsbehörden zur strafrechtlichen Untersuchung und/oder Verfolgung weiterleiten (31 CFR Appendix-A-to-Part-501 II.F). Offensichtliche Sanktionsverstöße, die von der OFAC zur strafrechtlichen Untersuchung und/oder Verfolgung weitergeleitet wurden, können auch Gegenstand von zivilrechtlichen Sanktionen oder anderen Verwaltungsmaßnahmen der OFAC sein.

7.2.7 Other Administrative Actions

Zusätzlich zu oder anstelle von anderen Verwaltungsmaßnahmen kann das OFAC als Reaktion auf einen offensichtlichen Verstoß auch die folgenden Verwaltungsmaßnahmen ergreifen (31 CFR Appendix-A-to-Part-501 II.G.):

1. Verweigerung, Aussetzung, Änderung oder Entzug von Lizenzen. OFAC-Genehmigungen zur Durchführung von Transaktionen (einschließlich der Freigabe gesperrter Gelder) gemäß einer allgemeinen oder speziellen Lizenz können als Reaktion auf einen offensichtlichen Verstoß einbehalten, verweigert, ausgesetzt, geändert oder widerrufen werden.
2. Unterlassungsverfügung. Das OFAC kann die betroffene Person anweisen, Handlungen, die durch eines der von der OFAC durchgesetzten Sanktionsprogramme verboten sind, zu unterlassen, wenn das OFAC Grund zu der Annahme hat, dass eine betroffene Person an solchen Handlungen beteiligt war und/oder dass solche Handlungen andauern oder sich wiederholen könnten.

7.3 Settlement Agreements

Das OFAC hat zudem die Möglichkeit, das Verfahren durch Abschluss eines Vergleiches (Settlement Agreement) zu beenden (31 CFR Appendix-A-to-Part-501 V.C.). Im Rahmen dieses Verfahrens wird die Höhe der Strafe üblicherweise auf Basis der Durchsetzungsrichtlinien festgelegt. Zudem finden sich in den Vergleichen häufig weitere Verpflichtungen des Unternehmens zur Gestaltung der eigenen Export-Compliance (ICP). Diese Vergleiche mit Nicht-US-Unternehmen sind Gegenstand dieser Untersuchung.

Wenn die Verhandlungen vor der Ausstellung eines Vorbescheids stattfinden, erklärt sich das OFAC oft bereit, den Erlass eines solchen Bescheids bis zum Abschluss der Verhandlungen aufzuschieben, wodurch ein weiteres Strafverfahren vermieden wird.

7.3.1 Verfahren zur Beilegung

Vergleichsgespräche können vom OFAC, der betroffenen Person oder ihrem bevollmächtigten Vertreter eingeleitet werden. Vergleiche werden in der Regel im Einklang mit den in diesen Leitlinien dargelegten Grundsätzen in Bezug auf angemessene Strafbeträge ausgehandelt. Das OFAC kann die Aufnahme oder Fortsetzung von Vergleichsverhandlungen von der Unterzeichnung einer Vereinbarung über die Aufhebung der Verjährungsfrist abhängig machen.

7.3.2 Vergleich vor Erlass einer Pre-Penalty Notice

Wenn Vergleichsgespräche vor dem Erlass eines Vorbescheids stattfinden, kann die betroffene Person schriftlich beantragen, dass das OFAC den Erlass eines Vorbescheids bis zum Abschluss der Vergleichsgespräche zurückhält. Das OFAC wird einem solchen Ersuchen in der Regel zustimmen, solange die Vergleichsgespräche in gutem Glauben fortgesetzt werden und die Verjährungsfrist nicht abzulaufen droht.

7.3.3 Beilegung nach Erlass einer Pre-Penalty Notice

Wird eine Angelegenheit nach dem Erlass einer Pre-Penalty Notice, aber vor dem Erlass einer endgültigen Penalty Notice beigelegt, trifft das OFAC keine endgültige Entscheidung darüber, ob ein Sanktionsverstoß vorliegt. Falls keine Einigung erzielt wird, bleibt die Frist für die schriftliche Antwort auf die Pre-Penalty Notice bestehen, es sei denn, die OFAC gewährt eine zusätzliche Frist.

7.3.4 Vergleiche bei mehreren offensichtlichen Verstößen

Ein für einen offensichtlichen Verstoß eingeleiteter Vergleich kann auch einen umfassenden oder globalen Vergleich für mehrere offensichtliche Verstöße beinhalten, die von anderen Vorabstrafungsbescheiden abgedeckt sind, für offensichtliche Verstöße, für die noch kein Vorabstrafungsbescheid von der OFAC erlassen wurde, oder für zuvor unbekannte offensichtliche Verstöße, die der OFAC während der Anhängigkeit einer Untersuchung eines offensichtlichen Verstoßes gemeldet wurden.

7.4 Stellungnahme

Die Enforcement-Praxis von OFAC verfolgt eine duale Zielrichtung: Einerseits soll sie effektive General- und Spezialprävention gewährleisten, andererseits dient sie als Instrument zur Verhaltenssteuerung von Unternehmen. Das System ist bewusst anreizkompatibel ausgestaltet: Unternehmen, die frühzeitig Verstöße offenlegen, umfassend kooperieren und nachweisbar wirksame Korrekturmaßnahmen implementieren, können mit erheblichen Strafminderungen bis hin zum Verzicht auf Geldbußen rechnen. Umgekehrt führen systematische Kontrolldefizite, Management-Kenntnis, Verschleierungsversuche und Wiederholungsfälle regelmäßig zu verschärften Sanktionen.

Besondere Bedeutung kommt den Settlement Agreements zu. Sie verknüpfen die Beilegung von Einzelfällen mit der Verpflichtung zur Einführung oder Verbesserung von Internal Compliance Programmes (ICP) und wirken dadurch als quasinormativer Standard für die gesamte Branche. Damit erzeugt OFAC faktisch internationale Mindestanforderungen an Export- und Sanktionscompliance, die auch von Nicht-US-Unternehmen beachtet werden müssen.

Aus Compliance-Perspektive lässt sich die hohe Durchdringungskraft des US-Sanktionsrechts erkennen: durch die Vielzahl von Informationsquellen, die enge behördliche Kooperation und die abgestufte Eskalationslogik der Reaktionsmöglichkeiten. Für international tätige Unternehmen folgt daraus die Notwendigkeit, ihre internen Kontrollsysteme so auszurichten, dass sie einerseits frühzeitig Risiken erkennen und melden, andererseits durch dokumentierte Prozesse und Audits nachweisen können, dass Verstöße nicht systemisch, sondern Ausnahmefälle sind. Nur auf dieser Basis lässt sich die präventive und sanktionsmindernde Wirkung eines ICP im Verhältnis zu OFAC ausschöpfen.

Teil III

Fallstudie 2019–2024

Methodik 8

8.1 Design: Qualitative Fallstudie

Der Ansatz qualitativer Forschung, der hier in Form einer Analyse der OFAC Settlement Agreements umgesetzt wird, verfolgt das Ziel, vertiefte Einblicke in die zugrunde liegenden Problemstellungen und Forschungsfragen zu gewinnen. Charakteristisch für qualitative Forschung ist ihre Offenheit und Dynamik: Der Forschungsprozess entwickelt sich während der Datenerhebung fort und kann sich an neue Erkenntnisse anpassen. Gerade diese Flexibilität stellt eine besondere Herausforderung für die Konzeption des Forschungsdesigns dar (Mayring 2016, S. 125). Ein effektives Forschungsdesign sollte daher in der qualitativen Analyse eine klare Verbindung zwischen den Forschungsfragen und der gewählten Methodik zur Beantwortung dieser Fragen aufzeigen (Bryman 2007, S. 5–20).

Das Forschungsdesign dieser Arbeit ist primär qualitativ und basiert auf der inhaltlichen Analyse von OFAC Sanctions Enforcement Actions im Kontext von Verstößen gegen das US-Sanktionsrecht. Es folgt einem Fallstudienansatz, bei dem spezifische Fälle untersucht werden, um die Umsetzung und Durchsetzung des Sanktionsrechts gegenüber Nicht-US-Unternehmen zu verstehen.

In den USA werden im Gegensatz zu Deutschland Entscheidungen in exportrechtlichen Verfahren von Bundesbehörden veröffentlicht. Diese Veröffentlichungen umfassen sowohl die Nennung der Beschuldigten als auch die zivilrechtlichen Vergleiche, die Compliance-Verpflichtungen beinhalten, welche die unternehmensinterne Compliance im Hinblick auf das US-Sanktionsrecht modifizieren. Diese Dokumente sind für die qualitative Untersuchung geeignet, da sie wertvolle Einblicke bieten, wie europäische Unternehmen ihre Compliance gestalten müssen, um den Anforderungen des US-Export- und Sanktionsrechts zu entsprechen.

D. O. Schindler, *OFAC Settlement Agreements*,
https://doi.org/10.1007/978-3-658-50017-7_8

Bei einer qualitativen Fallstudie (grundlegend Mey und Mruck (Hrsg.) 2010) wird verbales, visuelles und/oder audiovisuelles Datenmaterial erhoben und interpretativ ausgewertet. Mit dieser Methode soll der Untersuchungsgegenstand strukturiert analysiert werden, um dann Hypothesen und Theorien zu entwickeln (Döring 2023, S. 25–26). Im Gegensatz zur quantitativen Forschung liegt der Fokus nicht auf der Entwicklung eines detaillierten theoretischen Modells im Vorfeld, um daraus Hypothesen abzuleiten. Stattdessen werden, basierend auf dem aktuellen Forschungsstand und vorhandenen Theorien, oft nur wenige, offene Forschungsfragen formuliert. Diese Fragen sollen nicht durch theoretische Vorannahmen stark eingeschränkt werden, was dem Prinzip der reflektierten theoretischen Offenheit entspricht (Döring 2023, S. 26).

Aufgrund der Veröffentlichung der Settlements wird in dieser Arbeit die Methode der qualitativen Inhaltsanalyse gewählt. Hierbei werden Text-, Audio-, Bild- und Videodokumente untersucht (Döring 2023, S. 599). In der qualitativen Forschung verlaufen Datenerhebung, Datenaufbereitung und Datenanalyse in einem zirkulären Prozess, wodurch Zwischenergebnisse die weitere Datenerhebung und -analyse beeinflussen (Döring 2023, S. 599). Diese Zirkularität zeigt sich in den Compliance-Kriterien, die während der Untersuchung modifiziert und präzisiert wurden. Dabei beeinflussten die Ergebnisse der veröffentlichten Settlements unmittelbar die weitere Datenerhebung.

In der qualitativen Inhaltsanalyse werden in der Regel kleine Stichproben im ein- oder unteren zweistelligen Bereich verwendet. Die Struktur dieser Stichproben wird entweder im Vorfeld festgelegt oder während der Datenerhebung schrittweise entwickelt, bis eine theoretische Sättigung erreicht ist (Döring 2023, S. 540). In dieser Arbeit umfasst die Stichprobe 34 von 99 exportrechtlichen Verfahren gegen Nicht-US-Unternehmen, die für die Untersuchung des US-Nexus und die Gestaltung von Compliance-Programmen relevante Informationen enthalten. In 32 dieser Verfahren kam es zu einem Settlement mit dem OFAC, während es in 2 Verfahren bei einem Finding of Violation blieb.

In der fallbezogenen Auswertung werden dann Codes entwickelt und eine zusammenfassende Fallbeschreibung erstellt. Anschließend erfolgt eine vergleichende fallübergreifende Auswertung, bei der die identifizierten Codes in übergeordnete Kategorien zusammengeführt werden. Die Ergebnisse können in der Identifikation zentraler Themenkategorien des untersuchten Phänomens (thematische Analyse), der Gruppierung ähnlicher Einzelfälle zu Typen (Typenbildung) oder der Verknüpfung der Kategorien zu einer Theorie (Theoriebildung) bestehen (Döring 2023, S. 541).

Im Ergebnis kann das Datenmaterial dann aber nicht nur qualitativ, sondern auch quantitativ analysiert werden. Hierfür ist es notwendig, das qualitative Datenmaterial (Settlements), einer quantitativen Inhaltsanalyse zu unterziehen. Dabei werden mithilfe eines zuvor entwickelten standardisierten Kategoriensystems die Ausprägungen einzelner formaler und inhaltlicher Merkmale der Texte gemessen. Die daraus resultierenden Messwerte können dann statistisch ausgewertet werden (Döring 2023, S. 599). Damit kann qualitatives Datenmaterial im Rahmen einer Mixed-Methods-Studie sowohl qualitativ als auch quantitativ ausgewertet werden. Dadurch können die Ergebnisse aus beiden Ansätzen miteinander in Beziehung gesetzt und zu einem Gesamtergebnis zusammengeführt werden. Dies erfolgt in dieser Studie, indem die Anknüpfungspunkte für das US-Recht (US-Nexus) quantitativ und branchenbezogen analysiert werden.

8.2 Methode der Datenerhebung

Die in den Sanctions Enforcement Actions mit dem OFAC geschlossenen Vergleiche (Settlement Agreements), werden vom OFAC auf der Seite https://ofac.treasury.gov/civil-penalties-and-enforcement-information veröffentlicht. Sie sind allgemein zugänglich.

Für die Untersuchung wurde ein Zeitraum von fünf Jahren gewählt, der den 1. Januar 2019 bis zum 31. Dezember 2024 umfasst. Diese Zeitspanne ist deshalb von besonderer Relevanz, weil die Vereinigten Staaten nach dem Rückzug der Trump-Administration aus dem Wiener Atomabkommen (Joint Comprehensive Plan of Action – JCPOA) am 4. November 2018 ihre umfassenden Sanktionen gegen den Iran erneut in Kraft setzten. Damit markiert der Beginn des Untersuchungszeitraums eine Phase verstärkter und intensivierter US-Sanktionspraxis, deren Auswirkungen sich in den nachfolgenden Enforcement-Verfahren gegenüber Nicht-US-Unternehmen in besonderer Weise niederschlagen.

Aufgrund der sog. extraterritorialen Wirkung besteht seither für ausländische Unternehmen das Risiko, dass auch der eigene Export (z. B. aus der EU heraus) den US-amerikanischen Sanktionen unterliegt (Hocke et al. 2024, Kap. VI. Rn. 216–222).

Daher war diese Zäsur geeignet, die Maßnahmen der US-Behörden gegen Nicht-US-Unternehmen mit Blick auf die Compliance-Anforderungen ab Januar 2019 zu analysieren. Die US-Sanktionen gegen den Iran sind jedoch nur Anlass der Untersuchung, nicht aber deren ausschließlicher Untersuchungsgegenstand. Die erhobenen Daten ab diesem Zeitpunkt betreffen sämtliche Strafverfahren gegen Nicht-US-Unternehmen wegen Sanktions- und Exportverstößen in den USA.

Im untersuchten Zeitraum wurden in den USA 99 OFAC Sanctions Enforcement Actions dokumentiert (vgl. Anhang A). Davon betrafen vier Verfahren sog.

„Findings of Violation", also Verfahren, die sich auf der ersten ermittlungstechnischen Stufe befanden und noch keinen Vergleich und keine Strafzahlung beinhalteten (Anhang A, Fälle 16, 55, 65 und 69). Diese Verfahren wurden daher nicht in die Untersuchung einbezogen. Die verbleibenden 95 Verfahren waren für die Analyse relevant.

Von den 95 Verfahren betrafen 34 Verfahren Unternehmen, die nicht in den USA ansässig sind (sog. Non-US-Persons). Bei 32 dieser Verfahren kam es zu einem Settlement Agreement. Diese Fälle werden in der vorliegenden Untersuchung detailliert betrachtet, da die Ergebnisse wesentlichen Einfluss auf die Risikoanalyse und die Gestaltung der Compliance unter Berücksichtigung des US-Exportkontrollrechts haben.

8.3 Datenauswertung: Qualitative Inhaltsanalyse

Zur Durchführung der Datenauswertung wurde die Methode der qualitativen Inhaltsanalyse gewählt („*qualitative content analysis*"). Diese Methode ermöglicht eine tiefgreifende und systematische Untersuchung qualitativ erhobenen Textmaterials, in diesem Fall der veröffentlichten Vergleichsvereinbarungen und Mitteilungen des OFAC.

Der Begriff der qualitativen Inhaltsanalyse, ursprünglich von Siegfried Kracauer in einem Aufsatz von 1952 eingeführt (Kracauer 1952), wurde besonders durch Philipp Mayring in der wissenschaftlichen Diskussion der deutschsprachigen Literatur etabliert (Mayring 2016, 1. Auflage 1983). Mayring entwickelte und systematisierte Methoden zur Kategorienbildung und -häufigkeit, die eine methodisch rigorose Kodifikation der hermeneutisch-interpretativen Inhaltsanalyse ermöglichen.

Für diese Arbeit wurde die qualitative Inhaltsanalyse nach Kuckartz gewählt, da sie eine präzise fallorientierte Perspektive mit einem Fokus auf die qualitative, kategorienbasierte Auswertung kombiniert. Diese Methode berücksichtigt strenge methodische Gütekriterien und eignet sich besonders für die Analyse von Dokumenten im Kontext der Exportkontrolle (Kuckartz und Rädiker 2024, S. 16).

Die Entscheidung für die Analyse basiert auf den Vorteilen, die sie für die Untersuchung von OFAC Sanctions Enforcement Actions bietet. Diese Methode ermöglicht eine erhöhte Transparenz und Replikabilität der Analyse durch umfassende Dokumentationsmöglichkeiten und die Bezugnahme auf die veröffentlichten Settlements. Dies ist insbesondere im Bereich der Exportkontrolle wichtig, um die Umsetzung von Compliancevorgaben des US-Sanktionsrechts genau nachverfolgen und analysieren zu können.

8.3.1 Durchführung der Inhaltsanalyse

Die qualitative Inhaltsanalyse zielt darauf ab, die Inhalte der Dokumente durch die Bildung und Kodierung von Kategorien herauszuarbeiten und anschließend zu quantifizieren. Dabei erfolgt die Analyse in mehreren Schritten:

(1) **Materialdurchsicht und Erste Einordnung**: Zunächst wird das Textmaterial eingehend gesichtet, um einen Überblick über die relevanten Inhalte der veröffentlichten Vergleiche zu gewinnen. Hierbei werden relevante Informationen extrahiert, die für die Forschung von Bedeutung sind.
(2) **Kategorisierung und Kodierung**: Anschließend werden zentrale Themen und Muster im Textmaterial identifiziert. Diese Themen werden in Kategorien eingeordnet, die dann durch spezifische Codes repräsentiert werden. Die Kodierung erfolgt anhand vordefinierter Kategorien, die aus der theoretischen Grundlage und den Forschungsfragen abgeleitet sind.
(3) **Kategoriebildung und Analyse**: Die gebildeten Kategorien werden systematisch analysiert, um die zugrunde liegenden Muster und Strukturen zu erkennen. Hierbei werden die Kategorien in Bezug auf ihre Relevanz für die Forschungsfragen und die theoretischen Konzepte untersucht.
(4) **Quantifizierung der Kategorien**: Obwohl die qualitative Inhaltsanalyse primär auf die inhaltliche Tiefe abzielt, können die Häufigkeit und die Verteilung der Kategorien quantifiziert werden, um die Ergebnisse zu veranschaulichen und zu unterstützen. Diese quantitativen Elemente helfen, die qualitative Analyse zu ergänzen und die Ergebnisse in einem breiteren Kontext darzustellen.

Die Anwendung der qualitativen Inhaltsanalyse auf die veröffentlichten Settlements ermöglicht es, detaillierte und kontextualisierte Einsichten in die Compliance-Maßnahmen und die Verhaltensmuster von Unternehmen im Rahmen der US-Sanktionspolitik zu gewinnen. Diese methodische Vorgehensweise ist besonders geeignet, um komplexe und vielschichtige Daten zu strukturieren und die wesentlichen Erkenntnisse systematisch herauszuarbeiten (Döring 2023, S. 602).

Durch diese methodische Herangehensweise wird sichergestellt, dass die Analyse sowohl die Tiefe der qualitativen Daten berücksichtigt als auch die Möglichkeit bietet, Muster und Zusammenhänge zu identifizieren, die für die Beantwortung der Forschungsfragen von entscheidender Bedeutung sind.

8.3.2 Codierung

Zur Analyse der Auswirkungen der OFAC Settlement Agreements auf europäische Unternehmen wird die Datenauswertung anhand einer spezifischen Kodierung vorgenommen. Diese Kodierung umfasst die folgenden Ebenen:

(1) **Unternehmensstruktur**: Die Analyse der Unternehmensstruktur konzentriert sich auf die interne Organisation von Nicht-US-Unternehmen. Hierbei wird untersucht, wie die gesellschaftsrechtliche Struktur des Rechtsträgers aussieht und wie diese die Einhaltung der US-Sanktionen beeinflussen könnte.

(2) **Branche des ausländischen Unternehmens**: Die Branchenzugehörigkeit des Nicht-US-Unternehmens wird untersucht, um branchenspezifische Risiken und Herausforderungen im Kontext von US-Sanktionen zu verstehen. Unterschiedliche Branchen haben unterschiedliche Risiken, die zu Verstößen gegen US-Sanktionsvorschriften führen können. Beispielsweise könnten Unternehmen im internationalen Handel, in der Schifffahrt oder in der Rüstungsindustrie besonderen regulatorischen Anforderungen und Risiken ausgesetzt sein. Diese Analyse hilft zu klären, wie branchenspezifische Faktoren zur Nichteinhaltung der US-Sanktionen beigetragen haben könnten.

(3) **US-Nexus**: Der US-Nexus untersucht, warum ein Sachverhalt, der primär außerhalb der US-amerikanischen Gerichtsbarkeit liegt, unter US-Recht fällt. Diese Ebene analysiert die extraterritoriale Reichweite der US-Sanktionsregeln und die Kriterien, die bestimmen, wann internationale Aktivitäten eines Nicht-US-Unternehmens in den Anwendungsbereich der US-Rechtsprechung einbezogen werden. Hier wird ermittelt, welche Verbindungen oder Aktivitäten des Nicht-US-Unternehmens den US-Nexus begründen, wie z. B. ein gesellschaftsrechtlicher US-Bezug (Tochtergesellschaft), US-Dollar-Transaktionen, US-Kontakte oder Geschäftsbeziehungen mit US-Personen.

(4) **Sanktionsprogramm**: Diese Ebene analysiert die spezifischen US-Sanktionsprogramme, die auf Nicht-US-Unternehmen angewendet wurden. Es wird untersucht, welche spezifischen Sanktionsregime und -vorschriften für das Unternehmen relevant sind und wie diese in der Praxis umgesetzt werden. Die Analyse umfasst die Art der Sanktionen, die auf das Unternehmen zutreffen, und die spezifischen Regelungen, die möglicherweise verletzt wurden. Diese Informationen helfen zu verstehen, welche Compliance-Anforderungen für die Nicht-US-Unternehmen gelten und wie deren Geschäftsaktivitäten diese Anforderungen beeinflusst.

(5) **Identifizierung des tatsächlich festgestellten Verstoßes**: Dieser Punkt präzisiert die festgestellten Verstöße der Nicht-US-Unternehmen gegen US-Sanktions- und Exportkontrollgesetze. Hierbei wird detailliert untersucht, welche spezifischen Regelungen verletzt wurden und welche Merkmale die Verstöße aufweisen. Dies umfasst die Art der Verstöße (z. B. unbefugte Geschäftsbeziehungen, Transaktionen oder Exportaktivitäten) und die Umstände, die zu diesen Verstößen führten. Eine genaue Analyse ermöglicht es, die Ursachen und Kontexte der Verstöße zu verstehen und Schwachstellen in den Compliance-Systemen der Nicht-US-Unternehmen zu identifizieren.

(6) **Höhe der Strafzahlung**: Diese Ebene bewertet die finanziellen Strafen, die den Nicht-US-Unternehmen auferlegt wurden, und setzt diese in den Kontext der Compliance-Verstöße. Die Höhe der Strafzahlung wird untersucht, um den wirtschaftlichen Druck zu verstehen, der durch die Strafen auf die betroffenen Unternehmen ausgeübt wird. Die Analyse berücksichtigt, wie die Höhe der Strafzahlung die Finanzen des Unternehmens beeinflusst und welche wirtschaftlichen Anreize zur Verbesserung der Compliance bestehen. Auch wird beurteilt, wie sich die Strafzahlungen im Verhältnis zur Schwere der Verstöße und den finanziellen Auswirkungen auf das Unternehmen darstellen.

(7) **Maßnahmen des Unternehmens zur Modifizierung der Export-Compliance**: Diese Kategorie untersucht die Maßnahmen, die von den Nicht-US-Unternehmen ergriffen wurden, um ihre Export-Compliance-Systeme zu verbessern und zukünftige Verstöße gegen (US-)Sanktionen zu vermeiden. Hier werden die spezifischen Anpassungen und Änderungen betrachtet, die die Unternehmen vorgenommen haben, um den US-Vorschriften zu entsprechen. Dazu gehören neue Compliance-Richtlinien, Schulungsprogramme für Mitarbeiter, Änderungen in den internen Kontrollsystemen und andere Strategien zur Verbesserung der Compliance. Diese Analyse zeigt, wie die Unternehmen ihre Compliance-Praktiken angepasst haben, um den Anforderungen des US-Rechts gerecht zu werden und zukünftige Regelverstöße zu verhindern.

Durch die Anwendung der Kodierungsebene auf die untersuchten Fälle können wesentliche Erkenntnisse zur Gestaltung und Implementierung von Compliance-Management-Systemen bei Nicht-US-Unternehmen gewonnen werden. Die Analyse zeigt, wie die Unternehmensstruktur und Branchenspezifikationen die Effektivität von Compliance-Maßnahmen beeinflussen. Sie liefert präzise Informationen zu den spezifischen US-Sanktionsprogrammen und dem US-Nexus, der die extraterritoriale Reichweite der US-Rechtsvorschriften verdeutlicht. Die Bewertung der finanziellen Strafen und der Maßnahmen zur Verbesserung der Compliance-Systeme zeigt die ökonomischen und strategischen Anpassungen, die zur Einhaltung der US-Vorschriften notwendig sind. Insgesamt ermöglichen die Ergebnisse die Identifizierung von Best Practices und spezifischen Anforderungen für die Entwicklung und Anpassung von Compliance-Programmen, was zur Verbesserung der Compliance-Strategien und zur Minimierung rechtlicher Risiken im internationalen Geschäftsumfeld beiträgt.

Einzelanalysen der OFAC Settlements mit Nicht-US-Unternehmen 2019–2024

9

9.1 AppliChem GmbH (Chemie/Laborreagenzien, Deutschland/USA)

9.1.1 Unternehmen und Branche

AppliChem GmbH mit Sitz in Darmstadt ist ein Hersteller von chemischen Reagenzien, der insbesondere für Anwendungen in der pharmazeutischen Forschung und Industrie produziert. Das Unternehmen wurde zum 1. Januar 2012 von Illinois Tool Works Inc. (ITW), einem US-Konzern mit Sitz in Illinois, übernommen. Die Managementverantwortung für AppliChem wurde innerhalb der ITW-Gruppe dem Reagents Division mit Sitz in Spanien übertragen.

9.1.2 Sachverhalt

Im Rahmen der Übernahme im Jahr 2012 wurde AppliChem ausdrücklich darauf hingewiesen, dass alle bestehenden und zukünftigen Geschäftsbeziehungen zu Kuba zu beenden seien. Bereits im Dezember 2011 informierte ITW AppliChem darüber, dass alle Kuba-Geschäfte nach dem Erwerb zu unterlassen seien. Ein entsprechendes Compliance-Memorandum wurde kurz nach Vollzug der Übernahme übermittelt. Trotz dieser klaren Vorgaben setzte AppliChem seine Kuba-Geschäfte fort.

Nach außen hin wurde zunächst erklärt, dass alle offenen Kuba-Transaktionen storniert worden seien. Tatsächlich konzipierten die ehemaligen Eigentümer von AppliChem eine Strategie zur aktiven Umgehung der US-Sanktionen, die unter

D. O. Schindler, *OFAC Settlement Agreements*,
https://doi.org/10.1007/978-3-658-50017-7_9

dem Namen „Caribbean Procedures“ intern bekannt war. Diese beinhaltete die vollständige Entfernung jeglicher Hinweise auf Kuba in Dokumenten und Kommunikationsprozessen. Externe Logistikdienstleister und Gefahrgutberater wurden eingebunden, um Lieferungen nach Kuba so abzuwickeln, dass der tatsächliche Bestimmungsort gegenüber ITW verschleiert blieb.

Die Geschäftsleitung von AppliChem führte sogar interne Schulungen durch, um die Mitarbeitenden, insbesondere in der Logistik, für die Umsetzung der Umgehungsstrategie zu sensibilisieren. Dabei wurde bewusst vermieden, Dokumente mit dem Wort „Kuba“ zu erstellen oder aufzubewahren. Die Geschäftsbeziehung zu Kuba wurde somit systematisch über einen Zeitraum von fast vier Jahren aufrechterhalten. ITW erhielt erst im Januar 2016 über eine anonyme Meldung im Ethik-Hinweissystem Kenntnis von den fortgesetzten Kuba-Geschäften und leitete daraufhin eine interne Untersuchung ein.

Diese bestätigte, dass zwischen Mai 2012 und Februar 2016 insgesamt 304 Lieferungen im Wert von etwa 3,4 Mio. US-Dollar an kubanische Kunden erfolgt waren. Zwei frühere Hinweise von Mitarbeitenden an den Leiter der Reagents Division wurden in den Jahren 2013 und 2015 nicht weiterverfolgt.

9.1.3 US-Nexus

Da AppliChem seit Januar 2012 eine hundertprozentige Tochter eines US-Unternehmens war, unterlag es unmittelbar der US-Sanktionshoheit. Nach § 515.201 CACR ist es US-Personen, einschließlich Tochtergesellschaften im Ausland, untersagt, direkt oder indirekt Geschäfte mit Kuba zu tätigen. Die fortgesetzten Exporte von AppliChem nach Kuba – auch wenn sie über Drittfirmen abgewickelt wurden – stellen daher eine klare Verletzung der US-Sanktionsbestimmungen dar.

9.1.4 Sanktionsprogramm

OFAC stellte Verstöße gegen die Cuban Assets Control Regulations (CACR) fest, konkret gegen § 515.201. Die systematische Fortsetzung der Lieferungen nach Kuba, trotz mehrfacher interner Weisungen und der bewussten Verschleierung des Bestimmungsorts, wurde als schwerwiegender Verstoß gewertet.

9.1.5 Strafzahlung und Faktoren

OFAC bewertete die Verstöße als selbst offengelegt, jedoch als gravierend (egregious). Die maximal mögliche Zivilstrafe hätte 20.045.688 US-Dollar betragen. Die Basisstrafe belief sich auf 10.022.844 US-Dollar. Die tatsächlich festgesetzte Vergleichszahlung lag bei 5.512.564 US-Dollar.

Als erschwerend wurde gewertet, dass die Geschäftsleitung von AppliChem aktiv an der Umgehung beteiligt war, eigene interne Verfahren zur Vertuschung entwickelte und diese Schulungspraxis konzertiert umsetzte. Die Verstöße waren systematisch, langjährig und wirtschaftlich bedeutend – insgesamt wurden Waren im Wert von über 3,4 Mio. US-Dollar exportiert. Zudem verfügte AppliChem als Teil eines großen Konzerns über die Ressourcen und die organisatorische Reife, um Sanktionsverstöße zu vermeiden.

Mildernd erkannte OFAC die umfassende Kooperation von ITW an. Diese umfasste eine vollständige freiwillige Selbstanzeige, umfangreiche interne Untersuchungen, zeitgerechte Informationsübermittlung sowie die Unterzeichnung eines tolling agreements. Auch der Umstand, dass die verantwortlichen ehemaligen Eigentümer nach Aufdeckung der Verstöße aus dem Unternehmen ausschieden, wurde positiv berücksichtigt.

9.1.6 Vereinbarungen zum Internal Compliance Program (ICP)

Im Rahmen der Einigung mit OFAC verpflichtete sich ITW zur Einführung eines risikobasierten, konzernweit einheitlichen Compliance-Programms für Sanktionsvorgaben. Dieses umfasst insbesondere die verbindliche Einbindung des Compliance-Managements in alle Akquisitionsprozesse, einschließlich Nachverfolgung sanktionsrelevanter Altgeschäfte.

ITW sagte zu, künftig regelmäßige risikobasierte Audits aller operativen Einheiten durchzuführen und sicherzustellen, dass insbesondere neu erworbene Tochtergesellschaften klare Vorgaben zur Einhaltung der US-Sanktionen erhalten. Dabei sollen auch Kontrollmechanismen zur anonymen Hinweisgabe etabliert und systematisch ausgewertet werden.

Zudem verpflichtete sich das Unternehmen zur Schulung aller relevanten Mitarbeitenden, insbesondere im Vertrieb und in der Logistik, sowie zur laufenden Dokumentation der Einhaltung sanktionsrechtlicher Vorgaben. Über die Einhaltung der Verpflichtungen wird ITW jährlich gegenüber OFAC berichten. Ziel ist es, die Risiken bei künftigen M&A-Prozessen frühzeitig zu erkennen und konsequent zu steuern.

9.2 Stanley Black & Decker, Inc./Jiangsu Guoqiang Tools Co., Ltd. GQ (Werkzeugindustrie/Maschinenbau, USA/China)

9.2.1 Unternehmen und Branche

Stanley Black & Decker, Inc. mit Sitz in Connecticut ist ein weltweit tätiger Anbieter von Hand- und Elektrowerkzeugen. Über ihre chinesische Tochtergesellschaft Jiangsu Guoqiang Tools Co., Ltd. (GQ) produziert und vertreibt sie unter anderem Elektrowerkzeuge im internationalen Markt. GQ wurde im Jahr 2013 von Stanley Black & Decker übernommen und blieb auch nach der Akquisition als operativ eigenständige Einheit im Konzernverbund tätig.

9.2.2 Sachverhalt

Stanley Black & Decker begann im Jahr 2011 mit der Due-Diligence-Prüfung zur Übernahme von GQ und erkannte dabei, dass GQ aktiv in Geschäftsbeziehungen mit dem Iran stand. Der Abschluss der Übernahme im Jahr 2013 wurde vertraglich an die Bedingung geknüpft, dass GQ alle Iran-Geschäfte beendet. Die Geschäftsführung von GQ stimmte dieser Bedingung ausdrücklich zu. Nach der Übernahme führte Stanley Black & Decker Schulungen zur US-Sanktionscompliance durch, insbesondere zur Anwendung der Iranian Transactions and Sanctions Regulations (ITSR).

Trotz dieser Vorgaben setzte GQ seine Iran-Geschäfte in den Jahren 2013 und 2014 fort. Die Lieferungen betrafen mindestens 23 Sendungen von Elektrowerkzeugen und Ersatzteilen mit einem Gesamtwert von über 3,2 Mio. US-Dollar. GQ nutzte dabei ein Netzwerk von sechs Handelsgesellschaften, darunter vier in den Vereinigten Arabischen Emiraten und zwei in China, um die Produkte an iranische Kunden weiterzuleiten. Dabei wurden gezielt Maßnahmen zur Verschleierung eingesetzt, wie etwa gefälschte Frachtpapiere, falsche Zielhäfen sowie die Anweisung an Kunden, den Begriff „Iran“ in Dokumenten nicht zu verwenden. Es fanden direkte E-Mail-Korrespondenzen mit iranischen Kunden statt, in denen offen auf die Umgehung der Iran-Sanktionen Bezug genommen wurde.

9.2.3 US-Nexus

Stanley Black & Decker ist ein US-Unternehmen und unterliegt daher unmittelbar der US-Sanktionshoheit. Gemäß § 560.215 ITSR sind auch ausländische Tochterunternehmen von US-Personen verpflichtet, US-Sanktionsrecht zu beachten. GQ war zum Zeitpunkt der Verstöße eine hundertprozentige Tochtergesellschaft und handelte somit im Sinne des US-Rechts als „US-Person“. Die gelieferten Waren waren zudem US-Waren bzw. unterlagen der Exportkontrolle.

9.2.4 Sanktionsprogramm

OFAC stellte Verstöße gegen die Iranian Transactions and Sanctions Regulations (ITSR), insbesondere § 560.215, fest. Die Lieferungen nach Iran über Drittstaaten mit dem Wissen um deren Bestimmungsort gelten als rechtswidrige Exporthandlungen im Sinne der US-Sanktionen gegen den Iran.

9.2.5 Strafzahlung und Faktoren

OFAC bewertete den Fall als selbst offengelegt, aber als gravierend. Die vereinbarte Vergleichssumme betrug 1.869.144 US-Dollar. OFAC betonte insbesondere, dass Stanley Black & Decker trotz interner Schulungen und vertraglicher Zusagen keine ausreichenden Kontrollmechanismen einführte, um die fortgesetzten Iran-Lieferungen von GQ zu verhindern. Die systematische Verschleierung durch GQ-Führungskräfte und deren aktive Beteiligung an der Umgehung der Sanktionen wurde als besonders problematisch gewertet.

Mildernd wurde berücksichtigt, dass Stanley Black & Decker den Sachverhalt nach eigener interner Untersuchung an OFAC meldete, eine externe Untersuchung veranlasste und umfassend kooperierte. Zudem wurde das verantwortliche Führungspersonal bei GQ entlassen und organisatorische Gegenmaßnahmen ergriffen.

9.2.6 Vereinbarungen zum Internal Compliance Program (ICP)

Stanley Black & Decker verpflichtete sich zur vollständigen Neugestaltung und konzernweiten Implementierung eines risikobasierten Sanktions-Compliance-Programms. Zentrale Elemente sind die ausdrückliche Unterstützung der Konzernleitung, die Ausstattung der Compliance-Abteilungen mit ausreichenden personellen und technischen Ressourcen sowie die regelmäßige Überprüfung und Anpassung der Risikobewertungen.

Das Unternehmen implementierte schriftliche Richtlinien und Prozesse zur Identifikation, Eskalation und Dokumentation von sanktionsrelevanten Geschäftsvorgängen. Ein Schwerpunkt liegt auf der Integration in die operativen Prozesse aller Geschäftseinheiten weltweit.

Schulungsprogramme wurden für alle relevanten Mitarbeitenden verpflichtend eingeführt und müssen mindestens einmal jährlich absolviert werden. Der Schulungsinhalt ist auf die jeweiligen Risikoprofile abgestimmt. Die Schulungen umfassen zudem die Anforderungen an Dokumentation und Prüfpflichten.

Interne Kontrollsysteme wurden ergänzt durch ein unabhängiges Audit- und Testing-System, das regelmäßig auf Schwachstellen überprüft wird. Bei festgestellten Mängeln sind sofortige Gegenmaßnahmen einzuleiten.

Zur Nachhaltung verpflichtet sich Stanley Black & Decker, OFAC jährlich über die Fortschritte zu berichten und eine formelle Management-Zertifizierung zur Einhaltung der Compliance-Verpflichtungen vorzulegen. Diese Berichtspflicht gilt für einen Zeitraum von mindestens fünf Jahren.

Diese Maßnahmen sollen sicherstellen, dass künftig keine rechtswidrigen Exportgeschäfte durch Tochtergesellschaften erfolgen und bestehende Risiken frühzeitig erkannt und adressiert werden.

9.3 Standard Chartered Bank – SCB (Bankwesen, Vereinigtes Königreich)

9.3.1 Unternehmen und Branche

Die Standard Chartered Bank (SCB) ist ein international tätiges Kreditinstitut mit Sitz in London, das insbesondere in Schwellenländern Asiens, Afrikas und des Nahen Ostens operiert. Die Geschäftsaktivitäten des Instituts umfassen klassische

Bankdienstleistungen, Zahlungsverkehr, Handelsfinanzierung und Vermögensverwaltung. Im Mittelpunkt der Fallanalyse stehen insbesondere Vorgänge in der Niederlassung in Dubai sowie Transaktionen über die US-Zweigstelle in New York.

9.3.2 Sachverhalt

OFAC stellte bei SCB eine Vielzahl gravierender Verstöße gegen US-Sanktionsrecht fest. Zwischen 2009 und 2014 verarbeitete die Bank systematisch Transaktionen zugunsten iranischer, sudanesischer, syrischer, kubanischer und burmesischer Kunden bzw. mit Bezug zu diesen Jurisdiktionen. Im Zentrum des Verfahrens stand ein petrochemisches Unternehmen mit Sitz in Dubai, das faktisch einem iranischen Staatsbürger gehörte und für den Iran operierte. SCB Dubai unterhielt eine langjährige Geschäftsbeziehung mit diesem Unternehmen, obwohl zahlreiche interne Hinweise auf dessen Iran-Bezug bestanden, darunter E-Mails, Faxanweisungen aus dem Iran sowie die Ablehnung von Transaktionen durch US-Korrespondenzbanken.

Neben diesem Fall ermittelte OFAC zu weiteren Kundenbeziehungen in Dubai, bei denen zahlreiche Zahlungsanweisungen aus dem Iran per Fax eingingen. Trotz wiederholter interner Warnungen und Hinweise aus dem Korrespondenzbankensystem unterließ es SCB, die Kundenbeziehungen zu beenden oder die Risiken wirksam zu kontrollieren. Auch im Online-Banking zeigte SCB erhebliche Schwächen: Über Jahre hinweg konnten Nutzer aus sanktionierten Staaten wie Iran, Sudan, Syrien, Kuba und Burma auf Konten zugreifen und Transaktionen auslösen, ohne dass IP-Adressen technisch gesperrt wurden.

9.3.3 US-Nexus

Der US-Nexus ergab sich in allen Fällen durch die Abwicklung der Zahlungen in US-Dollar über US-Korrespondenzbanken, insbesondere über die New Yorker Zweigstelle SCB NY. Auch Online-Zugriffe aus sanktionierten Staaten gelten nach US-Recht als Export von Dienstleistungen aus den Vereinigten Staaten und unterliegen somit der OFAC-Jurisdiktion. In vielen Fällen kam es zudem zur direkten Ablehnung von Zahlungen durch US-Banken, die Hinweise auf den Iran-Bezug erkannten.

9.3.4 Sanktionsprogramm

SCB verstieß gegen zahlreiche US-Sanktionsregime, insbesondere gegen die Iranian Transactions and Sanctions Regulations (ITSR), die Sudanese Sanctions Regulations (SSR), die Syrian Sanctions Regulations (SySR), die Cuban Assets Control Regulations (CACR), die Burmese Sanctions Regulations (BSR) sowie Executive Order 13582 betreffend Syrien.

9.3.5 Strafzahlung und Faktoren

OFAC bewertete das Verhalten von SCB als nicht selbst offengelegt und als besonders gravierend. Die festgestellten Verstöße umfassten über 9000 Transaktionen mit einem Gesamtvolumen von mehr als 600 Mio. US-Dollar. Die Vergleichssumme belief sich auf 639.023.750 US-Dollar. Die Zahlungen wurden teilweise mit Bußgeldern anderer US-Behörden (u. a. DoJ, Fed, NYDFS) verrechnet.

Zu den erschwerenden Faktoren zählte insbesondere, dass SCB trotz langjähriger interner Hinweise, externer Warnungen und Rückmeldungen aus dem US-Finanzsystem die sanktionsrelevanten Geschäfte fortführte. Mehrere Mitarbeitende halfen aktiv bei der Umgehung durch Ratschläge, falsche Angaben und Unterstützung bei Kontoeröffnungen. Das Compliance-System der Bank war unzureichend implementiert und wurde teilweise bewusst umgangen. Die Verantwortung war bis in leitende Ebenen nachvollziehbar.

Mildernd wirkte die nachträgliche Kooperation mit OFAC, die Durchführung umfangreicher interner Untersuchungen, die Offenlegung relevanter Daten sowie die Unterzeichnung eines „tolling agreement“ zur Fristwahrung. SCB hatte zudem bereits ab 2013 mit der Restrukturierung der Compliance-Organisation begonnen.

9.3.6 Vereinbarungen zum Internal Compliance Program (ICP)

Im Rahmen des Vergleichs verpflichtete sich SCB zur Implementierung eines umfassenden und nachhaltigen Sanktions-Compliance-Programms. Dieses basiert auf sechs strukturellen Elementen:

Erstens wurde die Verantwortung der Konzernleitung fest verankert. Das Top-Management ist verpflichtet, eine Kultur der Compliance zu fördern, ausreichende

Ressourcen bereitzustellen und das Programm aktiv zu unterstützen. Zweitens wurde ein risikobasiertes Bewertungssystem eingeführt, das Kunden, Produkte, Regionen und Transaktionsprofile regelmäßig analysiert. Dabei fließen auch Erkenntnisse aus Tests und Audits ein. Drittens wurden detaillierte interne Kontrollmechanismen implementiert, einschließlich schriftlicher Richtlinien, automatisierter Überwachung, Eskalationsprotokollen und regelmäßiger Systemtests. Viertens erfolgt eine unabhängige Prüfung und Bewertung des Programms durch interne und externe Instanzen mit direkter Berichtspflicht an die Geschäftsführung. Fünftens wurde ein umfassendes Schulungsprogramm verpflichtend eingeführt, das auf Funktionen und Risikoprofile abgestimmt ist und mindestens jährlich erfolgt. Und sechstens verpflichtete sich SCB zur jährlichen Management-Zertifizierung über die Einhaltung und Wirksamkeit des Programms gegenüber OFAC – für eine Laufzeit von mindestens fünf Jahren.

9.4 Acteon Group Ltd. (Offshore-Engineering/Energie, Vereinigtes Königreich/Malaysia)

9.4.1 Unternehmen und Branche

Die Acteon Group Ltd. ist ein in Großbritannien ansässiges Unternehmen, das spezialisierte technische Dienstleistungen für die Offshore-Öl- und Gasindustrie anbietet. Zum Konzerngehörten zählt unter anderem 2H Offshore Engineering Ltd., ein Unternehmen, das sich auf das Design und die Analyse von Riser-Systemen spezialisiert hat. Über deren malaysische Tochtergesellschaften, 2H Offshore Engineering Sdn Bhd und 2H Offshore Engineering (Asia Pacific) Sdn Bhd (nachfolgend gemeinsam: 2H KL), wurden zwischen 2011 und 2012 technische Dienstleistungen für verschiedene Bohrprojekte in kubanischen Hoheitsgewässern erbracht.

9.4.2 Sachverhalt

Im Zeitraum von 2011 bis 2012 erbrachte 2H KL spezialisierte Ingenieurleistungen zugunsten mehrerer Unternehmen, die Offshore-Ölbohrungen in kubanischen Gewässern durchführten. Zu den Auftraggebern zählten unter anderem die malaysische Petronas, das venezolanische Staatsunternehmen PdVSA Cuba, das spanische Energieunternehmen Repsol sowie Zarubezhneft, ein russischer Ölkonzern. Die

Leistungen umfassten technische Risikobewertungen, Designanalysen, Planungsworkshops und weitere Beratungsleistungen. Teilweise erfolgten diese Leistungen vor Ort in Kuba durch entsandte Mitarbeitende.

Der Konzernführung war bekannt, dass Kuba unter US-Sanktionen stand und dass Acteon aufgrund seiner Eigentümerstruktur als US-Person im Sinne der US-Sanktionsbestimmungen einzustufen war. Dennoch wurden die Leistungen erbracht. Interne Korrespondenzen zeigen, dass ausdrückliche Hinweise zur Umgehung sanktionsrechtlicher Risiken gegeben wurden. Unterlagen wurden gezielt sprachlich angepasst: Begriffe wie „Cuba“ wurden durch neutralere Bezeichnungen wie „Central America“ ersetzt. Die eigentlichen Vertragspartner wurden teilweise durch Drittgesellschaften ersetzt oder in der Dokumentation nicht eindeutig benannt, um den Eindruck eines Kuba-Bezugs zu vermeiden.

9.4.3 US-Nexus

Der US-Nexus ergab sich in diesem Fall unmittelbar aus der Konzernstruktur. Acteon wurde zu diesem Zeitpunkt mehrheitlich von einem US-amerikanischen Investmentfonds kontrolliert. Nach den Bestimmungen der Cuban Assets Control Regulations (CACR) gilt ein Unternehmen mit US-Mehrheitsbeteiligung als US-Person, auch wenn es außerhalb der Vereinigten Staaten ansässig ist. Dementsprechend unterlagen sowohl Acteon als auch alle Tochtergesellschaften den US-Sanktionsvorschriften. Die Erbringung technischer Dienstleistungen zugunsten kubanischer Endnutzer ohne Genehmigung stellte somit eine sanktionsrechtlich relevante Handlung dar.

9.4.4 Sanktionsprogramm

OFAC stellte Verstöße gegen die Bestimmungen der Cuban Assets Control Regulations (CACR) fest. Insbesondere wurde gegen § 515.201 verstoßen, der es US-Personen untersagt, ohne ausdrückliche Genehmigung Dienstleistungen für oder zugunsten kubanischer Personen oder Organisationen bereitzustellen. Die Zusammenarbeit mit Energieunternehmen, die in kubanischen Gewässern operierten, fiel eindeutig unter dieses Verbot.

9.4.5 Strafzahlung und Faktoren

OFAC bewertete den Fall als nicht selbst offengelegt und gravierend. Die festgelegte Vergleichssumme belief sich auf 227.500 US-Dollar. Die Höhe der Zahlung berücksichtigte die Größe und Finanzkraft des Unternehmens sowie die begrenzte Anzahl der Transaktionen.

Als erschwerend wertete OFAC insbesondere die Tatsache, dass Acteon und seine Tochtergesellschaften trotz ausdrücklicher interner Kenntnis der sanktionsrechtlichen Risiken gezielt Maßnahmen zur Verschleierung des Kuba-Bezugs einleiteten. Die bewusste Umgehung interner Vorschriften, die Manipulation von Projektunterlagen sowie die Einbindung von Drittstrukturen zur Verdeckung der Endkundenbeziehungen zeugen von einem systematischen Vorgehen zur Unterlaufung der US-Sanktionsregelungen. Die Konzernleitung war in die Entscheidungen involviert und tolerierte diese Praxis über einen längeren Zeitraum hinweg.

Mildernd wurde berücksichtigt, dass Acteon nach Aufdeckung des Sachverhalts mit OFAC kooperierte, die betroffenen Geschäfte einstellte und erste organisatorische Gegenmaßnahmen ergriff. Das Unternehmen verpflichtete sich zudem zu umfangreichen internen Reformen, um künftige Verstöße zu vermeiden.

9.4.6 Vereinbarungen zum Internal Compliance Program (ICP)

Im Rahmen der Einigung mit OFAC verpflichtete sich Acteon zur umfassenden Neugestaltung seiner konzernweiten Sanktions-Compliance-Struktur. Wesentliche Bestandteile dieses Programms sind die Einsetzung eines „Head of Trade Compliance“ mit direkter Berichtslinie an das Management sowie die ausdrückliche Verankerung von Sanktions- und Exportkontrollverantwortung in der Unternehmensleitung.

Zudem wurde ein verbindliches Verfahren zur Projektfreigabe eingeführt, das vor Beginn jeder Kundenbeziehung eine strukturierte Risikoanalyse vorsieht. Dieses Verfahren umfasst ein automatisiertes Screening der Kundenidentität, der geografischen Bezugspunkte des Projekts sowie der Eigentümerstruktur. Im Fall von Hochrisikokonstellationen muss eine juristische Freigabe durch die zentrale Compliance-Stelle eingeholt werden.

Ein weiterer Baustein ist die Verpflichtung zu regelmäßigen Mitarbeiterschulungen, insbesondere für technische, projektleitende und vertriebliche Funktionen. Die Schulungen vermitteln Grundlagen des US-Sanktionsrechts, Fallbeispiele und Verhaltensregeln für den Umgang mit sanktionssensiblen Projekten. Schulungsteilnahmen werden dokumentiert und sind Voraussetzung für die Übernahme bestimmter Funktionen.

Acteon sagte zu, das Compliance-Programm über einen Zeitraum von mindestens fünf Jahren aufrechtzuerhalten und jährlich gegenüber OFAC über dessen Wirksamkeit zu berichten. Die erste Management-Zertifizierung sollte innerhalb von 180 Tagen erfolgen. Die Maßnahmen dienen dem Ziel, zukünftig jede Geschäftstätigkeit mit Bezug zu sanktionierten Jurisdiktionen oder Personen frühzeitig zu erkennen und konsequent zu verhindern.

9.5 UniCredit Group (Bankenwesen/Handelsfinanzierung, Italien, Deutschland, Österreich)

9.5.1 UniCredit Bank AG (Deutschland)

9.5.1.1 Unternehmen und Sachverhalt

Die UniCredit Bank AG mit Sitz in München, eine Tochtergesellschaft der italienischen UniCredit S.p.A., führte zwischen 2007 und 2011 insgesamt 2158 Zahlungen im Umfang von über 527 Mio. US-Dollar durch, die sanktionsrechtlich problematisch waren. Die Zahlungen betrafen hauptsächlich die Islamic Republic of Iran Shipping Lines (IRISL) und deren Tochtergesellschaften. Diese wurden über US-Korrespondenzbanken abgewickelt, wobei die Verwicklung von IRISL durch gezielte Verschleierung verborgen blieb. UniCredit setzte automatische Übertragungsmechanismen ein, die es verhinderten, dass US-Intermediäre Hinweise auf die gelistete Partei erhielten. Auch nach der offiziellen Listung der IRISL durch OFAC wurden weiterhin Transaktionen über die USA durchgeführt. Zusätzlich wurden Zahlungen im Zusammenhang mit iranischen Ölgeschäften abgewickelt, obwohl Unterlagen (Rechnungen, Frachtpapiere) einen Iran-Bezug belegten.

9.5.1.2 US-Nexus

Alle Transaktionen wurden in US-Dollar über das US-Finanzsystem abgewickelt. Die Nutzung US-amerikanischer Finanzinstitute begründete eindeutig die OFAC-Zuständigkeit.

9.5.1.3 Sanktionsverstöße

Verstöße gegen die WMDPSR, CACR, BSR, SSR, SySR, ITSR, LSR und GTSR.

9.5.1.4 Strafzahlung und Bewertung

OFAC stufte den Fall als nicht selbst offengelegt und als gravierend ein. Die Basisstrafe belief sich auf 1,37 Mrd. US-Dollar. Die Vergleichszahlung an OFAC betrug 553.380.759 US-Dollar. Weitere Zahlungen erfolgten im Rahmen eines globalen Vergleichs mit DoJ, NYDA, Fed und NYDFS.

9.5.2 2. UniCredit Bank Austria AG (Wien)

9.5.2.1 Unternehmen und Sachverhalt

Die UniCredit Bank Austria AG mit Sitz in Wien führte zwischen 2002 und 2012 mindestens 127 Zahlungen über das US-Finanzsystem durch, die gegen US-Sanktionen verstießen. Die Zahlungen bezogen sich auf Empfänger in Iran, Sudan, Syrien, Kuba und Burma. Die Bank verwendete dabei gezielt SWIFT-Nachrichten des Typs MT202, um sanktionsrelevante Angaben zu verschleiern. In sechs Fällen wurden Transaktionen, die zunächst von US-Banken abgelehnt wurden, nach „Säuberung" erneut eingereicht. Die Verstöße erfolgten teils entgegen gruppeninterner Vorschriften.

9.5.2.2 US-Nexus

Die betroffenen Zahlungen wurden über US-Korrespondenzbanken in US-Dollar abgewickelt.

9.5.2.3 Sanktionsverstöße

Verstöße gegen die ITSR, SSR, BSR, SySR und CACR.

9.5.2.4 Strafzahlung und Bewertung

127 Zahlungen wurden sanktioniert, davon 67 als gravierend eingestuft. Die Basisstrafe belief sich auf rund 39,6 Mio. US-Dollar. Die Vergleichssumme lag bei 20.326.340 US-Dollar.

9.5.3 UniCredit S.p.A. (Mailand)

9.5.3.1 Unternehmen und Sachverhalt

Die Konzernmutter UniCredit S.p.A. führte über einen mehrjährigen Zeitraum 612 Zahlungen über US-Banken durch, obwohl diese Transaktionen sanktionsrelevante

Beziehungen zu Kuba, Iran, Sudan, Syrien und Burma aufwiesen. Die Bank nutzte gezielt SWIFT-MT202-Nachrichten ohne Angaben zur sanktionsrelevanten Gegenpartei und reichte in mehreren Fällen von US-Banken abgelehnte Zahlungen nach Änderung erneut ein.

9.5.3.2 US-Nexus
Nutzung des US-Finanzsystems zur Abwicklung von USD-Zahlungen.

9.5.3.3 Sanktionsverstöße
Verstöße gegen die CACR, ITSR, BSR, SSR und SySR.

9.5.3.4 Strafzahlung und Bewertung
OFAC bewertete den Fall als gravierend. Die Basisstrafe lag bei 72,7 Mio. US-Dollar. Die Vergleichssumme belief sich auf 37.316.322 US-Dollar.

9.5.4 ICP-Maßnahmen

Im Rahmen der globalen Einigung verpflichtete sich die UniCredit Group zur Einführung und Umsetzung eines einheitlichen, risikobasierten Sanktions-Compliance-Programms über alle Konzerngesellschaften hinweg. Hierzu zählen:

- Stärkung der Compliance-Funktion durch neue Berichtslinien und personelle Aufstockung
- Jährliche Risikoanalysen auf Basis definierter Indikatoren
- Einführung und Überwachung technischer Kontrollsysteme
- Pflichtschulungen für Mitarbeitende in risikorelevanten Bereichen
- Jährliche Management-Zertifizierung gegenüber OFAC zur Wirksamkeit des Programms
- Verstärkte Eskalations- und Dokumentationspflichten bei Verdachtsfällen

Diese Verpflichtungen gelten konzernweit über einen Zeitraum von mindestens fünf Jahren.

9.6 British Arab Commercial Bank plc – BACB (Bankwesen, Vereinigtes Königreich)

9.6.1 Unternehmen und Branche

Die British Arab Commercial Bank plc (BACB) ist ein im Vereinigten Königreich registriertes und ansässiges Finanzinstitut mit Sitz in London. Die Bank konzentriert sich auf internationale Finanzdienstleistungen, insbesondere im Handel mit nordafrikanischen und nahöstlichen Ländern. Während der relevanten Periode unterhielt BACB keine Präsenz in den USA, nutzte jedoch das US-Finanzsystem zur Abwicklung von Zahlungen.

9.6.2 Sachverhalt

Zwischen September 2010 und August 2014 wickelte BACB insgesamt 72 „Bulk Funding"-Transaktionen im Wert von rund 190,7 Mio. US-Dollar ab, die in direktem Zusammenhang mit Finanzdienstleistungen für sudanesische Banken standen – darunter die Zentralbank des Sudan. Die Transaktionen dienten dazu, ein USD-Nostro-Konto bei einer ausländischen Bank (Bank B) zu finanzieren, über das BACB sodann Hunderte Einzelzahlungen im Sudan-Geschäft abwickelte.

Ursprünglich bediente sich BACB eines US-Nostro-Kontos bei einer anderen Bank (Bank A), um Zahlungen für sudanesische Kunden abzuwickeln. Nach der Schließung dieses Kontos im Jahr 2007 wechselte BACB zu Bank B und entwickelte ein mehrstufiges Finanzierungssystem, um weiterhin US-Dollar-Transaktionen für sanktionierte sudanesische Parteien durchzuführen. Dabei wurden USD-Zahlungen über Korrespondenzbanken in den USA abgewickelt, bevor sie über ein internes Clearing-System von Bank B ausgeführt wurden. Interne E-Mails belegen, dass leitende Angestellte und Mitglieder der Compliance-Abteilung sich der sanktionsrechtlichen Risiken bewusst waren und das neue System als Umgehungslösung betrachteten.

Trotz der Erkenntnisse über die kritische Konstellation und nach Ablehnung entsprechender Anfragen durch OFAC führte BACB die Sudan-bezogenen Zahlungen weiter aus. Erst nach der medienwirksamen Einigung im Fall BNP Paribas im Jahr 2014 stellte BACB seine einschlägigen Aktivitäten ein. Zu diesem Zeitpunkt hatte OFAC bereits Ermittlungen aufgenommen.

9.6.3 US-Nexus

Der US-Nexus resultierte aus der systematischen Nutzung des US-Finanzsystems zur Finanzierung eines USD-Nostro-Kontos. Auch wenn die unmittelbaren Sudan-Zahlungen über Bank B außerhalb der USA erfolgten, wurden die erforderlichen US-Dollar vorab durch Überweisungen über US-Korrespondenzbanken (darunter US-Finanzinstitute in New York) beschafft. Somit lag ein Verstoß gegen das US-Sanktionsrecht durch Export von Finanzdienstleistungen in ein sanktioniertes Land vor.

9.6.4 Sanktionsprogramm

OFAC stellte Verstöße gegen die Sudanese Sanctions Regulations (SSR), insbesondere § 538.205, fest. Die Bereitstellung finanzieller Dienstleistungen durch US-Personen oder über das US-Finanzsystem zugunsten sudanesischer Banken war während des fraglichen Zeitraums ausdrücklich verboten. Die Finanzierung des Nostro-Kontos durch BACB über US-Korrespondenzbanken stellt eine mittelbare Umgehung dar, die nach der Rechtsprechung der OFAC gleichwertig sanktioniert wird.

9.6.5 Strafzahlung und Faktoren

OFAC stufte das Verfahren als nicht selbst offengelegt und gravierend („egregious") ein. Die rechnerische Basisstrafe betrug 381,4 Mio. US-Dollar. Aufgrund der wirtschaftlichen Verhältnisse des Unternehmens und in Abstimmung mit der britischen Finanzaufsicht einigte sich OFAC auf eine reduzierte Vergleichssumme in Höhe von 228.840.000 US-Dollar, von der 224.840.000 US-Dollar ausgesetzt wurden. Verbindlich zu zahlen waren 4 Mio. US-Dollar.

Erschwerend wertete OFAC die gezielte Umgehung der Sudan-Sanktionen unter Einbindung der Compliance-Funktion, das bewusste Fortführen der Struktur nach interner und externer Warnung, sowie das hohe Volumen und die langjährige Durchführung der Verstöße. BACB hatte wiederholt aktiv daran gearbeitet, US-Kontrollen zu umgehen, indem es alternative Wege schuf und sich auf intransparente Clearing-Mechanismen stützte.

Mildernd berücksichtigte OFAC die umfassende Kooperation der Bank, einschließlich der Durchführung einer internen Untersuchung, der freiwilligen Bereitstellung aller Unterlagen, der mehrfachen Unterzeichnung von „tolling agreements" sowie der Einstellung der beanstandeten Geschäftspraktiken noch vor Abschluss des Verfahrens. BACB war zudem im Fünfjahreszeitraum vor Beginn der Verstöße nicht negativ aufgefallen.

9.6.6 Vereinbarungen zum Internal Compliance Program (ICP)

BACB verpflichtete sich im Rahmen des Vergleichs zur dauerhaften Umsetzung eines risikobasierten und strukturell verankerten Sanktions-Compliance-Programms. Dieses orientiert sich an sechs zentralen Pfeilern, deren Einhaltung über einen Zeitraum von fünf Jahren durch jährliche Management-Zertifizierungen nachzuweisen ist.

Erstens verpflichtete sich die Bank zur vollständigen Integration des Themas Sanktionen in die Unternehmenskultur. Die Geschäftsleitung bestätigte schriftlich ihre Verantwortung und ihre aktive Unterstützung der Compliance-Strukturen. Die Compliance-Abteilung erhielt erweiterte Zuständigkeiten, personelle und technische Ressourcen sowie eine eigenständige Berichtslinie.

Zweitens wurde ein systematisches Risikomanagement eingeführt, das geografische, produktbezogene und kundenspezifische Risiken bewertet und regelmäßig anpasst. Neue Kunden, Transaktionsarten oder Länderzugänge werden fortan anhand definierter Kriterien auf Sanktionsrelevanz geprüft.

Drittens entwickelte BACB interne Kontrollsysteme mit klaren schriftlichen Richtlinien, abgestimmt auf die tägliche Geschäftspraxis. Diese Regeln sollen sicherstellen, dass auffällige Transaktionen automatisiert erkannt, eskaliert und dokumentiert werden. Sämtliche Screening-Systeme werden regelmäßig getestet und auf Aktualität überprüft.

Viertens wurde ein unabhängiges Audit- und Kontrollsystem etabliert. Interne und externe Prüfungen evaluieren jährlich die Wirksamkeit des Compliance-Programms. Bei Feststellung von Schwachstellen verpflichtet sich BACB zu sofortigen Gegenmaßnahmen.

Fünftens erhielt das Schulungswesen einen zentralen Stellenwert. Alle Mitarbeitenden – insbesondere in risikorelevanten Bereichen wie Korrespondenzbankgeschäft, Handelsfinanzierung und Zahlungsabwicklung – nehmen verpflichtend an Schulungen teil, mindestens einmal jährlich. Schulungsinhalte werden auf Basis der Risikoeinschätzung aktualisiert.

Schließlich sieht das Programm vor, dass jährlich ein Mitglied des oberen Managements eine offizielle Zertifizierung an OFAC übermittelt. Darin wird bestätigt, dass alle Elemente des Compliance-Systems ordnungsgemäß implementiert, aufrechterhalten und weiterentwickelt wurden.

9.7 Eagle Shipping International (USA) LLC (Schifffahrt und Transportlogistik, USA/Marshallinseln)

9.7.1 Unternehmen und Branche

Eagle Shipping International (USA) LLC mit Sitz in Stamford, Connecticut, ist ein operativer Arm der auf den Marshallinseln registrierten Eagle Bulk Shipping Inc. Das Unternehmen betreibt den kommerziellen und strategischen Betrieb von Frachtschiffen zur Beförderung von Schüttgütern weltweit. Eagle ist in der internationalen Hochseelogistik tätig und besitzt eigene Flottenkapazitäten. Im relevanten Zeitraum wurden mehrere Transporte aus Myanmar (Burma) abgewickelt.

9.7.2 Sachverhalt

Im Zeitraum von 2011 bis 2014 führte Eagle Shipping insgesamt 36 Transportvorgänge durch, bei denen es um die Verschiffung von Seesand aus Myanmar nach Singapur ging. Diese Transporte wurden zugunsten von Myawaddy Trading Limited durchgeführt – einer zu diesem Zeitpunkt durch OFAC gelisteten Gesellschaft, die enge Verbindungen zum burmesischen Militär hatte und auf der SDN-Liste stand.

Besonders schwerwiegend war ein erster Vorfall im Juni 2011. Dabei wurde Eagle Shipping durch vorgelegte Frachtdokumente darauf aufmerksam, dass Myawaddy als Absender der Sandlieferung aufscheinen sollte. In der Folge wurde auf Betreiben von Eagle und dem Frachtkunden eine alternative Firma als nomineller Absender benannt, obwohl die Informationen vor Ort – etwa durch Aussagen des Kapitäns – klar darauf hindeuteten, dass ausschließlich Myawaddy über Exportrechte verfügte. Die Crew verweigerte zunächst die Ausfahrt, weil die offiziellen Dokumente weiter auf Myawaddy verwiesen. Erst nach Druck durch lokale Behörden – inklusive Einbehaltung der Pässe – wurde der Transport durchgeführt.

Trotz später gestellter Lizenzanträge an OFAC – und einer klaren Ablehnung durch die US-Behörde – wurden weitere Transporte mit Sand aus Myawaddy fortgesetzt. Die damalige Geschäftsleitung ignorierte nicht nur die Risikohinweise des Kapitäns, sondern unterließ es auch, die Lizenzverweigerung im Unternehmen zu kommunizieren. Insgesamt belief sich der wirtschaftliche Wert der beanstandeten Transaktionen auf etwa 1,8 Mio. US-Dollar.

9.7.3 US-Nexus

Der US-Nexus ergab sich aus der rechtlichen Verankerung der Gesellschaft in den Vereinigten Staaten und der Veranlassung von Schiffstransporten durch ein US-Unternehmen. Zusätzlich wurde der Transport durch in den USA ansässige Mitarbeitende gesteuert, und es erfolgten relevante Aktivitäten unter US-Flagge. Eagle war damit als „US-Person" im Sinne der OFAC-Regelungen vollständig sanktionspflichtig. Die Anwendung von OFAC-Vorgaben ist in solchen Konstellationen eindeutig.

9.7.4 Sanktionsprogramm

Die Transaktionen verstießen gegen die Burmese Sanctions Regulations (BSR), insbesondere § 537.201. Die Lieferung wirtschaftlicher Vorteile an Myawaddy – eine gelistete SDN – stellte einen klaren Verstoß gegen das Verbot der Bereitstellung von Dienstleistungen oder wirtschaftlichen Werten an sanktionierte Parteien dar.

9.7.5 Strafzahlung und Faktoren

OFAC stufte den Fall als selbst offengelegt, jedoch gravierend („egregious") ein. Die maximal zulässige zivilrechtliche Strafhöhe belief sich auf 9 Mio. US-Dollar. Die Basisstrafe wurde auf 4,5 Mio. US-Dollar festgelegt. Die tatsächlich vereinbarte Vergleichszahlung betrug 1.125.000 US-Dollar.

Als erschwerend bewertete OFAC insbesondere die Ignoranz gegenüber behördlichen Warnungen, die direkte Verwicklung der Unternehmensleitung, die wirtschaftliche Begünstigung eines Militärunternehmens in Myanmar sowie die kommerziell erfahrene und international aktive Ausrichtung des Unternehmens.

Besonders kritisch wurde gesehen, dass die Geschäftsleitung trotz Ablehnung eines OFAC-Lizenzantrags bewusst weitere Transporte durchführte.

Mildernd wirkte, dass es sich um eine freiwillige Selbstanzeige handelte, dass Eagle keine Vorverstöße aufwies, nach einer internen Umstrukturierung kooperierte und erhebliche Ressourcen in die Aufarbeitung investierte. Dies umfasste unter anderem die Durchführung einer Rückschau auf alle relevanten Transaktionen, die Bereitstellung strukturierter Dokumentation und die Unterzeichnung mehrerer Fristvereinbarungen („tolling agreements").

9.7.6 Vereinbarungen zum Internal Compliance Program (ICP)

Eagle verpflichtete sich im Rahmen des Vergleichs zur vollständigen Überarbeitung und institutionellen Verankerung eines risikobasierten Sanktions-Compliance-Programms. Zentrale Maßnahmen umfassten:

Ein dedizierter Compliance Officer wurde eingesetzt und mit den notwendigen Ressourcen sowie direkter Berichtslinie an das Management ausgestattet. Das Unternehmen implementierte ein formales Sanktions-Compliance-System, das nun verbindliche Prüfroutinen, Checklisten und Indikatoren für Verdachtsfälle beinhaltet.

Alle Mitarbeitenden in den Niederlassungen Stamford (USA) und Singapur wurden durch ein neues Schulungssystem sensibilisiert. Die Teilnahme an regelmäßigen Fortbildungen zu US-Sanktionen wurde verpflichtend eingeführt. Ein System der kontinuierlichen Weiterbildung wurde institutionalisiert.

Die Prüf- und Screening-Verfahren wurden technisch erweitert und standardisierte Sanktionsklauseln in alle Verträge aufgenommen. Damit sollen sowohl zukünftige Lieferketten als auch Charterverhältnisse systematisch auf Risiken geprüft werden.

Ein besonderes Augenmerk wurde auf die Krisenvorsorge gelegt: Für den Fall, dass während eines laufenden Transports ein Sanktionsrisiko erkannt wird – etwa durch nachträglich bekannt gewordene Beteiligungen – wurden kontingente Notfallpläne erstellt. Diese sehen Eskalationsketten, Kommunikationsprotokolle und Handlungspflichten vor, um Risiken schnell und regelkonform zu begegnen.

Diese Maßnahmen sollen sicherstellen, dass vergleichbare Verstöße künftig ausgeschlossen werden. Die Nachkontrolle und Berichterstattung gegenüber OFAC wurden über mehrere Jahre verpflichtend vereinbart.

9.8 Société Internationale de Télécommunications Aéronautiques SCRL – SITA (Luftfahrt-IT-Dienstleistungen, Schweiz, mit US-Tochtergesellschaften)

9.8.1 Unternehmen und Branche

SITA ist ein in Genf ansässiges Unternehmen, das sich auf IT- und Kommunikationsdienste für die zivile Luftfahrtindustrie spezialisiert hat. Zu den Kunden zählen Fluggesellschaften, Flughäfen und weitere Akteure der Luftverkehrswirtschaft weltweit. Das Unternehmen betreibt unter anderem globale Nachrichtennetzwerke, Check-in-Systeme und Softwarelösungen für Gepäckverfolgung und Fluggastabfertigung. SITA unterhält Tochtergesellschaften in den USA, über die sowohl Hosting- als auch Softwareentwicklung erfolgt.

9.8.2 Sachverhalt

Zwischen April 2013 und Februar 2018 erbrachte SITA über 9000 Dienstleistungen zugunsten von fünf Fluggesellschaften, die von OFAC als „Specially Designated Global Terrorists“ (SDGT) gelistet waren. Hierzu zählten Mahan Air (Iran), Syrian Arab Airlines (Syrien), Caspian Air (Iran), Meraj Air (Iran) und Al-Naser Airlines (Irak/Iran). Die durchgeführten Transaktionen hatten einen wirtschaftlichen Wert von rund 2,4 Mio. US-Dollar und betrafen verschiedene IT-Dienste, darunter:

- Type B Messaging (TBM): ein globales Luftfahrtnachrichtensystem, das u. a. für Flugplanung, Wartung, Gepäckabwicklung und Passagierabfertigung genutzt wird. Die Nachrichten liefen über Server („mega-switches“) in Atlanta (USA) und Singapur – die betreffenden Nachrichten mit SDGT-Bezug wurden allesamt über die US-Infrastruktur geroutet.
- Maestro DCS Local: eine Softwarelösung US-amerikanischen Ursprungs für Check-in- und Gepäckprozesse, die teilweise in den USA entwickelt oder bereitgestellt wurde.
- WorldTracer: ein von SITA entwickeltes globales Gepäckverfolgungssystem, das auf US-Servern betrieben und von einer US-Tochter gewartet wurde.

OFAC stellte fest, dass SITA trotz der Listung der betroffenen Fluggesellschaften durch OFAC wissentlich weiterhin bestimmte Services bereitstellte, obwohl diese unter US-Jurisdiktion fielen – sei es durch Hosting, Software-Ursprung oder Routing über US-Systeme. In mehreren Fällen stellte SITA die Geschäftsbeziehungen nach den OFAC-Designationen teilweise ein, ließ jedoch zentralen IT-Support weiterlaufen.

9.8.3 US-Nexus

Der US-Nexus war in diesem Fall eindeutig durch mehrere Faktoren gegeben: Erstens wurde US-Technologie in Form von Software („Maestro") bereitgestellt. Zweitens wurden Dienstleistungen über Infrastruktur in den USA erbracht, insbesondere das Routing der TBM-Nachrichten über Atlanta. Drittens wurden alle drei Kernprodukte – TBM, Maestro und WorldTracer – zumindest teilweise durch US-Tochtergesellschaften entwickelt, betrieben oder gehostet. Die mittelbare wirtschaftliche Begünstigung gelisteter SDGT-Fluggesellschaften durch Leistungen mit US-Bezug stellte somit einen sanktionsrelevanten Verstoß dar.

9.8.4 Sanktionsprogramm

SITA verstieß gegen die Global Terrorism Sanctions Regulations (GTSR), insbesondere gegen § 594.201 und § 594.204. Die betroffenen Fluggesellschaften waren durch Executive Order 13224 als Unterstützer von Terrorismus gelistet, weshalb jegliche wirtschaftliche Bereitstellung von Gütern, Dienstleistungen oder Technologie durch US-Personen oder über US-Systeme untersagt war.

9.8.5 Strafzahlung und Faktoren

OFAC stufte den Fall als nicht selbst offengelegt und nicht gravierend („non-egregious") ein. Die rechnerisch maximale Strafhöhe belief sich auf über 2,45 Mrd. US-Dollar. Die Basisstrafe wurde auf 13.384.000 US-Dollar festgesetzt. Die tatsächlich vereinbarte Vergleichssumme betrug 7.829.640 US-Dollar.

Als erschwerend wurde gewertet, dass SITA konkrete Kenntnis davon hatte, dass bestimmte Fluggesellschaften als SDGT gelistet waren, und dennoch bestimmte Services weiterhin bereitstellte. OFAC kritisierte insbesondere, dass die bereitgestellten Dienste unmittelbar zur Aufrechterhaltung des Flugbetriebs beitrugen und somit außenpolitischen Zielen der Vereinigten Staaten zuwiderliefen. Zudem sei SITA ein international erfahrenes Unternehmen mit erheblicher Ressourcen- und Branchenkenntnis gewesen, was eine besondere Sorgfaltspflicht begründet habe.

Mildernd wirkte, dass die beanstandeten Transaktionen nur einen geringen Anteil am Gesamtumsatz des Unternehmens ausmachten, keine Vorverstöße vorlagen, SITA mit den Behörden umfassend kooperierte und zahlreiche interne Maßnahmen zur Aufarbeitung einleitete. Das Unternehmen unterzeichnete mehrere tolling agreements, übermittelte strukturierte Auskünfte und stellte alle betroffenen Leistungen ein.

9.8.6 Vereinbarungen zum Internal Compliance Program (ICP)

Im Rahmen der Einigung verpflichtete sich SITA zur umfassenden Neuausrichtung ihrer Compliance-Architektur. Zentrale Maßnahmen umfassten:

Die Einrichtung eines globalen „Trade Compliance Board", das alle Geschäftsbeziehungen mit Bezug zu Sanktionsrisiken fortlaufend überwacht, analysiert und prüft. Ergänzt wurde dies durch die Gründung eines „Trade Compliance Committees" mit beratender Funktion für komplexe Fälle. Beide Gremien berichten direkt an die Geschäftsleitung.

Ein globaler Chief Compliance Officer mit explizitem Sanktionsmandat wurde bestellt. Er verantwortet die Weiterentwicklung des Compliance-Programms, beaufsichtigt Sanktionsanalysen und koordiniert weltweit gültige Schulungs- und Prüfmaßnahmen.

SITA verpflichtete sich, bei der Aufnahme neuer Kunden und bei Produkterweiterungen für bestehende Kunden in Hochrisikoregionen systematisch eine rechtliche Sanktionsprüfung durchzuführen. Sämtliche Richtlinien wurden überarbeitet und neu veröffentlicht, um das Bewusstsein für Sanktionsrisiken in allen Fachbereichen zu schärfen.

Kernsysteme wie TBM, Maestro und WorldTracer unterliegen fortan regelmäßigen Audits und technischen Prüfungen, um auszuschließen, dass sanktionierte Akteure Zugriff erhalten. Diese Überwachung erfolgt technisch gestützt, dokumentiert und wird regelmäßig von unabhängigen Prüfern bewertet.

Abschließend wurden verbindliche Schulungsprogramme für alle Mitarbeitenden eingeführt. Neue Mitarbeitende sind verpflichtet, vor Dienstantritt ein Sanktionsmodul zu absolvieren. Bestehende Mitarbeitende absolvieren jährlich eine verpflichtende Fortbildung. Die Teilnahme ist dokumentationspflichtig und Bestandteil der Jahresbewertung.

9.9 Essentra FZE Company Ltd. (Verpackungsindustrie/Filterproduktion, Vereinigte Arabische Emirate)

9.9.1 Unternehmen und Branche

Essentra FZE ist ein in den Vereinigten Arabischen Emiraten ansässiges Unternehmen, das Filter für Zigaretten sowie andere Verpackungslösungen produziert und vertreibt. Das Unternehmen ist Teil der britischen Essentra plc und war im relevanten Zeitraum zunächst als Joint Venture mit einem ausländischen Tabakkonzern tätig. Die Geschäftstätigkeit von Essentra FZE erstreckt sich über den gesamten Nahen Osten und Afrika.

9.9.2 Sachverhalt

Zwischen September und Dezember 2018 wickelte Essentra FZE drei Transaktionen ab, in deren Rahmen Filterstäbe für Zigaretten an eine nordkoreanische Firma geliefert wurden. Dabei wurden Zahlungen in Höhe von insgesamt rund 333.000 US-Dollar empfangen, die über ein Konto bei einer ausländischen Niederlassung einer US-Bank in Dubai abgewickelt wurden.

OFAC stellte fest, dass Essentra FZE zu jedem Zeitpunkt wusste, dass es sich bei dem Endabnehmer um ein Unternehmen in Nordkorea handelte. Um dies zu verschleiern, wurden bewusst Zwischenhändler, Scheinfirmen und chinesische Abdeckgesellschaften in den Transaktionsverlauf eingebunden. Rechnungen wurden an eine sogenannte Frontgesellschaft adressiert, während in den Begleitdokumenten ein Unternehmen in China als Empfänger angegeben wurde, das in direkter Verbindung zur nordkoreanischen Endpartei stand.

Die Kommunikation zwischen Essentra-Mitarbeitenden und dem nordkoreanischen Kunden belegt, dass der tatsächliche Bestimmungsort Nordkorea bewusst nicht erwähnt werden sollte. Zitat des Kunden: „Don't mention that customer is in my country", worauf Essentra antwortete: „Ok sure". Diese aktive Verschleierung wurde von mehreren Mitarbeitenden mitgetragen.

Trotz bestehender interner Vorgaben, die Geschäfte mit Nordkorea und Zahlungen in US-Dollar explizit untersagten, wurden die Lieferungen durchgeführt und die entsprechenden Geldeingänge akzeptiert. Die Zahlungen wurden über die ausländische Niederlassung eines US-Finanzinstituts abgewickelt, womit ein klarer US-Nexus bestand.

9.9.3 US-Nexus

Der US-Nexus ergab sich durch die Nutzung des US-Finanzsystems in Form eines Bankkontos bei einer ausländischen Niederlassung einer US-Bank. Gemäß § 510.326 der North Korea Sanctions Regulations (NKSR) gilt auch eine ausländische Niederlassung eines US-Finanzinstituts als US-Person im Sinne des Sanktionsrechts. Darüber hinaus wurden die Zahlungen in US-Dollar durchgeführt, was einen weiteren US-Bezug herstellt. Die Konstellation begründete somit sowohl eine mittelbare wirtschaftliche Unterstützung Nordkoreas als auch einen direkten Verstoß gegen US-Vorgaben.

9.9.4 Sanktionsprogramm

OFAC stellte Verstöße gegen die North Korea Sanctions Regulations (NKSR) fest, insbesondere gegen §§ 510.212 (Verursachung von Finanzdienstleistungen zugunsten Nordkoreas), 510.206 (Umgehung) und 510.211 (unzulässige Bereitstellung von Unterstützung). Die Einbindung von Scheinfirmen und die bewusste Täuschung der involvierten Finanzinstitute führten zu einem gravierenden Verstoß gegen die zentralen Sanktionsbestimmungen.

9.9.5 Strafzahlung und Faktoren

OFAC bewertete den Fall als nicht selbst offengelegt und als gravierend („egregious"). Die festgelegte Vergleichszahlung betrug 665.112 US-Dollar, wurde jedoch mit der gleichzeitig höheren Strafzahlung im Rahmen eines Deferred Prosecution Agreements mit dem US-Justizministerium (DoJ) verrechnet.

Als erschwerend wurden insbesondere die systematische Täuschung, die aktive Kommunikation mit nordkoreanischen Geschäftspartnern, der Einsatz von Tarnkonstruktionen sowie die bewusste Missachtung bestehender interner Compliance-Vorgaben gewertet. OFAC betonte, dass die Geschäftstätigkeit direkt einem sanktionierten Endnutzer diente und dass die Verschleierung professionell und wiederholt betrieben wurde.

Mildernd wurde berücksichtigt, dass Essentra FZE nach Bekanntwerden der Vorgänge tiefgreifende organisatorische Reformen einleitete, die betroffenen Mitarbeitenden entließ und die Zusammenarbeit mit den Behörden umfassend unterstützte. Zudem erfolgte eine vollständige Umstrukturierung des Compliance-Programms im gesamten Konzernbereich „Filters Division".

9.9.6 Vereinbarungen zum Internal Compliance Program (ICP)

Im Rahmen der Einigung verpflichtete sich Essentra FZE zur Einführung und dauerhaften Umsetzung eines umfassenden Sanktions-Compliance-Programms mit einer Laufzeit von mindestens fünf Jahren. Die wichtigsten Elemente umfassen:

Essentra strukturierte das gesamte Compliance-Programm neu. Die Leitungsebene wurde ausgetauscht, ein neuer Global Compliance Director sowie ein OFAC Compliance Officer eingesetzt. Die Verantwortung für die Einhaltung des Sanktionsrechts liegt seither beim General Manager der Gesellschaft, unterstützt durch lokale und zentrale Compliance-Funktionen.

Ein zentrales Element ist die Einführung eines umfassenden Risikomanagements, das auf systematischen Risikoanalysen zu Kunden, Produkten, Regionen und Transaktionsarten basiert. Verdachtsfälle werden durch ein automatisiertes Screening-System sowie durch manuelle Prüfprozesse erkannt. Ergänzend wurde eine anonyme Whistleblower-Hotline eingeführt, über die Mitarbeitende Compliance-Verstöße melden können.

Das Unternehmen verpflichtete sich zu regelmäßigen internen und externen Audits, durchgeführt unter der Aufsicht des Group Compliance Committees. Dabei wird insbesondere geprüft, ob Kundendaten, Lieferketten und Finanzflüsse vollständig und korrekt dokumentiert sind und ob sich ein Sanktionsrisiko ergibt.

Die interne Kommunikation sowie Schulung wurden ebenfalls neu organisiert. Mitarbeitende erhalten jährlich verpflichtende Schulungen zu US-Sanktionsrecht und den internen Richtlinien. Führungskräfte und Vertriebseinheiten wurden zusätzlich persönlich geschult. Die Schulungsunterlagen sind dauerhaft über das Intranet zugänglich.

Schließlich wurde ein jährliches Zertifizierungsverfahren eingeführt: Ein ranghohes Mitglied der Unternehmensleitung bestätigt schriftlich gegenüber OFAC die Wirksamkeit und Aktualität des Compliance-Programms. Dieses Verfahren läuft über einen Zeitraum von fünf Jahren und dient als Grundlage für eine fortlaufende behördliche Überwachung.

9.10 National Commercial Bank – NCB (Bankwesen, Saudi-Arabien)

9.10.1 Unternehmen und Branche

Die National Commercial Bank (NCB), mit Hauptsitz in Jeddah, ist eines der größten Finanzinstitute im Königreich Saudi-Arabien. Die Bank bietet umfassende Bank- und Finanzdienstleistungen für Privat- und Geschäftskunden an und ist als international vernetztes Institut in den globalen Zahlungsverkehr eingebunden.

9.10.2 Sachverhalt

Im Zeitraum zwischen dem 7. November 2011 und dem 28. August 2014 führte NCB 13 US-Dollar-Transaktionen im Gesamtwert von rund 5,92 Mio. US-Dollar durch, bei denen entweder sanktionierte Parteien in Sudan oder Syrien wirtschaftlich begünstigt wurden oder Waren mit Ursprung in diesen Ländern involviert waren. Keine der direkt betroffenen sudanesischen oder syrischen Parteien war offizielle Kundin der Bank, doch die Transaktionen wurden direkt oder indirekt über das US-Finanzsystem abgewickelt.

Die Vorfälle ereigneten sich in einer Zeit, in der NCB ihre internen Sanktionskontrollsysteme eigentlich modernisierte. Trotz dieser Modernisierungsmaßnahmen wurden in einzelnen Fällen Zahlungen abgewickelt, die sanktionierte Empfänger begünstigten oder durch sanktionierte Regionen verliefen. OFAC stufte acht der Syrien-bezogenen Transaktionen als freiwillig selbst offengelegt ein, fünf Sudan-bezogene Verstöße hingegen nicht.

9.10.3 US-Nexus

Die Verbindung zur US-Rechtsordnung ergab sich eindeutig aus der Nutzung des US-Finanzsystems zur Durchführung der betreffenden Transaktionen in US-Dollar. Auch wenn die betroffenen Empfänger keine direkten Kunden der NCB waren, wurde durch die Zahlungsabwicklung über US-Korrespondenzbanken eine mittelbare wirtschaftliche Unterstützung von sanktionierten Parteien ausgelöst – was nach den Bestimmungen der jeweiligen Sanktionsprogramme unzulässig ist.

9.10.4 Sanktionsprogramme, gegen die verstoßen wurde

Die Transaktionen verstießen gegen die Sudanese Sanctions Regulations (SSR) (§ 538.205) sowie gegen Executive Order 13582 vom 17. August 2011, auf deren Grundlage das Syria-Sanktionsprogramm umgesetzt wurde. Beide Programme untersagten zum Zeitpunkt der Verstöße jegliche direkte oder indirekte wirtschaftliche Einbindung von US-Finanzinstituten in Transaktionen mit Bezug zu diesen Ländern.

9.10.5 Strafzahlung und Faktoren

Die rechnerisch mögliche zivilrechtliche Höchststrafe belief sich auf 12.111.632 US-Dollar. OFAC stufte das Verfahren jedoch insgesamt als nicht gravierend („non-egregious") ein. Aufgrund der gemischten Offenlegungslage (nur teilweise Selbstanzeige) lag die Basisstrafe bei 1.814.854 US-Dollar. Die tatsächlich vereinbarte Vergleichssumme betrug 653.347 US-Dollar.

OFAC bewertete als erschwerend, dass NCB über mehrere Jahre hinweg sanktionierten Parteien substanzielle wirtschaftliche Vorteile verschaffte und dadurch dem US-Sanktionsregime erheblichen Schaden zufügte. Zudem wurde berücksichtigt, dass es sich bei NCB um ein großes, kommerziell erfahrenes Institut handelt, das aufgrund seiner Größe und globalen Vernetzung besondere Verantwortung für Compliance trägt.

Mildernd wurde gewertet, dass keine vorsätzliche Umgehungsabsicht oder grobe Fahrlässigkeit vorlag. NCB verfügte über keine Vorbelastung im Hinblick auf Sanktionsverstöße und arbeitete aktiv mit OFAC zusammen, unter anderem durch die freiwillige Unterzeichnung eines „tolling agreement" mit mehreren Fristverlängerungen. Die Syrien-bezogenen Vorfälle ereigneten sich zudem kurz nach Einführung der entsprechenden Sanktionen, was einen gewissen Orientierungsspielraum nahelegte. NCB hatte im betreffenden Zeitraum umfassende Maßnahmen zur Verbesserung des Compliance-Systems ergriffen.

9.10.6 Vereinbarungen zum Internal Compliance Program (ICP)

Im Rahmen der Einigung verpflichtete sich die National Commercial Bank (NCB) zur umfassenden Weiterentwicklung ihrer konzernweiten Sanktions-Compliance-

Strukturen. Ziel war es, künftig sämtliche Transaktionen mit potenziellem Bezug zu sanktionierten Ländern oder Parteien zuverlässig zu identifizieren und deren Abwicklung über das US-Finanzsystem wirksam zu verhindern.

Ein zentrales Element war die personelle Neuausrichtung der Führungsstruktur: Die Bank ersetzte weite Teile des Vorstands und der obersten Leitungsebene, um ein klares Signal für einen institutionellen Neuanfang zu setzen und die Unabhängigkeit der Compliance-Funktion zu stärken. Parallel dazu wurden neue Organisationsstrukturen geschaffen, um die Sanktionsüberwachung in das tägliche Bankgeschäft zu integrieren.

Technisch führte NCB ein neues Transaktionsmonitoring- und Screening-System ein, das auf aktuelle OFAC-Listen sowie weitere internationale Sanktionslisten zurückgreift. Dieses System wurde so konfiguriert, dass es Absender- und Empfängerdaten, Länderbezug, Warenbeschreibung sowie Zahlungsreferenzen automatisiert analysiert und bei Auffälligkeiten eine interne Eskalation auslöst.

Ergänzend wurde ein eigenständiger Bereich für Geldwäscheprävention eingerichtet, dem die Überwachung von sanktionsrelevanten Transaktionen ausdrücklich zugewiesen wurde. Diese Einheit agiert unabhängig von operativen Geschäftsinteressen und berichtet regelmäßig an den Verwaltungsrat.

In den internen Abläufen legte NCB neue verbindliche Regeln zur Transparenz von Zahlungsnachrichten fest. Alle Mitarbeitenden wurden angewiesen, vollständige Angaben zu Empfänger, Absender, Bankverbindung und Zahlungszweck in den Transaktionsdaten zu erfassen. Die bewusste Unterlassung oder Kürzung dieser Daten wurde intern als schwerwiegender Regelverstoß klassifiziert.

Die Bank verpflichtete sich darüber hinaus, alle Mitarbeitenden, die mit Zahlungsverkehr, Kundenkontakt oder KYC-Prozessen betraut sind, regelmäßig zu schulen. Die Schulungen beinhalten aktuelle regulatorische Entwicklungen, Fallanalysen und technische Anleitungen zur Nutzung des Screening-Systems. Ziel ist es, das Bewusstsein für Sanktionsrisiken auf allen Ebenen zu schärfen und die praktische Umsetzung zu standardisieren.

Besonders hervorgehoben wurden neue Regeln zur Kundenannahme. NCB beschloss, künftig nur noch Konten für natürliche oder juristische Personen zu eröffnen, die in Saudi-Arabien ansässig sind. Die Aufnahme von Kunden mit Sitz in Sudan wurde vollständig ausgeschlossen. Ebenso wurde der Betrieb von US-Dollar-Konten für sudanesische Kunden untersagt, selbst wenn die zugrunde liegende Transaktion rechtlich zulässig wäre.

Alle eingeführten Maßnahmen wurden dauerhaft in das Kontrollsystem der Bank integriert. Die Einhaltung wird fortlaufend durch interne Revision und externe Prüfstellen überwacht. NCB sagte gegenüber OFAC zu, diese Maßnahmen über den vereinbarten Zeitraum hinaus zu implementieren und regelmäßig auf ihre Wirksamkeit zu überprüfen.

9.11 Union de Banques Arabes et Françaises UBAF (Bankwesen, Frankreich)

9.11.1 Unternehmen und Branche

UBAF ist ein in Paris ansässiges Kreditinstitut mit Spezialisierung auf Handelsfinanzierung zwischen Europa, dem Nahen Osten, Nordafrika, Subsahara-Afrika und Asien. Die Bank unterhält zahlreiche internationale Korrespondenzbeziehungen und agiert insbesondere als Intermediär für komplexe Außenhandelsgeschäfte in Hochrisikoregionen.

9.11.2 Sachverhalt

Im Zeitraum zwischen August 2011 und April 2013 führte UBAF insgesamt 127 Transaktionen mit einem Gesamtvolumen von über 2 Mrd. US-Dollar durch, bei denen es sich um offensichtliche Verstöße gegen die Syrien-bezogenen Sanktionen der Vereinigten Staaten handelte. In 114 Fällen handelte es sich um interne Umbuchungen zwischen Konten syrischer Kunden auf den eigenen Büchern, denen unmittelbar korrespondierende Zahlungen über das US-Finanzsystem folgten. Diese Zahlungen liefen formal über nicht-sanktionierte Drittparteien, waren jedoch wirtschaftlich eng mit den syrischen Ursprungstransaktionen verknüpft – entweder durch zeitliche Korrelation oder Betragsgleichheit. In 69 Fällen ging es um interne Devisengeschäfte mit syrischen Kunden, denen wiederum korrespondierende US-cleared Transaktionen gegenüberstanden.

In 13 weiteren Fällen handelte es sich um Handelsfinanzierungsvorgänge mit Bezug zu Syrien, insbesondere „Back-to-Back"-Akkreditivgeschäfte, bei denen UBAF entweder ein USD-Akkreditiv zugunsten eines sanktionierten Empfängers ausstellte oder ein solches bestätigte und über US-Banken abwickelte. Diese Struktur führte dazu, dass trotz indirekter Ausführung eine wirtschaftliche Verbindung zu sanktionierten syrischen Institutionen bestand.

UBAF war sich der bestehenden US-Sanktionen bewusst, unterlag jedoch dem Irrglauben, dass das Vermeiden direkter USD-Clearings für sanktionierte Parteien ausreiche, um Konformität sicherzustellen. Die internen Kontrollsysteme waren zu diesem Zeitpunkt nicht geeignet, indirekte Transaktionsrisiken in Bezug auf das US-Sanktionsrecht systematisch zu identifizieren und zu unterbinden.

9.11.3 US-Nexus

Der US-Nexus bestand in der systematischen Nutzung des US-Finanzsystems zur Durchführung von Zahlungen in US-Dollar. In allen relevanten Transaktionen wurden USD-Zahlungen über US-Korrespondenzbanken abgewickelt, die ohne Kenntnis der zugrunde liegenden wirtschaftlichen Verbindungen zu sanktionierten syrischen Parteien agierten. Dadurch kam es zu einem mittelbaren Export von Finanzdienstleistungen aus den Vereinigten Staaten an sanktionierte Empfänger.

9.11.4 Sanktionsprogramm

Die Verstöße betrafen Executive Order 13582 (Blockierung des syrischen Staatsvermögens und Verbot bestimmter Transaktionen mit Syrien) sowie Executive Order 13382 (Sanktionen gegen Proliferationsunterstützer von Massenvernichtungswaffen). Beide Regelwerke untersagen unmittelbar und mittelbar jegliche wirtschaftliche Beteiligung US-Personen oder US-Finanzinfrastruktur an Transaktionen zugunsten sanktionierter syrischer Institutionen.

9.11.5 Strafzahlung und Faktoren

OFAC bewertete die Verstöße als nicht gravierend („non-egregious") und freiwillig selbst offengelegt. Die rechnerisch maximale zivilrechtliche Strafhöhe belief sich auf über 4,15 Mrd. US-Dollar. Die auf Grundlage der Enforcement Guidelines ermittelte Basissumme betrug 15.875.000 US-Dollar. Die tatsächliche Vergleichssumme wurde auf 8.572.500 US-Dollar festgesetzt.

Als erschwerend wurde gewertet, dass UBAF auch nach Inkrafttreten der erweiterten Syrien-Sanktionen im August 2011 weiterhin systematisch Dienstleistungen für sanktionierte syrische Finanzinstitute erbrachte, ohne angemessene Kontrollmechanismen einzuführen. Das Management hatte nachweislich Kenntnis von den zugrunde liegenden Sachverhalten. Zudem wurde ein erheblicher wirtschaftlicher Vorteil an sanktionierte Parteien vermittelt, was den Zielen der US-Sanktionspolitik direkt entgegenlief.

Mildernd wirkte, dass der Großteil der Verstöße im unmittelbaren Anschluss an die Ausweitung der Syrien-Sanktionen erfolgte. UBAF verfügte über ein grundsätzliches Compliance-Programm, das jedoch in Bezug auf US-Risiken unzureichend ausgestaltet war. Die Bank kooperierte umfassend mit OFAC, schloss ein tolling agreement, verlängerte dieses mehrfach und legte die vollständigen Transaktionsdaten offen. UBAF war in den fünf Jahren vor dem Vorfall nicht sanktionsrechtlich auffällig geworden.

9.11.6 Vereinbarungen zum Internal Compliance Program (ICP)

UBAF verpflichtete sich im Rahmen der Einigung zu umfassenden Compliance-Maßnahmen. Die Bank übernahm die Sanktionsrichtlinien ihres größten Anteilseigners – einer internationalen Großbank – einschließlich des technischen Screening-Frameworks und aller Sanktionslisten. Dazu gehören Transaktionsfilterung, Kunden- und Schiffs-Screening, Datenbankrecherchen und Risikobewertungen.

Zusätzlich wurden regelmäßig verpflichtende Präsenz- und E-Learning-Schulungen für alle Mitarbeitenden eingeführt. Die Inhalte wurden gemeinsam mit dem Mehrheitsaktionär entwickelt und jährlich aktualisiert.

UBAF führte eine strategische Geschäftsfeldanalyse durch, die zur Einstellung bestimmter Hochrisikogeschäfte und zur Beendigung der Geschäftsbeziehungen mit risikobehafteten Korrespondenzbanken führte. Das Geschäft mit Syrien und Sudan wurde in sämtlichen Währungen eingestellt. Eine Tochtergesellschaft wurde aus Risikoerwägungen vollständig geschlossen.

Ein Compliance-Komitee auf Führungsebene wurde eingerichtet, um die Umsetzung und Kontrolle aller Maßnahmen zu begleiten. Es tagt regelmäßig und überwacht die Einhaltung der eingegangenen Verpflichtungen durch die Fachabteilungen. UBAF sagte zudem zu, sämtliche Maßnahmen dauerhaft aufrechtzuerhalten und an neue regulatorische Entwicklungen anzupassen.

9.12 PT Bukit Muria Jaya – BMJ (Papierverarbeitung, Indonesien)

9.12.1 Unternehmen und Branche

PT Bukit Muria Jaya (BMJ) ist ein indonesischer Hersteller von Papierprodukten mit Schwerpunkt auf der Produktion von Zigarettenpapier. Das Unternehmen exportiert regelmäßig in verschiedene Regionen, darunter auch Asien und den Nahen Osten. Die Geschäftstätigkeit erfolgt in US-Dollar über Nicht-US-Banken mit Anbindung an das internationale Zahlungssystem.

9.12.2 Sachverhalt

Zwischen März 2016 und Mai 2018 exportierte BMJ in 28 Fällen Zigarettenpapier an Abnehmer, die entweder direkt in Nordkorea ansässig waren oder im Auftrag nordkoreanischer Einrichtungen handelten. Teilweise wurden die Geschäfte über chinesische Zwischenhändler abgewickelt, unter anderem im Auftrag der Korea Daesong General Trading Corporation – einer von OFAC gelisteten Organisation, die dem nordkoreanischen „Office 39" unterstellt ist.

Anfangs wies BMJ auf den nordkoreanischen Bezug der Lieferungen in den Transaktionsdokumenten hin. Später jedoch – auf Wunsch der Kunden – entfernten Mitarbeitende des Vertriebs entsprechende Hinweise auf Nordkorea aus Rechnungen, Packlisten und Frachtpapieren und ersetzten diese durch Drittlandbezeichnungen. Die Gesamtsumme der betroffenen Lieferungen belief sich auf etwa 959.000 US-Dollar. Die Zahlungen für die Geschäfte wurden in US-Dollar an ein Konto von BMJ bei einer Nicht-US-Bank geleistet. Dadurch wurden die Transaktionen automatisch über das US-Finanzsystem verarbeitet. In mindestens einem Fall wurde eine gelistete Person unmittelbar begünstigt.

9.12.3 US-Nexus

Der US-Nexus ergab sich aus der Nutzung des US-Finanzsystems zur Abwicklung von US-Dollar-Zahlungen im Zusammenhang mit Exporten nach Nordkorea. Durch die Einbindung von US-Korrespondenzbanken in die Zahlungsabwicklung stellte BMJ mittelbar eine Finanzdienstleistung aus den Vereinigten Staaten an eine umfassend sanktionierte Jurisdiktion bereit. Die Sanktionsrelevanz wurde durch die bewusste Verschleierung des Endverbleibs noch verstärkt.

9.12.4 Sanktionsprogramm

Die Verstöße betrafen die North Korea Sanctions Regulations (NKSR), insbesondere § 510.212. BMJ verursachte, dass US-Banken ohne Kenntnis wirtschaftliche Vorteile an sanktionierte nordkoreanische Parteien weiterleiteten, darunter ein gelisteter Akteur. In diesem Zusammenhang wurden auch die Vorschriften §§ 510.201, 510.206 und 510.211 verletzt, da verbotene Exporte von Finanzdienstleistungen oder deren Erleichterung durch Dritte vorlagen.

9.12.5 Strafzahlung und Faktoren

OFAC stufte den Fall als nicht gravierend („non-egregious") ein, obwohl keine Selbstanzeige erfolgte. Die rechnerisch zulässige Höchststrafe betrug 8.621.816 US-Dollar. Die Basisstrafe wurde auf 1.270.000 US-Dollar festgesetzt. Die tatsächlich vereinbarte Vergleichssumme belief sich auf 1.016.000 US-Dollar.

Als erschwerend wurde gewertet, dass BMJ mit erheblicher Sorgfaltsmissachtung agierte, als es Zahlungen im Zusammenhang mit nordkoreanischen Handelsgeschäften auf ein US-Dollar-Konto lenkte. Das Management des Unternehmens wusste nachweislich über die Einbindung nordkoreanischer Empfänger Bescheid. Zudem wurde die Herkunft bewusst in Dokumenten verschleiert. Damit wurde das US-Finanzsystem für die Umgehung der Sanktionen instrumentalisiert. OFAC stellte einen erheblichen Schaden für außenpolitische Ziele der Vereinigten Staaten fest.

Mildernd wirkte, dass BMJ zuvor nicht durch OFAC auffällig geworden war, die beanstandeten Geschäfte nur einen kleinen Teil des gesamten Geschäftsvolumens betrafen und das Unternehmen nach Bekanntwerden der Risiken umfassend kooperierte. Die Aufarbeitung erfolgte durch strukturierte Informationen, BMJ akzeptierte die Zusammenarbeit mit OFAC im Rahmen des Vergleichs und sagte zu, keine Geschäfte mit Nordkorea mehr zu tätigen.

9.12.6 Vereinbarungen zum Internal Compliance Program (ICP)

BMJ verpflichtete sich zur Einführung und dauerhaften Umsetzung eines Sanktions-Compliance-Programms, das auf fünf zentrale Elemente gestützt ist. Dazu gehört die Ernennung eines neuen Leiters der Compliance-Abteilung, der direkt an die Geschäftsleitung berichtet. Die Unternehmensführung bekräftigte die Bedeutung von Compliance in einem offiziellen Schreiben an die Mitarbeitenden und rief zur aktiven Meldung von Verdachtsfällen auf.

Zudem wurde ein externer Dienstleister für das Sanktionsscreening beauftragt, ein formelles Regelwerk für Exportkontrolle und Sanktionsrecht eingeführt und ein systematischer KYC-Prozess mit risikobasierter Eskalation eingerichtet. Dieser erlaubt bei Auffälligkeiten die Einschaltung von Rechtsberatern oder die Durchführung von Hintergrundprüfungen. Darüber hinaus müssen künftig alle Handelsvertreter und Agenten, die im Auftrag Dritter agieren, eine sogenannte „Anti-Diversion Agreement" unterzeichnen, das sie zur Einhaltung der OFAC-Vorgaben verpflichtet.

BMJ unterstrich gegenüber OFAC, dass sämtliche Aktivitäten mit Bezug zu Nordkorea dauerhaft eingestellt wurden. Die im Vergleich vereinbarten Compliance-Verpflichtungen gelten für mindestens fünf Jahre.

9.13 Nordgas S.r.l. (Heiz- und Regelungstechnik, Italien)

9.13.1 Unternehmen und Branche

Nordgas S.r.l. ist ein in Italien ansässiges Unternehmen, das Komponenten für Gasthermen und verwandte Heizsysteme entwickelt, produziert und vertreibt. Das Unternehmen agiert schwerpunktmäßig im europäischen und nahöstlichen Marktumfeld. Im Mittelpunkt dieses Falles steht der Bezug und die Reexportation von Druckschaltern aus den Vereinigten Staaten an iranische Endabnehmer über einen Zeitraum von mehreren Jahren.

9.13.2 Sachverhalt

Zwischen März 2013 und März 2017 reexportierte Nordgas in 27 Fällen Luftdruckschalter, die von einem US-amerikanischen Hersteller bezogen wurden, mit dem Wissen oder zumindest der Absicht, dass die Produkte für Endabnehmer im Iran bestimmt waren. Die betroffenen Lieferungen hatten einen Gesamtwert von über 2,5 Mio. US-Dollar. Bereits 2010 hatte die US-Firma Nordgas darauf hingewiesen, dass eine Belieferung unzulässig sei, wenn die Endnutzung im Iran erfolge. Nordgas bestätigte die Einhaltung, schloss jedoch später Geschäfte ab, bei denen systematisch der tatsächliche Endverbleib der Waren verschleiert wurde.

Ab 2012 begann Nordgas, in der Korrespondenz mit dem US-Hersteller systematisch Ersatzbegriffe für „Iran" zu verwenden. Damit sollte der wahre Bestimmungsort verschleiert werden. Darüber hinaus versuchte das Unternehmen, Hinweise auf die Herkunft der Ware zu kaschieren – etwa durch die Bitte, die Kennzeichnung „Made in USA" von den Produkten zu entfernen. Als der US-Hersteller schließlich im Jahr 2017 den wahren Endnutzer erkannte und eine Rückabwicklung forderte, kam Nordgas der Aufforderung nach und erhielt eine Rückerstattung.

Nordgas hatte die US-Firma über Jahre hinweg aktiv in die Irangeschäfte eingebunden, ohne dass diese wusste, dass ihre Produkte über Drittländer an sanktionierte Kunden weitergeleitet wurden.

9.13.3 US-Nexus

Der US-Nexus resultierte aus dem Umstand, dass es sich bei den gelieferten Produkten um US-Ursprungsware handelte, deren Export an Iran – auch indirekt – verboten ist. Nordgas verursachte durch die Reexporte aus einem Drittland die mittelbare Lieferung von US-Gütern an Iran. Dabei wusste oder musste Nordgas wissen, dass es sich um einen sanktionsrelevanten Sachverhalt handelt, insbesondere nachdem die US-Lieferfirma auf die rechtliche Lage hingewiesen hatte.

9.13.4 Sanktionsprogramm

OFAC stellte Verstöße gegen die Iranian Transactions and Sanctions Regulations (ITSR), konkret gegen §§ 560.203 und 560.204, fest. Nordgas exportierte wissentlich US-Waren an Zwischenhändler in Drittstaaten, mit dem Ziel, diese an Endkunden im Iran weiterzuleiten. Diese Vorgehensweise stellt eine mittelbare Umgehung der US-Sanktionsvorschriften dar, die ausdrücklich auch für Reexporte durch Drittstaaten gelten, wenn diese US-Ursprungsware betreffen.

9.13.5 Strafzahlung und Faktoren

OFAC stufte den Fall als gravierend („egregious") und nicht selbst offengelegt ein. Die maximal zulässige Strafhöhe belief sich auf 7.689.336 US-Dollar. Die vereinbarte Vergleichssumme betrug 950.000 US-Dollar, davon wurden 650.000 US-Dollar zur Aussetzung unter der Bedingung der Einhaltung künftiger Compliance-Verpflichtungen vorgesehen.

Als erschwerend wurde gewertet, dass Nordgas vorsätzlich und systematisch die Reexporte von US-Waren an Iran vornahm, obwohl das Unternehmen wiederholt auf das Verbot hingewiesen wurde. Das Management wusste oder hätte wissen müssen, dass die Produkte an sanktionierte Kunden geliefert wurden, und tolerierte dennoch ein Verhalten, das aktiv auf Irreführung abzielte. Die Verwendung von Deckbegriffen, die Forderung nach Entfernung von Herkunftskennzeichnungen sowie die direkte Einflussnahme auf Versandwege und Dokumentation zeugen von einer gezielten Umgehungsstrategie.

Mildernd wurde berücksichtigt, dass Nordgas in den fünf Jahren vor dem Vorfall nicht durch andere Sanktionsverstöße aufgefallen war. Nach Aufdeckung der Sachverhalte stellte das Unternehmen sämtliche Lieferungen in sanktionierte Länder ein, kooperierte mit OFAC im Rahmen der Ermittlungen, reichte strukturierte Antworten ein und unterzeichnete eine Fristverlängerung zur Sicherung der Verfolgung. Zudem wurden interne Abhilfemaßnahmen ergriffen.

9.13.6 Vereinbarungen zum Internal Compliance Program (ICP)

Im Rahmen der Einigung verpflichtete sich Nordgas zur Einführung eines risikobasierten Sanktions-Compliance-Programms. Dazu zählt insbesondere die Implementierung einer systematischen Exportkontrollprüfung, die sowohl Ursprung, Zielstaat als auch Empfängerland berücksichtigt. Alle Verkaufs- und Versandprozesse werden durch verbindliche Genehmigungsprozesse flankiert, bei denen potenzielle Endverbleibe außerhalb genehmigter Gebiete gesondert geprüft werden. Zudem verpflichtet sich das Unternehmen zur jährlichen Berichterstattung gegenüber OFAC über die Einhaltung der zugesagten Compliance-Maßnahmen. Die interne Schulungspflicht wurde erweitert, ebenso wie die Kontrolle über Vertriebspartner und Endkundenstruktur.

Nordgas wird die vereinbarten Maßnahmen über einen Zeitraum von fünf Jahren regelmäßig dokumentieren und nachweisen, dass ein wirksames Kontrollsystem implementiert und fortlaufend betrieben wird.

9.14 SAP SE (Softwareindustrie, Deutschland)

9.14.1 Unternehmen und Branche

SAP SE ist ein international tätiger Anbieter für Unternehmenssoftware mit Sitz in Walldorf, Deutschland. Das Unternehmen entwickelt und vertreibt ERP-Lösungen sowie cloudbasierte Dienstleistungen und betreibt weltweite Rechenzentren für die Bereitstellung seiner Produkte. Neben der Muttergesellschaft unterhält SAP zahlreiche ausländische Tochterunternehmen, darunter auch mehrere in den Vereinigten Staaten.

9.14.2 Sachverhalt

Zwischen dem 1. Juni 2013 und dem 1. Januar 2018 exportierte SAP in insgesamt 190 Fällen Software und zugehörige Dienstleistungen aus den USA an Unternehmen in Drittstaaten, wobei SAP wusste oder hätte wissen müssen, dass die Endnutzung in Iran erfolgen würde. Die betroffenen Transaktionen lassen sich in zwei Gruppen unterteilen: Zum einen handelte es sich um den Verkauf klassischer SAP-Softwarelizenzen und Wartungsdienste über Drittpartner in der Türkei, den Vereinigten Arabischen Emiraten, Malaysia und Deutschland an sogenannte „Pass-Through Entities". Diese Drittfirmen gaben die Software direkt an iranische Kunden weiter. Die Lieferung der Software erfolgte hierbei regelmäßig über SAP-Server in den Vereinigten Staaten oder über US-basierte Inhaltsdiensteanbieter. Zum anderen verkauften zwei cloudbasierte SAP-Tochtergesellschaften mit Sitz in den USA abonnementbasierte Softwarezugänge an Kunden, die ihren Mitarbeitenden in Iran den Zugriff ermöglichten. Diese Zugriffe erfolgten regelmäßig über Rechenzentren in den Vereinigten Staaten.

Intern war SAP bereits durch Audits in den Jahren 2006, 2007, 2010 und 2014 wiederholt auf Compliance-Mängel hingewiesen worden. Insbesondere fehlte ein IP-Adressenscreening zur Geolokalisierung, sodass Downloads aus Iran über US-Server nicht verhindert wurden. Diese Lücken wurden über mehrere Jahre hinweg nicht behoben, obwohl technische Lösungen bekannt und verfügbar waren. Auch SAP-Mitarbeitende und lokale Manager unterstützten in einzelnen Fällen aktiv den Vertrieb an iranische Endkunden. Teilweise reisten SAP-Beschäftigte nach Iran, um Verkaufsgespräche zu führen.

Darüber hinaus versäumte es SAP, bei der Integration von US-basierten Cloud-Geschäftsbereichen nach Akquisitionen (CBGs) geeignete Compliance-Strukturen zu etablieren. Diese operierten weitgehend autonom, ohne funktionierende Sanktionskontrolle, trotz gegenteiliger Erkenntnisse aus der Due Diligence. Die zentralen Export-Compliance-Verantwortlichen in den USA meldeten ihre Bedenken mehrfach an das Headquarter in Deutschland, blieben jedoch ohne durchgreifende Unterstützung.

9.14.3 US-Nexus

Der US-Nexus war doppelt gegeben: Erstens durch die physische Bereitstellung der Software von US-Servern aus und zweitens durch die Aktivitäten von US-Tochtergesellschaften, die cloudbasierte Softwarelösungen an Kunden verkauften, deren Nutzer Zugang aus Iran erhielten. Zudem unterlag SAP mit seiner operativen Infrastruktur in den USA den vollen Regelungen der US-Sanktionsgesetzgebung.

9.14.4 Sanktionsprogramm

OFAC stellte Verstöße gegen die Iranian Transactions and Sanctions Regulations (ITSR), insbesondere § 560.204 und § 560.203, fest. Die Vorschriften untersagen sowohl die direkte als auch indirekte Lieferung von US-Gütern, -Technologien oder -Dienstleistungen an Iran, einschließlich solcher über Drittstaaten, sofern der Exporteur weiß oder Grund zu der Annahme hat, dass eine Lieferung an iranische Endnutzer erfolgt.

9.14.5 Strafzahlung und Faktoren

OFAC stufte den Fall als nicht gravierend („non-egregious") ein, erkannte jedoch die Selbstanzeige an. Die rechnerisch maximale Strafhöhe betrug über 56 Mio. US-Dollar. Die Basisstrafe lag bei 1.316.157 US-Dollar. Die Vergleichssumme wurde auf 2.132.174 US-Dollar festgelegt. Sie wurde durch höhere Zahlungen an das US-Justizministerium (DoJ) und das Bureau of Industry and Security (BIS) abgegolten, die parallel Untersuchungen durchführten.

Als erschwerend wurde gewertet, dass SAP über mehr als acht Jahre hinweg keine ausreichenden Maßnahmen zur Risikobegrenzung traf, obwohl interne Audits, Compliance-Beauftragte sowie Whistleblower wiederholt auf strukturelle Schwächen hinwiesen. Besonders kritisch fiel ins Gewicht, dass SAP die Cloud-Geschäftsbereiche nicht in die Compliance-Struktur integrierte und über Jahre hinweg Drittfirmen einsetzte, die SAP-Produkte gezielt an Iran weiterleiteten. SAP hatte damit nach Ansicht von OFAC konkrete Kenntnis oder zumindest grobe Fahrlässigkeit in Bezug auf die Endverwendung der gelieferten Produkte.

Mildernd wurde berücksichtigt, dass SAP nicht vorbelastet war, umfassend kooperierte, eigene Untersuchungen einleitete und zahlreiche Remedialmaßnahmen ergriff. Dazu gehörten unter anderem die Sperrung aller iranischer Nutzerzugänge, die Beendigung der Zusammenarbeit mit problematischen Vertriebspartnern, das vollständige IP-Adressenscreening, neue Vorgaben für Sanktions- und Exportkontrolle sowie personelle Konsequenzen gegen Mitarbeitende, die gegen interne Richtlinien verstoßen hatten.

9.14.6 Vereinbarungen zum Internal Compliance Program (ICP)

Im Rahmen des Verfahrens verpflichtete sich SAP zur dauerhaften Umsetzung eines risikobasierten, konzernweiten Exportkontroll- und Sanktions-Compliance-Programms. Kernbestandteile waren die Einführung eines globalen IP-Screenings mit Geo-Blocking, die vollständige Integration aller Cloud-Geschäftseinheiten in die zentrale Compliance-Struktur, sowie die Implementierung eines risikobasierten Partnerprüfsystems. Dazu gehörte ein automatisiertes Drittprüfungsverfahren, das externe Auditoren bei risikobehafteten Vertriebsbeziehungen einbindet. Zudem wurde die Compliance-Organisation personell und fachlich ausgebaut. Mindestens fünf Mitarbeitende wurden entlassen, mehr als sechs neue Fachkräfte mit Erfahrung im Sanktionsrecht eingestellt.

Darüber hinaus verpflichtete sich SAP zur jährlichen Überprüfung und Berichterstattung gegenüber OFAC. Das Compliance-Programm wurde als integraler Bestandteil der Konzernstrategie verankert, mit ausdrücklicher Unterstützung des Top-Managements und unter direkter Aufsicht des Aufsichtsrats.

9.15 Alfa Laval Middle East Ltd. (Maschinen- und Anlagenbau, Vereinigte Arabische Emirate)

9.15.1 Unternehmen und Branche

Alfa Laval Middle East Ltd. ist die regionale Tochtergesellschaft des schwedischen Industriekonzerns Alfa Laval AB für den Nahen Osten und Nordafrika. Das Unternehmen mit Sitz in Dubai bietet Produkte und Dienstleistungen in den Bereichen Wärmeübertragung, Separation und Fluidtechnik an – insbesondere für die Energie-, Umwelt-, Lebensmittel- und Schifffahrtsbranche. Die regionale Einheit ist zuständig für Vertrieb, Lieferung, Inbetriebnahme sowie technischen Support und Ersatzteilversorgung.

9.15.2 Sachverhalt

OFAC stellte fest, dass AL Middle East im Jahr 2016 direkt in eine Verschwörung involviert war, deren Ziel es war, US-amerikanische Ursprungsgüter entgegen den Iran-Sanktionen an einen iranischen Kunden zu liefern. Ausgangspunkt war eine

Produktanfrage der iranischen Firma Alborz Pakhsh Parnia Company an die US-Tochter AL Tank (Alfa Laval Inc.) in Pennsylvania. Die Anfrage wurde über interne Kanäle innerhalb der Alfa Laval-Gruppe an AL Middle East weitergeleitet, wo die Verantwortlichen – trotz Kenntnis der rechtlichen Risiken – die Transaktion weiterverfolgten.

AL Middle East arrangierte schließlich die Lieferung von Gamajet-Reinigungssystemen durch AL Tank in die Vereinigten Arabischen Emirate. Auf Anweisung von AL Middle East wurde ein in Dubai ansässiges Unternehmen als Scheinkunde in den Dokumenten angegeben, obwohl die Ware tatsächlich für Alborz im Iran bestimmt war. Der Versand erfolgte am 26. März 2016. Damit verursachte AL Middle East faktisch einen Verstoß von AL Tank, einem US-Unternehmen, gegen § 560.204 ITSR durch Export verbotener US-Ursprungsware nach Iran. Parallel beteiligte sich AL Middle East an der Organisation weiterer, ähnlich strukturierter Lieferungen, die aufgrund behördlicher Eingriffe jedoch nicht mehr zur Ausführung gelangten.

9.15.3 US-Nexus

Der US-Nexus ergab sich aus der aktiven Einbindung eines US-Unternehmens (AL Tank/AL U.S.) in einen Verstoß gegen das Iran-Sanktionsrecht. AL Middle East bewirkte als ausländische Partei, dass eine US-Person wissentlich oder unwissentlich eine verbotene Exporttransaktion auslöste. Dies erfüllt die Voraussetzungen eines Verstoßes gemäß § 560.203 ITSR (Verursachungstatbestand). Zudem kam es zur direkten Lieferung US-Ursprungsware an ein sanktioniertes Zielland.

9.15.4 Sanktionsprogramm

OFAC stellte Verstöße gegen die Iranian Transactions and Sanctions Regulations (ITSR) fest. Konkret betraf dies einen Verstoß gegen § 560.203(a) (Verursachung) und § 560.203(b) (konspiratives Handeln zur Umgehung). Daneben wurde § 560.204 verletzt, da durch AL Middle East der direkte Export von US-Ursprungsware an Iran veranlasst wurde. Die Verschwörung umfasste mehrere Unternehmen in Dubai und Iran und war über Monate hinweg aktiv organisiert.

9.15.5 Strafzahlung und Faktoren

OFAC stufte den Fall als nicht selbst offengelegt und gravierend („egregious“) ein. Die Gesamtsumme der erfassten Transaktionen belief sich auf 204.000 US-Dollar. Aufgrund des parallelen Vergleichs mit dem Bureau of Industry and Security (BIS) wurde eine Vergleichszahlung in Höhe von 415.695 US-Dollar vereinbart, wobei Zahlungen an BIS anteilig angerechnet wurden.

Als erschwerend bewertete OFAC vor allem das konspirative Verhalten der AL-Middle-East-Mitarbeitenden. Diese hatten nicht nur trotz interner Compliance-Hinweise – insbesondere eines Rundschreibens der Konzernrechtsabteilung vom Januar 2016 – an der Lieferung festgehalten, sondern aktiv daran mitgewirkt, die Transaktionen zu verschleiern. So wurde wissentlich ein falscher Endkunde angegeben und die Rolle des iranischen Empfängers verschleiert. OFAC stellte fest, dass die handelnden Personen bei AL Middle East und AL Iran über die US-Sanktionslage informiert waren und die Umgehung vorsätzlich betrieben.

Mildernd wirkte, dass AL U.S. eine interne Untersuchung durchführte, mit den US-Behörden kooperierte, die betreffenden Mitarbeitenden entließ und umfangreiche Aufklärungsmaßnahmen einleitete. Die Verantwortlichen bei AL Middle East verloren ihre Anstellung. Zudem erklärte sich das Unternehmen bereit, umfangreiche Compliance-Verpflichtungen umzusetzen.

9.15.6 Vereinbarungen zum Internal Compliance Program (ICP)

Im Rahmen des Vergleichs verpflichtete sich AL Middle East zur Einführung und dauerhaften Umsetzung eines umfassenden Sanktions-Compliance-Programms, das für mindestens fünf Jahre Bestand haben soll. Dazu gehören:

Die ausdrückliche Zustimmung und aktive Unterstützung durch das obere Management einschließlich der Geschäftsführung und des Verwaltungsrats. Compliance-Einheiten sollen über ausreichende Unabhängigkeit, Ressourcen und Autorität verfügen.

Die Durchführung regelmäßiger Risikoanalysen, insbesondere mit Blick auf Kunden, Lieferketten, Transaktionen und Regionen mit erhöhtem Sanktionsrisiko. Die Methodik zur Risikobewertung wurde institutionalisiert und an Auditergebnisse angepasst.

Die Implementierung schriftlich dokumentierter interner Kontrollen, die das Tagesgeschäft und kritische Geschäftsprozesse vollständig erfassen. Dazu zählen auch spezifische Maßnahmen zur Identifikation, Eskalation und Meldung von sanktionsrelevanten Aktivitäten sowie automatisierte IT-Lösungen zur Transaktionsüberwachung.

Die Einrichtung eines unabhängigen Audit- und Testsystems, das regelmäßig die Wirksamkeit des Compliance-Systems prüft und bei Schwachstellen unverzüglich kompensierende Maßnahmen ergreift.

Ein jährliches Schulungsprogramm für alle relevanten Mitarbeitenden und externe Partner, abgestimmt auf die jeweilige Risikoprofilierung. Ergänzend dazu wurden vertiefte Präsenztrainings zur Exportkontrollrichtlinie des Mutterkonzerns vereinbart.

Zusätzlich wurde eine verpflichtende interne Zertifizierung durch die Unternehmensleitung eingeführt, die OFAC jährlich bestätigt, dass das Compliance-System aufrechterhalten und fortentwickelt wird.

9.16 Bank of China (UK) Limited (Bankwesen, Vereinigtes Königreich)

9.16.1 Unternehmen und Branche

Die Bank of China (UK) Limited (BOC UK) ist eine im Vereinigten Königreich ansässige Tochtergesellschaft der chinesischen Großbank Bank of China. Die Londoner Niederlassung ist in den internationalen Zahlungsverkehr eingebunden und führt regelmäßig Transaktionen über das US-Finanzsystem durch. Als kommerziell erfahrenes Institut mit globaler Präsenz zählt BOC UK zu den etablierten Akteuren im grenzüberschreitenden Bankgeschäft.

9.16.2 Sachverhalt

Im Zeitraum vom 4. September 2014 bis zum 24. Februar 2016 führte BOC UK insgesamt 111 Transaktionen im Gesamtwert von rund 40,6 Mio. US-Dollar über das US-Finanzsystem durch, die in direktem oder indirektem Zusammenhang mit Parteien in Sudan standen. Damit exportierte das Institut Finanzdienstleistungen aus den Vereinigten Staaten, obwohl Sudan zu diesem Zeitpunkt umfassend sanktioniert war. Die Zahlungen wurden zugunsten zweier Kunden abgewickelt, deren Verbindungen zum Sudan aus den Unterlagen zur Kontoführung und aus interner Kommunikation hervorgingen.

Einer der Kunden war eine Gesellschaft mit Sitz außerhalb des Sudan, die jedoch eine operative Niederlassung in Sudan unterhielt. Diese Niederlassung war ab 2014 als Anweisungsbefugte und Unterzeichnerin für Transaktionen aufgetreten. In den schriftlichen Kommunikationsunterlagen dieses Kunden wurde wiederholt auf den sudanesischen Standort Bezug genommen. Ein zweiter Kunde war eine Tochtergesellschaft eines außerhalb des Sudan gegründeten Unternehmens, deren Sitz in Sudan ausdrücklich in den KYC-Unterlagen angegeben war.

Trotz dieser erkennbaren Verbindungen enthielten die internen Kundenstammdaten von BOC UK keinerlei Hinweise auf Sudan – weder im Namen noch in den Adressfeldern. Infolgedessen wurden auch die entsprechenden SWIFT-Zahlungsnachrichten, die über US-Korrespondenzbanken abgewickelt wurden, ohne Hinweise auf Sudan erstellt. Die relevanten US-Finanzinstitute konnten dadurch nicht erkennen, dass die Transaktionen einen Sanktionsbezug aufwiesen. Erst eine interne Untersuchung, ausgelöst durch eine Transaktionsanfrage eines sudanesischen Kunden, führte zur systematischen Nachprüfung und zur freiwilligen Offenlegung gegenüber OFAC.

9.16.3 US-Nexus

Der US-Nexus ergibt sich aus der Verarbeitung von USD-Transaktionen über US-Korrespondenzbanken. Dadurch exportierte BOC UK faktisch Finanzdienstleistungen aus den Vereinigten Staaten an sanktionierte Parteien, auch wenn diese sich nicht in den USA befanden. Aufgrund der unvollständigen Daten in den SWIFT-Nachrichten konnten US-Banken die Beteiligung sudanesischer Stellen nicht erkennen. Diese Konstellation begründet einen sanktionsrechtlich relevanten Verstoß.

9.16.4 Sanktionsprogramm

OFAC stellte Verstöße gegen § 538.205 der Sudanese Sanctions Regulations (SSR) fest. Diese Regelungen untersagten bis zur Aufhebung des Programms am 12. Oktober 2017 die unmittelbare und mittelbare Bereitstellung von Finanzdienstleistungen an Sudan. Die Aufhebung der Sanktionen hatte keine rückwirkende Wirkung auf Verstöße, die sich vor diesem Stichtag ereigneten.

9.16.5 Strafzahlung und Faktoren

OFAC bewertete das Verfahren als nicht gravierend („non-egregious") und freiwillig selbst offengelegt. Die maximal zulässige zivilrechtliche Strafhöhe belief sich auf 99.411.550 US-Dollar. Nach Anwendung der Enforcement Guidelines wurde ein Basiswert von 4.314.799 US-Dollar ermittelt. Die finale Vergleichssumme wurde auf 2.329.991 US-Dollar festgelegt.

Als erschwerend wurde festgestellt, dass BOC UK über mehr als anderthalb Jahre hinweg Zahlungen mit klaren Verbindungen zu sudanesischen Parteien über das US-Finanzsystem abwickelte. Obwohl interne Unterlagen auf die sudanesische Präsenz hinwiesen, unterließ es das Institut, diese Informationen in den relevanten IT-Systemen zu erfassen oder die Sanktionsrelevanz der Transaktionen zu prüfen. In Teilen war dem involvierten Personal die Verbindung zum Sudan bekannt. OFAC warf dem Institut vor, bestehende interne Vorgaben nicht umgesetzt und damit eine „reckless disregard" gegenüber US-Sanktionsrecht gezeigt zu haben. Darüber hinaus profitierte Sudan wirtschaftlich in Höhe von über 40 Mio. US-Dollar von den Zahlungen, was als erheblicher Verstoß gewertet wurde.

Mildernd wurde berücksichtigt, dass BOC UK in den fünf Jahren vor dem frühesten Verstoß keine negativen Vorkommnisse im Zusammenhang mit OFAC aufwies. Zudem hatte das Institut den Verstoß selbst erkannt, eine umfassende interne Untersuchung durchgeführt, freiwillig gegenüber OFAC offengelegt und eine Vereinbarung zur Verlängerung der Verjährungsfrist („tolling agreement") abgeschlossen.

9.16.6 Vereinbarungen zum Internal Compliance Program (ICP)

Nach Aufdeckung der Verstöße implementierte BOC UK ein umfassendes Maßnahmenpaket zur Stärkung der Sanktions-Compliance. Ein zentrales Element war die Einrichtung eines Compliance-Komitees auf Leitungsebene mit direkter Berichterstattung an den Verwaltungsrat. Es wurde eine jährliche, geschäftsfeldspezifische Risikoanalyse eingeführt, die externe Prüfer und interne Auditteams einbezieht.

Darüber hinaus wurde eine zentralisierte Funktion zur Kundenprüfung eingerichtet, um die Qualität der KYC-Daten zu erhöhen und konsistent über alle

Standorte zu steuern. Die Mitarbeiterschulungen wurden nach Erfahrung, Position und Geschäftsbereich differenziert und verpflichtend eingeführt. Schließlich wurden die internen Richtlinien und Abläufe umfassend überarbeitet, um die Relevanz und Anwendung der US-Sanktionsvorschriften bei Transaktionen über das US-Finanzsystem verbindlich zu verankern.

9.17 First Bank S.A./JC Flowers & Co. (Bankwesen, Rumänien/USA)

9.17.1 Unternehmen und Branche

First Bank S.A. ist ein rumänisches Finanzinstitut mit Schwerpunkt im Privat- und Geschäftskundensegment. Im Jahr 2018 übernahm das US-amerikanische Private-Equity-Unternehmen JC Flowers & Co. die Mehrheitsbeteiligung an First Bank. Durch diese Übernahme wurde First Bank eine ausländische Tochtergesellschaft eines US-Persons im Sinne der US-Sanktionsvorschriften, wodurch bestimmte Vorschriften der Iranian Transactions and Sanctions Regulations (ITSR) auch außerhalb der Vereinigten Staaten Anwendung fanden.

9.17.2 Sachverhalt

OFAC ermittelte, dass First Bank in den Jahren 2016 bis 2019 insgesamt 98 Zahlungen mit Sanktionsbezug in einem Gesamtvolumen von 3.589.189 US-Dollar durch das US-Finanzsystem oder unter Beteiligung von US-Personen verarbeitete. Die Verstöße lassen sich in drei Kategorien einteilen: Erstens wurden zwischen März 2016 und Dezember 2018 insgesamt 34 Transaktionen mit einem Volumen von rund 991.000 US-Dollar im Zusammenhang mit Kunden mit Iran-Bezug über US-Banken ausgeführt. Zweitens führte First Bank zwischen Juli 2016 und Dezember 2018 weitere 36 Transaktionen im Gesamtwert von 1.061.000 US-Dollar durch, bei denen aus den Handelspapieren klar hervorging, dass die Empfänger in Syrien ansässig waren. Drittens – und besonders kritisch – verarbeitete First Bank zwischen Oktober 2018 und März 2019 nach der Übernahme durch JC Flowers 28 €-Zahlungen in Höhe von rund 1,54 Mio. US-Dollar an iranische Parteien, obwohl das Unternehmen ab diesem Zeitpunkt als US-Person galt und somit dem vollständigen Geltungsbereich der US-Sanktionsregeln unterlag.

Ausschlaggebend für die Aufarbeitung war eine interne Prüfung, die auf Anregung der rumänischen Aufsichtsbehörde (National Bank of Romania) im März 2019 eingeleitet wurde. Diese hatte zuvor eine Transaktion mit Syrien-Bezug auffällig gefunden. Im Zuge der folgenden Selbstanzeige legte First Bank gegenüber OFAC die vollständige Transaktionshistorie offen.

9.17.3 US-Nexus

Die Nutzung von US-Banken für USD-Transaktionen sowie die Einordnung als ausländische Tochtergesellschaft einer US-Person ab Juni 2018 begründeten in allen drei Fallgruppen einen eindeutigen US-Nexus. In den ersten beiden Fallgruppen exportierte First Bank mittelbar Finanzdienstleistungen über US-Banken an sanktionierte Länder. In der dritten Fallgruppe verarbeitete das Unternehmen als juristisch den USA zugeordnete Person Transaktionen mit Iran-Bezug, was nach § 560.215 ITSR untersagt ist – auch wenn die Zahlungen außerhalb der USA stattfanden.

9.17.4 Sanktionsprogramm

Die Verstöße bezogen sich auf die Iranian Transactions and Sanctions Regulations (ITSR) (§§ 560.203, 560.204 und 560.215) sowie auf die Syrian Sanctions Regulations (SySR) (§§ 542.205 und 542.207). In allen Fällen wurden durch die Transaktionen entweder US-Finanzdienstleister in Sanktionsverstöße eingebunden oder es erfolgte ein direkter Verstoß durch eine dem US-Recht unterliegende ausländische Tochtergesellschaft.

9.17.5 Strafzahlung und Faktoren

OFAC bewertete das Verfahren als nicht gravierend („non-egregious“) und freiwillig selbst offengelegt. Die theoretische Höchststrafe belief sich auf über 31 Mio. US-Dollar, der auf Basis der Enforcement Guidelines berechnete Strafrahmen lag bei 1.742.056 US-Dollar. Die tatsächlich vereinbarte Vergleichssumme betrug 862.318 US-Dollar.

Als erschwerend wurde bewertet, dass First Bank über einen längeren Zeitraum hinweg keine ausreichenden internen Kontrollsysteme implementierte, obwohl

Transaktionsdokumente mehrfach klare Hinweise auf den Iran oder Syrien enthielten. Das Unternehmen versäumte es, Transaktionen mit Sanktionsbezug an die zuständigen Stellen zu eskalieren. Nach der Übernahme durch JC Flowers hätte First Bank zusätzlich erkennen müssen, dass es sich durch den Eigentümerwechsel nunmehr um eine US-Person handelte und auch Zahlungen außerhalb des US-Finanzsystems den ITSR unterlagen. OFAC sah hierin einen fahrlässigen Verstoß mit erheblicher Außenwirkung, da insgesamt über 3,5 Mio. US-Dollar an wirtschaftlichem Nutzen an sanktionierte Parteien floss.

Mildernd wirkte insbesondere die vollständige Kooperation mit OFAC, einschließlich einer rückwirkenden Fristverlängerung durch Abschluss eines tolling agreement. Zudem lag in den fünf Jahren vor dem ersten Verstoß kein anderes Verfahren gegen First Bank oder JC Flowers vor. Das Unternehmen leitete zahlreiche Abhilfemaßnahmen ein, darunter die Beendigung der betroffenen Kundenbeziehungen, die Einführung eines neuen globalen Sanktionsregelwerks, die Verbesserung der Sanktions-Screening-Tools sowie eine Verdopplung des Compliance-Personals.

9.17.6 Vereinbarungen zum Internal Compliance Program (ICP)

Im Rahmen des Vergleichs verpflichtete sich First Bank zur Fortführung und Weiterentwicklung eines umfassenden Sanktions-Compliance-Programms. Konkret wurden ein überarbeitetes Screening-System eingeführt, alle Kundenverbindungen mit Bezug zu den beanstandeten Transaktionen beendet sowie neue Verfahren zur Transaktionsanalyse implementiert. Die Bank etablierte erweiterte Sorgfaltspflichten zur Erkennung von Hochrisikoländern, insbesondere im Zusammenhang mit Zahlungen über das US-Finanzsystem und solchen, die durch US-beteiligte Eigentumsverhältnisse zusätzlich sanktionspflichtig werden können.

Zudem wurden interne Weisungen zur Anwendung des US-Sanktionsrechts überarbeitet, die Mitarbeitenden in spezialisierten Schulungen unterwiesen und eine neue globale Sanktionsrichtlinie vom Aufsichtsrat genehmigt. Die Compliance-Abteilung wurde personell und fachlich gestärkt. First Bank sagte verbindlich zu, alle vereinbarten Maßnahmen dauerhaft umzusetzen und fortlaufend an regulatorische Änderungen anzupassen.

9.18 Mashreqbank psc (Bankwesen, Vereinigte Arabische Emirate)

9.18.1 Unternehmen und Branche

Mashreqbank psc ist ein kommerzielles Finanzinstitut mit Hauptsitz in den Vereinigten Arabischen Emiraten. Es handelt sich um eine der ältesten und größten Banken der Region. Neben der Hauptniederlassung in Dubai unterhält die Bank internationale Standorte, unter anderem in London und New York. Im Mittelpunkt dieses Falles steht die Londoner Niederlassung von Mashreq, die eine wesentliche Rolle bei der Abwicklung internationaler Zahlungsströme spielt.

9.18.2 Sachverhalt

Zwischen dem 4. Januar 2005 und dem 6. Februar 2009 verarbeitete Mashreq London insgesamt 1760 US-Dollar-Zahlungen über das US-Finanzsystem, die sich auf Konten sudanesischer Banken bezogen. Diese Konten befanden sich außerhalb der Vereinigten Staaten, waren jedoch wirtschaftlich sudanesischen Finanzinstituten zuzurechnen. Unter den damals gültigen Standards des SWIFT-Formats für MT202-Zahlungsnachrichten war das Feld zur Angabe des ursprünglichen Absenders optional. Mashreq London ließ dieses Feld regelmäßig leer. Gleichzeitig wurde im verpflichtenden Feld für die Empfängerbank jeweils ein nicht-sudanesisches Institut angegeben.

Diese Konfiguration führte dazu, dass US-Korrespondenzbanken, die die Transaktionen abwickelten, nicht erkennen konnten, dass die Zahlungen aus dem Sudan stammten bzw. für sudanesische Parteien bestimmt waren. Damit wurden über mehrere Jahre hinweg US-Finanzinstitute unbewusst in Zahlungen eingebunden, die gegen die damaligen Sudanese Sanctions Regulations (SSR) verstießen. OFAC stellte fest, dass Mashreqbank durch dieses Verhalten eine faktische Umgehung des US-Sanktionsrechts ermöglichte, auch wenn kein direkter Zahlungsverkehr mit Sudankonten innerhalb der USA bestand.

9.18.3 US-Nexus

Die maßgebliche Verbindung zur US-Rechtsordnung bestand in der Nutzung des US-Finanzsystems zur Abwicklung von Zahlungen in US-Dollar. Die Transaktionen wurden durch US-Korrespondenzbanken ermöglicht, die aufgrund der unvollständigen Datenstruktur der Zahlungsnachrichten nicht erkennen konnten, dass eine sanktionierte Partei involviert war. Dies stellt nach den Maßstäben der OFAC einen verbotenen Export von Finanzdienstleistungen an ein umfassend sanktioniertes Land dar.

9.18.4 Sanktionsprogramm

Die Verstöße fielen unter die bis zum 12. Oktober 2017 geltenden Sudanese Sanctions Regulations (31 C.F.R. Part 538). Obwohl das Sanktionsprogramm inzwischen aufgehoben wurde und OFAC die SSR im Juni 2018 aus dem Code of Federal Regulations entfernte, bleiben Verstöße, die sich vor der Aufhebung ereigneten, sanktionsrechtlich relevant. OFAC machte ausdrücklich geltend, dass Verstöße gegen die damals geltenden Regelungen auch nachträglich geahndet werden können.

9.18.5 Strafzahlung und Faktoren

OFAC entschied sich gegen die Verhängung einer Geldbuße und stellte stattdessen ein „Finding of Violation" (FOV) fest. Diese Entscheidung beruhte auf mehreren Faktoren.

Als erschwerend wertete OFAC, dass Mashreq über einen Zeitraum von vier Jahren fast 1800 Zahlungen mit Sanktionen kollidierenden Bezug ausführte. Die Transaktionen betrafen überdies das sudanesische Finanzsystem in einer Zeit weitreichender Embargos und politischer Isolation. Die Bank verhielt sich nach Ansicht von OFAC fahrlässig, da sie trotz interner Standards keine Mechanismen implementierte, die die automatische Offenlegung der Ursprungseinrichtung in den Zahlungsnachrichten sicherstellten. Zudem verfügten Führungskräfte der Londoner Niederlassung über tatsächliche Kenntnis der Zahlungsstrukturen und ihrer Sanktionsrelevanz. Die internen Kontrollsysteme wurden als unzureichend bewertet, um Sanktionsverstöße effektiv zu verhindern.

Mildernd wirkte, dass Mashreqbank über den gesamten Verlauf der Ermittlungen umfassend kooperierte. Die Bank unterzeichnete freiwillig ein rückwirkendes „statute of limitations waiver" und verzichtete damit auf die Berufung auf Verjährung – obwohl alle Verstöße außerhalb der üblichen fünfjährigen Verjährungsfrist lagen. Zudem stellte Mashreq umfangreiche Dokumentationen bereit und verlängerte das Verjährungsverzichtsabkommen mehrfach. Das Unternehmen war vor dem Verstoßzeitraum nicht negativ bei OFAC aufgefallen.

Von Bedeutung war auch, dass Mashreq bereits lange vor Einleitung des Verfahrens weitreichende Compliance-Maßnahmen eingeleitet hatte. Die betroffenen USD-Konten sudanesischer Banken wurden im Januar 2009 geschlossen. Bereits 2008 zentralisierte die Bank ihre Compliance-Funktion und implementierte eine risikobasierte Kundenbewertung. Ab 2008 wurde konzernweit die Pflicht eingeführt, Ursprung und Absender in allen Zahlungstransaktionen auszuweisen. Ab 2011 erfolgte die Umstellung auf automatisiertes Screening, ab 2013 wurden USD-Zahlungen ausschließlich über die Vereinigten Staaten abgewickelt. In den Folgejahren investierte Mashreq über 122 Mio. US-Dollar in den Ausbau des Compliance-Programms, unter anderem durch neue Systeme, externe Berater und die Einstellung zusätzlichen Personals.

9.18.6 Vereinbarungen zum Internal Compliance Program (ICP)

Mashreq verpflichtete sich im Rahmen der Einigung zur Aufrechterhaltung und weiteren Verbesserung seines konzernweiten Sanktions-Compliance-Programms. Zu den wesentlichen Maßnahmen gehörten die Einführung eines risikobasierten Systems zur Kundenbewertung, die verpflichtende Einbindung von Herkunfts- und Absenderdaten in sämtliche Transaktionsnachrichten, die vollständige Zentralisierung der Compliance-Funktion am Hauptsitz in Dubai sowie die Umstellung auf automatisierte Screening-Verfahren. Zudem wurden sämtliche USD-Konten sanktionierter Banken geschlossen, und für alle Zahlungen in US-Dollar wurde ein zentraler Zahlungsweg über das US-Finanzsystem eingeführt. Ergänzt wurden diese Maßnahmen durch regelmäßige Risikoanalysen, eine umfassende juristische Prüfung der OFAC-Risiken und Investitionen in Höhe von über 120 Mio. US-Dollar. Auch in Zukunft plant Mashreq erhebliche Investitionen in die Weiterentwicklung seiner Sanktionskontrolle und -überwachung.

9.19 Sojitz (Hong Kong) Ltd. (Handelsfinanzierung, Hongkong)

9.19.1 Unternehmen und Branche

Sojitz (Hong Kong) Ltd. ist eine in Hongkong ansässige Tochtergesellschaft der japanischen Sojitz Corporation. Das Unternehmen ist spezialisiert auf internationale Handelsfinanzierung, insbesondere auf Offshore-Handelsgeschäfte im asiatisch-pazifischen Raum. Als global vernetzter Akteur verfügt Sojitz HK über umfassende Erfahrung im Umgang mit länderübergreifenden Waren- und Finanztransaktionen.

9.19.2 Sachverhalt

Zwischen August 2016 und Mai 2018 erwarb Sojitz HK im Rahmen eines Handelsmodells rund 64.000 t hochdichtes Polyethylenharz (HDPE) iranischen Ursprungs über einen thailändischen Lieferanten und veräußerte diese Ware an Kunden in der Volksrepublik China. Die Bezahlung der Lieferungen erfolgte jeweils in US-Dollar von einem Bankkonto in Hongkong an Bankverbindungen des thailändischen Lieferanten. Dabei wurden insgesamt 60 Zahlungen mit einem Gesamtvolumen von mehr als 75,6 Mio. US-Dollar abgewickelt. Diese Transaktionen wurden über US-Korrespondenzbanken abgewickelt, ohne dass die US-Finanzinstitute Kenntnis von der iranischen Herkunft der Ware hatten.

Entscheidend war, dass mehrere Mitarbeitende von Sojitz HK – darunter auch eine Führungskraft auf mittlerer Ebene – trotz interner Warnungen vorsätzlich handelten. Die betroffenen Personen waren ausdrücklich und wiederholt von der Compliance-Abteilung und dem Handelsrechtsbereich des Mutterkonzerns darauf hingewiesen worden, dass keine Zahlungen in Verbindung mit Iran-Geschäften über das US-Finanzsystem vorgenommen werden dürften. Um diese Anweisung zu umgehen, unterließen sie bewusst jeglichen Hinweis auf die iranische Herkunft der Ware in den Transaktionsunterlagen. Sie wiesen darüber hinaus den thailändischen Lieferanten an, in den Transportdokumenten keine Hinweise auf Iran aufzunehmen, insbesondere nicht auf den Bills of Lading. Im Rahmen interner Prüfprozesse verschleierten die betroffenen Mitarbeitenden die Herkunft der Ware gegenüber der Geschäftsleitung und dem Compliance-Bereich, indem sie wahrheitswidrig behaupteten, das HDPE sei in Thailand produziert worden.

Weder das Management von Sojitz HK noch die Konzernleitung in Japan war über den tatsächlichen Ursprung der Ware informiert. Diese Täuschung verhinderte die frühzeitige Aufdeckung des Verstoßes. Nach interner Aufarbeitung meldete Sojitz HK die Vorfälle freiwillig an OFAC.

9.19.3 US-Nexus

Die maßgebliche Verbindung zur Zuständigkeit der OFAC ergibt sich aus der Abwicklung der Zahlungen in US-Dollar über das US-Finanzsystem. Jede einzelne der 60 Transaktionen wurde über Korrespondenzbanken in den Vereinigten Staaten verarbeitet. Dadurch wurden US-Finanzinstitute unwissentlich in Geschäfte mit Bezug zu iranischer Herkunft eingebunden, was eine mittelbare Sanktionsverletzung darstellt. Der bewusste Ausschluss der Länderherkunft in den Zahlungs- und Transportunterlagen hatte zur Folge, dass die US-Banken keine Möglichkeit hatten, die Transaktionen abzulehnen oder zu melden.

9.19.4 Sanktionsprogramm

OFAC stellte Verstöße gegen mehrere Vorschriften der Iranian Transactions and Sanctions Regulations (ITSR) fest. Nach Auffassung der Behörde stellte das Verhalten einen Verstoß gegen § 560.203 ITSR dar, indem Sojitz HK durch sein Verhalten bewirkte, dass US-Finanzinstitute ihrerseits gegen § 560.206 (Verbotene Finanztransaktionen im Zusammenhang mit iranischen Waren) und § 560.208 (Verbot der Erleichterung solcher Transaktionen durch Nicht-US-Personen) verstießen.

9.19.5 Strafzahlung und Faktoren

OFAC stufte den Fall als nicht gravierend („non-egregious") ein und erkannte an, dass die Verstöße freiwillig selbst offengelegt wurden. Die rechnerische Höchststrafe belief sich auf über 151 Mio. US-Dollar. Nach Anwendung der Economic Sanctions Enforcement Guidelines wurde die Basisstrafe auf rund 8,7 Mio. US-Dollar festgesetzt. Die vereinbarte Vergleichssumme betrug 5.228.298 US-Dollar.

Als erschwerend wertete OFAC insbesondere das vorsätzliche Verhalten der nicht-compliance-konformen Mitarbeitenden, die über einen Zeitraum von zwei Jahren systematisch Informationen über den Iran-Bezug der Ware verschleierten. Dabei handelte es sich nicht um bloße Nachlässigkeit, sondern um aktives, täuschendes Verhalten entgegen klaren internen Weisungen. Ein weiterer belastender

Faktor war, dass durch das Handelsgeschäft erhebliche wirtschaftliche Vorteile an Iran flossen, wodurch ein zentraler Bereich der iranischen Außenwirtschaft – der petrochemische Sektor – gestärkt wurde. OFAC stellte außerdem fest, dass Sojitz HK ein hoch entwickeltes Unternehmen mit Zugang zu umfassender Sanktionskompetenz war und daher erhöhte Sorgfaltsstandards zu erwarten gewesen wären.

Mildernd wirkte, dass die Geschäftsleitung sowie die Compliance-Abteilung von Sojitz HK und der Konzernmutter Sojitz Corporation in Japan nicht über die wahre Herkunft der Ware informiert waren. Darüber hinaus war Sojitz HK in den fünf Jahren vor den Verstößen nicht durch OFAC sanktioniert worden. Das Unternehmen meldete den Vorfall proaktiv und kooperierte in vollem Umfang mit OFAC. Die Zusammenarbeit war geordnet, nachvollziehbar dokumentiert und umfasste eine umfassende interne Untersuchung.

Sojitz HK ergriff nach Aufdeckung des Sachverhalts umfangreiche Abhilfemaßnahmen. Die verantwortlichen Mitarbeitenden wurden entlassen. Das Sanktionsscreening wurde neu konzipiert und zur Pflicht für alle Geschäftspartner in Transaktionen mit hohem Risiko erklärt. Zudem wurde die Compliance-Abteilung organisatorisch gestärkt und dem Rechtsbereich unterstellt. Es wurden neue Fachkräfte mit Sanktionskompetenz eingestellt, um die Wirksamkeit der Kontrollen sicherzustellen.

9.19.6 Vereinbarungen zum Internal Compliance Program (ICP)

Im Rahmen der Einigung mit OFAC verpflichtete sich Sojitz HK zur vollständigen Neuausrichtung und Verstärkung seines Sanktions-Compliance-Programms. Zentrale Maßnahme war die Einführung eines obligatorischen Screenings sämtlicher Geschäftspartner in allen Handelsgeschäften. Darüber hinaus wurde die organisatorische Struktur verändert, indem die Sanktions-Compliance-Einheit künftig innerhalb der Rechtsabteilung angesiedelt wurde. Damit wurde ihre Unabhängigkeit gestärkt und der Zugang zu juristischer Expertise verbessert. Zusätzlich wurden neue Compliance-Spezialisten eingestellt, um die qualitative Leistungsfähigkeit der Einheit zu erhöhen.

Ein weiterer Bestandteil der Maßnahmen war die verbindliche Protokollierung aller Transaktionsdaten, einschließlich der Herkunftsländer von Waren. Sojitz HK stellte sicher, dass in Zukunft keine Herkunftsangaben in Transaktionsunterlagen ausgelassen werden dürfen. Die Möglichkeit einzelner Mitarbeitender, sanktionsrelevante Angaben zu verschleiern oder zu manipulieren, wurde durch mehrstufige Kontrollprozesse und Genehmigungsmechanismen eingeschränkt.

Die Maßnahmen zielten darauf ab, die Integrität des internen Kontrollsystems zu sichern, das Risiko individualisierter Umgehung zu minimieren und ein dauerhaft belastbares Sanktions-Compliance-System zu etablieren.

9.20 Toll Holdings Ltd. (Logistikdienstleistungen, Australien)

9.20.1 Unternehmen und Branche

Toll Holdings Ltd. ist ein international tätiges Logistik- und Speditionsunternehmen mit Sitz in Melbourne, Australien. Das Unternehmen betreibt Luft-, See- und Landtransporte für eine Vielzahl von Industriekunden weltweit. Zwischen 2007 und 2017 expandierte Toll erheblich durch die Übernahme zahlreicher regionaler Frachtunternehmen, wodurch sich die Komplexität der operativen und administrativen Strukturen deutlich erhöhte.

9.20.2 Sachverhalt

Zwischen Januar 2013 und Februar 2019 führte Toll insgesamt 2958 Zahlungen durch oder veranlasste deren Eingang im Zusammenhang mit Seefracht-, Luftfracht- oder Schienentransporten, die mit Nordkorea, Iran oder Syrien in Verbindung standen oder Eigentum beziehungsweise Vermögensinteressen gelisteter Personen betrafen. Der Gesamtwert der Zahlungen betrug etwa 48,4 Mio. US-Dollar. Die Transaktionen wurden über mindestens vier US-Finanzinstitute oder deren ausländische Zweigstellen abgewickelt.

Von den Zahlungen entfielen 424 Transaktionen auf zwei gelistete Unternehmen: Mahan Air (nach Executive Order 13224) und Hafiz Darya Shipping Lines (nach Executive Order 13882). Die übrigen 2534 Zahlungen betrafen den Transport von oder nach Nordkorea, Iran oder Syrien oder die Durchleitung über diese Länder. Die Zahlungen wurden mehrheitlich durch Toll-Niederlassungen oder verbundene Unternehmen in Asien, Europa, dem Nahen Osten und Nordamerika initiiert oder empfangen.

Trotz der bestehenden Konzernrichtlinie zur Einhaltung von Sanktionsrecht verfügte Toll nicht über ein funktionierendes Kontrollsystem zur Verhinderung von Verstößen im Zahlungsverkehr mit Bezug zu sanktionierten Ländern oder Personen. Die internen Ressourcen im Bereich Compliance wuchsen nicht in dem Maße mit wie die Konzernstruktur. So existierten bis 2017 über 600 voneinander unabhängige Systeme zur Rechnungsstellung, Datenverwaltung und Zahlungsabwicklung.

Im Mai 2015 blockierte eine US-Bank die Verwendung eines US-Dollar-Kontos durch eine Toll-Tochter aufgrund einer Syrien-bezogenen Zahlung. Im Anschluss wies ein Mitarbeiter der Konzern-Treasury-Abteilung in Melbourne per E-Mail die Mitarbeitenden in den Vereinigten Arabischen Emiraten und in Südkorea an, künftig keine Länderkürzel oder Herkunftsangaben mehr auf Rechnungen zu vermerken, um Probleme im Zahlungsverkehr zu vermeiden. Obwohl eine Konzernführungskraft im Juli 2015 nochmals auf die Einhaltung der Sanktionsvorgaben hinwies, blieb die Umsetzung in der Praxis lückenhaft. Erst im Juni 2016, nach erneuten Warnungen durch die US-Bank und unter Androhung der Kündigung der Bankverbindung, gab Toll formell die Zusage ab, keine Geschäfte mit sanktionierten Ländern mehr zu tätigen.

In der Praxis setzte Toll jedoch bis Februar 2017 weiterhin Zahlungen mit Bezug zu Nordkorea, Iran und Syrien über das US-Finanzsystem um. Erst zu diesem Zeitpunkt wurden sogenannte „hard controls" eingeführt, durch die in der Logistiksoftware sämtliche Länder- und Ortscodes für sanktionierte Staaten deaktiviert wurden. 2853 der 2958 festgestellten Verstöße ereigneten sich vor der Einführung dieser technischen Sperren. Im Anschluss beauftragte Toll eine externe Wirtschaftsprüfungsgesellschaft mit einer forensischen Untersuchung und informierte OFAC in Form einer freiwilligen Selbstanzeige.

9.20.3 US-Nexus

Die maßgebliche Verbindung zum US-Sanktionsrecht ergab sich durch die Nutzung des US-Finanzsystems. Zahlungen in US-Dollar wurden über US-Korrespondenzbanken oder US-Banken mit Auslandstöchtern abgewickelt. Damit exportierte Toll mittelbar Finanzdienstleistungen an sanktionierte Länder oder im Zusammenhang mit gelisteten Personen, was eine direkte Anwendung der US-Sanktionsvorschriften begründete.

9.20.4 Sanktionsprogramm

OFAC stellte Verstöße gegen eine Vielzahl von Sanktionsregelungen fest: § 510.212 der North Korea Sanctions Regulations (NKSR), § 542.205 der Syrian Sanctions Regulations (SSR), § 560.203 der Iranian Transactions and Sanctions Regulations

(ITSR), § 544.201 der Weapons of Mass Destruction Proliferators Sanctions Regulations (WMDPSR) sowie § 594.201 der Global Terrorism Sanctions Regulations (GTSR). Diese Vorschriften untersagen unter anderem jegliche Einbindung von US-Personen oder US-Finanzinfrastruktur in Transaktionen mit sanktionierten Ländern oder gelisteten Personen.

9.20.5 Strafzahlung und Faktoren

OFAC stufte das Verhalten von Toll als nicht gravierend („non-egregious") ein und erkannte die freiwillige Selbstanzeige an. Die rechnerisch maximale zivilrechtliche Strafhöhe belief sich auf 826 Mio. US-Dollar. Die Basissumme nach den Enforcement Guidelines betrug rund 15,3 Mio. US-Dollar. Die tatsächlich vereinbarte Vergleichszahlung wurde auf 6.131.855 US-Dollar festgesetzt.

Als erschwerend wurde gewertet, dass Toll über einen Zeitraum von sechs Jahren in nahezu 3000 Fällen Zahlungen mit Sanktionsbezug über das US-Finanzsystem abwickelte, obwohl konzerninterne Compliance-Richtlinien existierten. Die internen Hinweise und Warnungen einer US-Bank ab 2015 wurden nicht in ausreichendem Maß berücksichtigt. Auch wurde festgestellt, dass Mitarbeiter des Unternehmens in Kenntnis der Risiken aktiv angewiesen wurden, kritische Länderangaben nicht mehr auf Rechnungen zu vermerken. Ein signifikanter Teil der Verstöße – etwa 14 % – betraf gelistete Personen oder Organisationen im Zusammenhang mit Terrorismus oder Proliferation von Massenvernichtungswaffen. OFAC stellte zudem fest, dass Toll ein international bedeutendes, kommerziell hoch entwickeltes Unternehmen sei, dessen Organisationsstruktur ein höheres Maß an Risikobewusstsein und Kontrolle hätte gewährleisten müssen.

Mildernd wurde anerkannt, dass Toll in den fünf Jahren vor den Verstößen nicht durch OFAC sanktioniert worden war. Das Unternehmen kooperierte umfangreich mit der Behörde, stellte vollständige Dokumentationen bereit und beauftragte eine forensische Untersuchung. Zudem wurden erhebliche Abhilfemaßnahmen eingeleitet, um zukünftige Verstöße zu vermeiden.

9.20.6 Vereinbarungen zum Internal Compliance Program (ICP)

Im Rahmen der Einigung verpflichtete sich Toll zur umfassenden Neuaufstellung seines Sanktions-Compliance-Programms. Es wurde ein konzernweites Risikomanagementsystem implementiert, das auf einer systematischen Risikoanalyse basiert. Die internen Prozesse wurden reorganisiert, die Zuständigkeiten der Compliance-Abteilung erweitert und dem höchsten Compliance-Verantwortlichen zusätzliche Entscheidungsbefugnisse übertragen.

Ein zentrales Element war die Implementierung eines verpflichtenden Schulungsprogramms für alle Mitarbeitenden mit Sanktionsbezug. Mehr als 500 Personen in fünf Ländern wurden in den neuen Vorgaben unterrichtet. Gleichzeitig wurden technische Sperren in der Logistiksoftware eingeführt, die sämtliche Länder- und Ortsangaben zu sanktionierten Regionen sperrten. Auch externe Partner – wie Subunternehmer, Agenten oder Vermittler – wurden verpflichtet, die Sanktionsstandards von Toll einzuhalten.

Das Screening von Geschäftspartnern erfolgt nun auf risikobasierter Grundlage anhand interner und externer Sanktionslisten. Die bisherigen Franchise-Modelle wurden abgeschafft. Neue Partner durchlaufen ein erweitertes Due-Diligence-Verfahren, das unter anderem deren Verbindungen zu Hochrisikoregionen und sanktionierten Personen erfasst. Sämtliche Drittparteien müssen die Sanktionsrichtlinien von Toll vertraglich anerkennen. Die Kontrolle erfolgt durch eine interne Prüfinstanz.

9.21 CFM Indosuez Wealth (Bankwesen, Monaco)

9.21.1 Unternehmen und Branche

CFM Indosuez Wealth ist eine in Monaco ansässige Privatbank mit internationaler Ausrichtung. Das Unternehmen ist eine indirekte Tochtergesellschaft der Crédit Agricole Corporate and Investment Bank (CACIB) und damit Teil der französischen Crédit Agricole-Gruppe. CFM bietet weltweit Vermögensverwaltungs- und Investmentbanking-Dienstleistungen an.

9.21.2 Sachverhalt

Zwischen Dezember 2011 und Juli 2016 unterhielt CFM US-Dollar-Konten für insgesamt elf Kunden, die ihren Wohnsitz in umfassend sanktionierten Ländern hatten. Diese Kunden waren gewöhnlich in Iran, Syrien und Kuba ansässig. Obwohl CFM über vollständige KYC-Daten verfügte, aus denen die Wohnsitzstaaten der Kunden klar hervorgingen, ermöglichte die Bank diesen Personen die

Durchführung von Transaktionen in US-Dollar sowie den Handel mit US-Wertpapieren über US-Finanzdienstleister. Insgesamt wurden 410 wertpapierbezogene Transaktionen im Gesamtwert von rund 966.500 US-Dollar über US-Broker und Wertpapierhändler abgewickelt. Zusätzlich fanden 16 kommerzielle Transaktionen über US-Korrespondenzbanken im Umfang von etwa 267.500 US-Dollar statt.

Obwohl die Konzernmutter Crédit Agricole S.A. (CASA) sowie CACIB zu diesem Zeitpunkt ein gruppenweites Sanktions-Compliance-Programm etabliert hatten, wurde dieses bei CFM nicht vollständig umgesetzt. Die internen Einschränkungen, die ab dem Jahr 2015 eingeführt wurden, beschränkten sich auf bestimmte Zahlungstypen, ließen jedoch wertpapierbezogene Zahlungseingänge unberührt. In der Folge konnten Kunden weiterhin Dividenden und Zinserträge aus Transaktionen über das US-Finanzsystem erhalten, obwohl die dafür maßgeblichen Kontoinformationen eine klare Ansässigkeit in sanktionierten Staaten auswiesen.

Erst im Rahmen einer internen Überprüfung wurde das Ausmaß der Verstöße erkannt. Daraufhin nahm CFM umfassende Anpassungen im Compliance-Bereich vor, um vergleichbare Risiken künftig zu vermeiden.

9.21.3 US-Nexus

Der US-Nexus ergibt sich aus der Durchführung sämtlicher beanstandeter Transaktionen über das US-Finanzsystem. Sowohl bei den kommerziellen als auch bei den wertpapierbezogenen Zahlungen wurden US-Korrespondenzbanken oder US-Broker als Dienstleister eingebunden. Diese Beteiligung US-amerikanischer Finanzinstitute unterwirft die Transaktionen der Zuständigkeit der OFAC, auch wenn die Kundenbeziehungen durch ein Nicht-US-Unternehmen geführt wurden.

9.21.4 Sanktionsprogramm

OFAC stellte Verstöße gegen mehrere Sanktionsregelungen fest. Diese betrafen die Cuban Assets Control Regulations (§ 515.201), die Iranian Transactions and Sanctions Regulations (§§ 560.203, 560.204) sowie die Syrian Sanctions Regulations (§ 542.207). Es handelte sich um Verstöße gegen das Verbot, Dienstleistungen für oder im Interesse von Personen mit Wohnsitz in umfassend sanktionierten Staaten über das US-Finanzsystem abzuwickeln.

9.21.5 Strafzahlung und Faktoren

OFAC bewertete die Verstöße als nicht gravierend („non-egregious") und stellte fest, dass CFM den Sachverhalt freiwillig offengelegt hatte. Die rechnerisch maximale zivilrechtliche Strafhöhe belief sich auf über 106 Mio. US-Dollar. Auf Grundlage der Economic Sanctions Enforcement Guidelines errechnete sich ein Basissatz von 616.983 US-Dollar. Letztlich wurde eine Vergleichssumme in Höhe von 401.039 US-Dollar vereinbart.

Als erschwerend wurde bewertet, dass CFM trotz vollständiger KYC-Daten, die auf die Ansässigkeit der betroffenen Kunden in umfassend sanktionierten Staaten hinwiesen, über Jahre hinweg Transaktionen über das US-Finanzsystem zuließ. Durch die fehlende technische oder organisatorische Umsetzung der konzernweiten Sanktionsvorgaben konnten diese Geschäftsbeziehungen fortgeführt werden, was über einen Zeitraum von fünf Jahren zu wirtschaftlichen Vorteilen in Höhe von über 1,2 Mio. US-Dollar für Personen in Iran, Syrien und Kuba führte. OFAC bewertete dies als erheblichen Eingriff in die Wirksamkeit der betreffenden Sanktionsprogramme.

Mildernd wirkte, dass CFM vor den Verstößen nicht durch vergleichbare Sachverhalte auffällig geworden war. Zudem wurde anerkannt, dass das Unternehmen nach der internen Aufarbeitung der Vorgänge umfangreiche Abhilfemaßnahmen ergriff. Hierzu zählte unter anderem die vollständige Integration des Sanktionsrahmens der Konzernmutter, die Einführung eines internen Eskalationssystems für risikobehaftete Transaktionen sowie die Blockierung aller wertpapierbezogenen Zahlungseingänge für Kunden mit Wohnsitz in sanktionierten Staaten. Darüber hinaus wurde ein neues Screening-Verfahren für Kundeninformationen eingeführt und durch ein automatisiertes System ergänzt, das Wohnsitzdaten gegen Sanktionslisten prüft.

Während des Verfahrens kooperierte CFM umfassend mit OFAC, legte strukturierte Informationen vor und akzeptierte eine Fristverlängerung im Rahmen eines sogenannten tolling agreement.

9.21.6 Vereinbarungen zum Internal Compliance Program (ICP)

Im Rahmen der Einigung verpflichtete sich CFM zur vollständigen Umsetzung eines risikobasierten Sanktions-Compliance-Programms nach Maßgabe der Konzernvorgaben von CASA. Die Bank etablierte ein Verfahren zur internen Freigabe von Transaktionen in Fällen, in denen Kunden mit Bezug zu Hochrisikostaaten beteiligt sind. Darüber hinaus wurde ein Mechanismus implementiert, der sämtliche wertpapierbezogenen Zahlungen für Kunden mit Wohnsitz in sanktionierten Jurisdiktionen automatisch unterbindet. Die Kundeninformationen werden fortlaufend mit Sanktionslisten abgeglichen, wobei ein spezielles Screening-Tool täglich prüft, ob sich relevante Wohnsitzdaten mit sanktionierten Ländern überschneiden.

Zudem wurde das SWIFT Payment Data Quality Tool eingeführt, um sicherzustellen, dass alle Zahlungsnachrichten vollständige Informationen zu Name, Adresse und Kontonummer enthalten. Die Einhaltung dieser neuen Vorgaben wird durch interne Audits sowie externe Prüfverfahren überwacht. CFM verpflichtete sich, sämtliche Maßnahmen dauerhaft umzusetzen und an regulatorische Änderungen anzupassen.

9.22 CA Indosuez (Switzerland) S.A. (Bankwesen, Schweiz)

9.22.1 Unternehmen und Branche

CA Indosuez (Switzerland) S.A. (CAIS) ist eine Schweizer Privatbank und gehört wie die CFM Indosuez Wealth (Fall 22) als indirekte Tochtergesellschaft zur Crédit Agricole Corporate and Investment Bank (CACIB), einem international tätigen Institut mit Sitz in Frankreich. CAIS ist auf Vermögensverwaltung und Investmentbanking spezialisiert und betreut Kunden in zahlreichen Jurisdiktionen weltweit. Im Zeitraum der hier relevanten Vorgänge unterlag CAIS den gruppenweiten Sanktionsvorgaben der Crédit Agricole S.A. (CASA), die konzernweit einheitliche Compliance-Vorgaben formulierte.

9.22.2 Sachverhalt

Zwischen April 2013 und April 2016 unterhielt CAIS Konten für insgesamt 17 Privatkunden, die gewöhnlich in umfassend sanktionierten Ländern wohnhaft waren. Diese Kunden hatten ihren Wohnsitz in Iran, Syrien, Sudan, Kuba sowie in der Krim-Region der Ukraine. Obwohl CAIS im Rahmen der Know-Your-Customer-Prüfungen über vollständige Wohnsitzangaben verfügte, die auf die Ansässigkeit in diesen Ländern hinwiesen, unterhielt die Bank die Geschäftsbeziehungen weiter und ermöglichte diesen Kunden die Durchführung von Wertpapier- und Handelsgeschäften in US-Dollar über das US-Finanzsystem.

Insgesamt kam es zu 240 Wertpapiertransaktionen im Gesamtvolumen von rund 2,05 Mio. US-Dollar. Diese Transaktionen wurden über US-Broker oder andere US-Finanzdienstleister abgewickelt. Darüber hinaus erfolgten 33 weitere kommerzielle Transaktionen im Volumen von rund 1,03 Mio. US-Dollar über US-Korrespondenzbanken. Insgesamt wurden über einen Zeitraum von drei Jahren 273 Transaktionen im Gesamtvolumen von rund 3,08 Mio. US-Dollar durchgeführt, bei denen US-Finanzinstitute in Geschäfte mit Personen aus sanktionierten Gebieten einbezogen wurden.

Zwar führte die Muttergesellschaft CASA ein konzernweites Sanktionsprogramm ein, das auch die Tochtergesellschaft CAIS betraf, jedoch wurde dessen Umsetzung bei CAIS nur unvollständig durchgeführt. Infolge einer internen Überprüfung identifizierte CAIS die betroffenen Konten im Jahr 2014 und versuchte in der Folge, interne Kontrollmechanismen einzuführen. So wurden Einschränkungen für Zahlungsanweisungen im Zusammenhang mit Kunden aus Kuba, Iran, Syrien und Sudan eingeführt. Die Krim wurde 2015 ergänzt. Allerdings erkannte CAIS erst im Nachhinein, dass diese Maßnahmen keine ausreichende Sperrwirkung gegenüber wertpapierbezogenen Zahlungseingängen entfaltet hatten. In der Folge konnten Kunden weiterhin Dividenden- und Zinserträge aus US-Quellen empfangen, obwohl diese Zahlungen durch das US-Finanzsystem geleitet wurden.

9.22.3 US-Nexus

Der US-Nexus ergibt sich daraus, dass sämtliche beanstandeten Transaktionen entweder über US-Korrespondenzbanken oder über US-Wertpapierdienstleister abgewickelt wurden. Durch diese technische Einbindung US-amerikanischer Finanzinfrastruktur unterfielen die Transaktionen dem Zuständigkeitsbereich der OFAC. Der Zugriff auf KYC-Daten mit eindeutiger Herkunftsangabe begründet zugleich das Wissen der Bank über die sanktionsrechtliche Relevanz der betroffenen Kundenbeziehungen.

9.22.4 Sanktionsprogramm

Die Verstöße betrafen mehrere US-Sanktionsprogramme. Dazu zählten die Cuban Assets Control Regulations (31 C.F.R. § 515.201), Executive Order 13685 betreffend die Krim-Region, die Iranian Transactions and Sanctions Regulations (§§ 560.203 und 560.204), die Sudanese Sanctions Regulations (§ 538.205) sowie die Syrian Sanctions Regulations (§ 542.207). Damit wurden sowohl Handels- als auch wertpapierbezogene Transaktionen mittelbar mit sanktionierten Personen ermöglicht, unter Nutzung des US-Finanzsystems.

9.22.5 Strafzahlung und Faktoren

OFAC bewertete den Fall als nicht gravierend („non-egregious") und stellte fest, dass CAIS die Verstöße freiwillig selbst offengelegt hatte. Die maximal zulässige Strafhöhe belief sich auf über 64 Mio. US-Dollar. Die Grundlage für die Strafberechnung – auf Basis der Hälfte des Transaktionswerts – ergab eine Basissumme von 1.108.090 US-Dollar. Die Vergleichssumme wurde abschließend auf 720.258 US-Dollar festgesetzt.

Als erschwerend wurde gewertet, dass CAIS trotz vorhandener KYC-Daten wissentlich Transaktionen für Kunden in umfassend sanktionierten Staaten ermöglichte. Die Bank hatte Grund zu der Annahme, dass die Konten von Personen mit Wohnsitz in Iran, Syrien, Sudan, Kuba oder auf der Krim geführt wurden. Dennoch unterließ es CAIS, den Zugriff auf den US-Finanzmarkt vollständig zu unterbinden. OFAC stellte zudem fest, dass durch die Geschäftspraxis ein wirtschaftlicher Vorteil in Höhe von über drei Millionen US-Dollar an Personen in sanktionierten Regionen vermittelt wurde, was den sanktionspolitischen Zielen der USA zuwiderlief.

Demgegenüber wurden mehrere mildernde Umstände berücksichtigt. CAIS war in den fünf Jahren vor dem Verstoß nicht durch OFAC-Verfahren auffällig geworden. Darüber hinaus führte das Institut umfangreiche Abhilfemaßnahmen durch. Es implementierte gruppenweite Eskalationsprozesse zur Freigabe risikobehafteter Transaktionen, informierte US-Vertragspartner über bestehende Sperren, schloss relevante Konten und führte automatisierte Screening-Prozesse zur Erkennung von Ländern mit hohem Sanktionsrisiko ein. Zudem wurden neue Instrumente zur Transaktionsprüfung – einschließlich SWIFT Payment Data Quality Tool – eingeführt, mit denen unvollständige oder risikobehaftete Zahlungsangaben systematisch erkannt werden. Die Kooperation mit OFAC war über den gesamten Verfahrensverlauf hinweg strukturiert, fristgerecht und umfassend. CAIS akzeptierte eine Fristverlängerung und stellte alle relevanten Unterlagen zur Verfügung.

9.22.6 Vereinbarungen zum Internal Compliance Program (ICP)

Im Rahmen der Einigung verpflichtete sich CAIS zur Einführung und nachhaltigen Anwendung eines mehrschichtigen Sanktions-Compliance-Programms. Dieses basiert auf den Vorgaben der Konzernmutter CASA und sieht unter anderem eine risikobasierte Einzelfallprüfung sämtlicher Transaktionen vor, bei denen Kunden aus Hochrisikoregionen beteiligt sind. Für alle Konten mit Wohnsitzbezug zu umfassend sanktionierten Staaten wurde eine automatische Sperrlogik eingeführt, die sowohl Handels- als auch wertpapierbezogene Zahlungen unterbindet. CAIS etablierte klare Melde- und Kontrollpflichten innerhalb des Konzerns und setzte ein Überwachungssystem zur Erkennung von Zahlungen aus und in sanktionierte Regionen ein. Die eingesetzte Software prüft tagesaktuell Wohnsitzinformationen gegen Sanktionslisten und alarmiert die Compliance-Abteilung bei Auffälligkeiten.

Darüber hinaus verpflichtete sich CAIS zur Einführung eines SWIFT-Qualitätsprüftools, zur Optimierung der Kundendatenbankenscreenings und zur Anpassung der Organisationsstruktur an die Anforderungen des US-Sanktionsrechts. Die Mitarbeitenden wurden geschult, die betroffenen Systeme neu konfiguriert, und die Compliance-Abteilung mit weitergehenden Kompetenzen ausgestattet. Die Maßnahmen wurden konzernweit abgestimmt und auf Dauer angelegt.

9.23 Nodus International Bank, Inc. (Finanzwesen, Puerto Rico)

9.23.1 Unternehmen und Branche

Nodus International Bank, Inc. ist ein in Puerto Rico ansässiges internationales Finanzinstitut. Das Unternehmen unterliegt der Aufsicht der Finanzaufsichtsbehörde des Commonwealth of Puerto Rico (OCFI) und ist auf internationale Bankdienstleistungen spezialisiert. Aufgrund seines Sitzes innerhalb des US-Territoriums unterliegt Nodus vollständig dem US-Sanktionsrecht.

9.23.2 Sachverhalt

Im Jahr 2017 wurde eine natürliche Person durch OFAC auf die Liste der Specially Designated Nationals (SDN List) gesetzt. Diese Person unterhielt bei Nodus mehrere Konten, darunter zwei Festgeldkonten, ein Sparkonto sowie eine Kreditkartenverbindlichkeit. Darüber hinaus hielt die betroffene Person Anteile an bestimmten Wertpapieren, die von Nodus vor der Listung emittiert worden waren. Nach Bekanntwerden der SDN-Listung entschied der Vorstand von Nodus, sämtliche Verbindungen zu der blockierten Person zu beenden, blockierte die entsprechenden Konten und meldete diese gegenüber OFAC als blockiertes Vermögen.

In der Folge versuchte Nodus, die betroffenen Wertpapiere einzulösen und die Erlöse einem gesonderten Blockierungskonto zuzuführen. Das Unternehmen war sich bewusst, dass dafür eine gesonderte Lizenz durch OFAC erforderlich war, unterließ es jedoch, eine solche Lizenz einzuholen. Stattdessen berief sich Nodus auf eine Genehmigung der OCFI, die jedoch ausdrücklich darauf hinwies, keine Aussage über die Anwendbarkeit der OFAC-Vorgaben zu treffen. Trotz interner Kommunikation, in der die Lizenzpflichtigkeit zur Sprache kam, wurde die Einlösung der Wertpapiere durchgeführt, ohne eine Genehmigung einzuholen. Die Erlöse wurden anschließend zwar auf einem blockierten Konto deponiert, dennoch wertete OFAC diesen Schritt als unzulässige Verfügung über blockiertes Vermögen.

Zudem kam es infolge eines technischen Fehlers zu einer automatisierten Belastung eines blockierten Kontos, um eine offene Kreditkartenverbindlichkeit derselben sanktionierten Person auszugleichen. Im Anschluss wurde das Kreditkartenkonto durch Nodus buchhalterisch ausgebucht.

Im Verlauf der Ermittlungen teilte Nodus mit, dass aufgrund eines Personalwechsels nicht mehr auf sämtliche relevanten Dokumente oder Kommunikationsdaten zur Behandlung des blockierten Vermögens zugegriffen werden könne. Darüber hinaus wurden in den Jahren 2018 und 2019 fehlerhafte und widersprüchliche Jahresberichte über blockiertes Vermögen an OFAC übermittelt. So wurde das Kreditkartenkonto in einem Jahr nicht, im folgenden Jahr jedoch aufgeführt. Diese Inkonsistenzen wertete OFAC als Verstoß gegen die Pflicht zur genauen und vollständigen Berichterstattung blockierten Eigentums.

9.23.3 US-Nexus

Als in Puerto Rico ansässiges Finanzinstitut unterlag Nodus der unmittelbaren Zuständigkeit des US-Sanktionsrechts. Die Durchführung von Transaktionen mit oder im Namen gelisteter Personen fällt damit ohne weiteres unter die Kontrolle der OFAC. Bereits die Einlösung von Wertpapieren zugunsten eines sanktionierten Kontoinhabers sowie die automatische Verrechnung blockierter Guthaben zur Begleichung interner Verbindlichkeiten stellen Verstöße gegen das US-Sanktionsregime dar.

9.23.4 Sanktionsprogramm

OFAC stellte Verstöße gegen § 591.202 der Venezuelan Sanctions Regulations (VSR) fest. Zudem wurden Verstöße gegen § 501.601 und § 501.603(b)(ii) der Reporting, Procedures and Penalties Regulations (RPPR) festgestellt, die sich auf die Pflicht zur vollständigen Dokumentation und korrekten Berichterstattung in Bezug auf blockiertes Eigentum beziehen.

9.23.5 Strafzahlung und Faktoren

OFAC entschied sich im vorliegenden Fall gegen die Verhängung einer zivilrechtlichen Geldstrafe und erließ stattdessen ein „Finding of Violation" (FoV). Dies ist eine formale Feststellung eines Verstoßes, die keine unmittelbare Zahlungsverpflichtung auslöst, jedoch öffentlich gemacht wird und sanktionsrechtliche Relevanz für zukünftige Verfahren besitzt.

Als erschwerend wurde gewertet, dass Nodus in zwei wesentlichen Punkten gegen die OFAC-Vorgaben verstoßen hatte. Zum einen wurden Transaktionen im Zusammenhang mit blockiertem Vermögen durchgeführt, obwohl intern bekannt war, dass hierfür eine Genehmigung erforderlich gewesen wäre. Die unterlassene Lizenzbeantragung stellt einen deutlichen Verstoß gegen die Sorgfaltspflicht dar. Zum anderen versäumte es Nodus, vollständige Unterlagen über die Behandlung blockierten Eigentums aufzubewahren und entsprechende Angaben korrekt an OFAC zu übermitteln. Diese Defizite beeinträchtigten die Transparenz gegenüber der Aufsichtsbehörde und erschwerten die Aufarbeitung der Vorgänge.

OFAC berücksichtigte jedoch mehrere mildernde Faktoren. Das Institut hatte in den fünf Jahren vor dem Verstoß kein anderes Verfahren bei OFAC durchlaufen. Zudem erfolgte eine freiwillige Selbstanzeige der Verstöße durch Nodus. Der verursachte Sanktionsschaden wurde von OFAC als vergleichsweise gering eingeschätzt. Überdies leitete Nodus zahlreiche Abhilfemaßnahmen ein.

9.23.6 Vereinbarungen zum Internal Compliance Program (ICP)

Nach Feststellung der Verstöße führte Nodus mehrere strukturelle Maßnahmen ein, um zukünftige Regelverstöße zu vermeiden. Das Unternehmen verpflichtete sich zur Durchführung gezielter Schulungen aller Mitarbeitenden im Bereich

OFAC-Sanktionen. Hierfür wurden externe Fachexperten beauftragt sowie ein interner juristischer Spezialist in der Compliance-Abteilung installiert. Sämtliche blockierten Konten wurden mit einem Warnvermerk versehen, der Mitarbeitende aktiv darauf hinweist, vor jeder Bearbeitung Rücksprache mit der Compliance-Abteilung zu halten. Zudem wurde die IT-Infrastruktur angepasst: Änderungen an blockierten Konten bedürfen nun ausdrücklich der Zustimmung durch die Compliance-Verantwortlichen.

Darüber hinaus überarbeitete Nodus seine internen Richtlinien zur Dokumentation und Archivierung blockierten Vermögens. Diese Maßnahmen sollen sicherstellen, dass künftig vollständige Unterlagen für jede einzelne Transaktion mit Sanktionsbezug verfügbar sind und die korrekte Berichterstattung an OFAC gewährleistet bleibt.

9.24 Danfoss A/S (Industriegüter, Dänemark/VAE)

9.24.1 Unternehmen und Branche

Danfoss A/S ist ein dänischer Industriekonzern mit Hauptsitz in Nordborg, der international Kühlsysteme, Verdichter, Heiz- und Regeltechnik für die Industrie und das Bauwesen produziert und vertreibt. Das Unternehmen beschäftigt weltweit über 40.000 Mitarbeitende und unterhält 69 Produktionsstätten in mehr als 100 Ländern. Die im vorliegenden Fall maßgebliche Einheit war Danfoss FZCO, eine hundertprozentige Tochtergesellschaft mit Sitz in den Vereinigten Arabischen Emiraten (VAE), über die Geschäftsbeziehungen im Nahen Osten abgewickelt wurden.

9.24.2 Sachverhalt

Zwischen November 2013 und August 2017 lieferte Danfoss FZCO Kühl- und Heizungssysteme sowie entsprechende Komponenten an Kunden in Iran, Syrien und Sudan. Zur Zahlungsabwicklung forderte Danfoss FZCO seine Kunden in den sanktionierten Ländern auf, Zahlungen auf mindestens drei Bankkonten in den VAE zu leisten, darunter auch auf ein Konto bei der dortigen Niederlassung einer US-Bank. Die Kunden bedienten sich hierzu Dritter, sogenannter „third-party payers", die ihren Sitz in nicht-sanktionierten Jurisdiktionen hatten. Teilweise wurden auch Rückzahlungen aus dem US-Branch-Konto an Geschäftspartner im Iran und in Syrien geleistet. Insgesamt wurde durch 225 Transaktionen ein Volumen von rund 17 Mio. US-Dollar bewegt.

Diese Zahlungen führten dazu, dass die involvierte US-Bank Finanzdienstleistungen für Transaktionen mit sanktionierten Staaten ausführte. Durch die Einschaltung von Drittempfängern wurde die Herkunft und der Verwendungszweck der Zahlungen in Teilen verschleiert. Die Transaktionen wurden folglich nicht durch die automatisierten Screening-Filter der Bank erkannt und freigegeben. Zwar lagen keine Hinweise auf eine vorsätzliche Umgehung der Sanktionen vor, jedoch zeigte sich, dass Danfoss FZCO erhebliche Schwächen in der internen Compliance-Struktur aufwies und mehrfach Warnsignale ignorierte.

Frühzeitig, bereits im Jahr 2011, wurde Danfoss FZCO durch Rückmeldungen seiner Konzernzentrale und durch Hinweise von Finanzinstituten auf mögliche Verstöße hingewiesen. In einem Fall wurde 2011 eine Iran-bezogene Zahlung durch eine US-Bank abgelehnt. 2016 stellte die Compliance-Abteilung der Konzernmutter fest, dass ein iranischer Kunde in US-Dollar fakturiert worden war, und wies Danfoss FZCO explizit auf die Unzulässigkeit hin. Dennoch wurden die beanstandeten Zahlungswege weiterhin genutzt, bis sie im August 2017 eingestellt wurden. OFAC kam zu dem Ergebnis, dass wesentliche Missverständnisse in Bezug auf die Reichweite des US-Sanktionsrechts und eine mangelhafte operative Umsetzung von Compliance-Vorgaben zur Fortführung der Verstöße beigetragen haben.

9.24.3 US-Nexus

Die Nutzung eines Kontos bei der VAE-Niederlassung einer US-Bank für Zahlungen aus und in sanktionierte Jurisdiktionen stellt einen eindeutigen US-Nexus dar. Damit wurden sowohl § 1705(a) des International Emergency Economic Powers Act (IEEPA) als auch spezifische Vorschriften der jeweiligen Sanktionsprogramme verletzt, da es durch die Einbindung eines US-Finanzinstituts zur mittelbaren Exportierung von Finanzdienstleistungen an Iran, Syrien und Sudan kam. Dies ist unabhängig davon, dass Danfoss als nicht-amerikanisches Unternehmen keine direkte Handelsbeziehung zu US-Personen unterhielt.

9.24.4 Sanktionsprogramm

Die Verstöße betrafen drei separate Sanktionsregelwerke: die Iranian Transactions and Sanctions Regulations (ITSR, 31 C.F.R. Part 560), die Syrian Sanctions Regulations (SSR, 31 C.F.R. Part 542) sowie die Sudanese Sanctions Regulations (31 C.F.R. Part 538). Zudem wurde ein Verstoß gegen § 1705(a) IEEPA festgestellt. Insgesamt wurden 225 Einzeltransaktionen identifiziert, in denen verbotene Finanzdienstleistungen mittelbar über das US-Finanzsystem bereitgestellt wurden.

9.24.5 Strafzahlung und Faktoren

OFAC stufte das Verfahren als nicht selbst offengelegt und nicht gravierend („non-egregious") ein. Die rechnerische Höchststrafe lag bei über 71 Mio. US-Dollar. Die Basisstrafe belief sich auf rund 21,9 Mio. US-Dollar, wurde aber auf Grundlage der Economic Sanctions Enforcement Guidelines reduziert. Das Verfahren wurde gegen Zahlung einer Vergleichssumme in Höhe von 4.379.810 US-Dollar abgeschlossen.

OFAC stellte mehrere erschwerende Umstände fest. Über einen Zeitraum von vier Jahren zeigte Danfoss FZCO erhebliche Sorgfaltsdefizite im Umgang mit US-Sanktionsrecht. Trotz wiederholter interner und externer Hinweise wurden Zahlungen von und an Geschäftspartner in sanktionierten Ländern weiterhin über das Konto einer US-Bankfiliale abgewickelt. Dabei hatte das Unternehmen Kenntnis von der geografischen Herkunft der Kunden und auch von der Verwendung von Drittzahlern, die eigens eingesetzt wurden, um den Zahlungsfluss formal unauffällig erscheinen zu lassen. Durch diese Struktur wurde es der US-Bank faktisch unmöglich gemacht, problematische Transaktionen zu erkennen. Auch wurde gewürdigt, dass Danfoss ein international tätiges, wirtschaftlich hoch entwickeltes Unternehmen ist, dem die Risiken des US-Sanktionsrechts bekannt sein mussten.

Gleichzeitig erkannte OFAC mehrere mildernde Umstände an. In den fünf Jahren vor dem Verstoß war Danfoss nicht sanktionsrechtlich auffällig geworden. Nach der Identifikation der Verstöße durch die Bank leitete Danfoss unverzüglich interne Untersuchungen ein, beendete sämtliche Geschäftsbeziehungen zu Iran, Syrien und Sudan und entwickelte ein neues Kontrollsystem zur Überwachung von Zahlungseingängen. Die Exportkontrollrichtlinien wurden überarbeitet und um spezifische Vorgaben für die Einhaltung von US-Sanktionsrecht ergänzt. Für Danfoss FZCO wurde ein eigenes Sanktionshandbuch entwickelt. Die Mitarbeitenden der Region wurden gezielt geschult, und neue Formulare, Prozesse und Dokumentationspflichten eingeführt. Während des gesamten Verfahrens zeigte sich Danfoss gegenüber OFAC kooperativ, lieferte fristgerechte Auskünfte und akzeptierte eine Verlängerung der Verjährungsfrist im Rahmen eines tolling agreement.

9.24.6 Vereinbarungen zum Internal Compliance Program (ICP)

Im Zuge der Einigung mit OFAC führte Danfoss ein umfassendes Compliance-Programm ein, das künftig sämtliche Geschäftsaktivitäten im Hinblick auf Sanktionsrisiken absichert. Das neue Programm enthält verbindliche Prüfprozesse für alle Transaktionen mit Bezug zu Hochrisikoländern sowie eine systematische Erfassung und Dokumentation der Herkunft von Zahlungen an US-Konten. Die Exportkontrollrichtlinien wurden überarbeitet und um Regelungen zur Verantwortlichkeit aller Mitarbeitenden ergänzt. Für die Tochtergesellschaft Danfoss FZCO wurde ein separates Sanktionshandbuch erstellt, das spezifische Anforderungen an die Geschäftstätigkeit im Nahen Osten enthält. Schulungsprogramme und eine strukturierte Pflicht zur Eskalation sanktionsrelevanter Sachverhalte wurden eingeführt. Danfoss verpflichtete sich, die neuen Vorgaben dauerhaft umzusetzen, regelmäßig zu überprüfen und fortlaufend an sich verändernde regulatorische Vorgaben anzupassen.

9.25 Godfrey Phillips India Ltd. (Tabakindustrie, Indien)

9.25.1 Unternehmen und Branche

Godfrey Phillips India Ltd. (GPI) ist ein in Mumbai registrierter Tabakhersteller und Teil der Modi-Gruppe. Das Unternehmen gehört zu den größten Tabakproduzenten auf dem indischen Subkontinent und exportiert seine Produkte in zahlreiche Staaten weltweit. GPI ist insbesondere im Bereich der Herstellung und des internationalen Handels mit Rohtabak, Zigaretten und verwandten Produkten aktiv.

9.25.2 Sachverhalt

Im Jahr 2015 nahm ein Vizepräsident von GPI Kontakt zu einem Unternehmen mit Sitz in Thailand auf, das als Vermittler für eine nordkoreanische Tabakgesellschaft tätig war. In den Jahren 2015 bis 2017 exportierte GPI mindestens fünfmal Proben von Tabakprodukten über Kurierdienste an die nordkoreanische Gesellschaft in der Demokratischen Volksrepublik Korea (DPRK). In interner Kommunikation diskutierten Führungskräfte von GPI, ob man die Lieferung offiziell als Versand an

Nordkorea deklarieren könne oder die Ware besser über einen Drittempfänger – konkret den thailändischen Intermediär – nach Dalian, China, und von dort weiter nach Nordkorea transportieren solle. Letztlich entschied man sich bewusst gegen eine offene Kennzeichnung der Sendungen mit Bezug auf die DPRK.

Im Juli und August 2017 führte der Intermediär mehrere Zahlungen über vier in Hongkong ansässige Firmen an GPI durch. Die Zahlungen wurden in US-Dollar abgewickelt, wodurch verschiedene US-Korrespondenzbanken sowie die indische Niederlassung einer US-Bank einbezogen wurden. Die Gesamtsumme der fünf Transaktionen betrug rund 369.000 US-Dollar. Die Ware wurde daraufhin von Indien nach China verschifft und anschließend durch den Intermediär weiter nach Nordkorea transportiert.

Nach Einschätzung von OFAC verursachte GPI durch dieses Vorgehen, dass US-Finanzinstitute wissentlich oder unwissentlich Finanzdienstleistungen im Zusammenhang mit Exporten nach Nordkorea erbrachten. Die Beteiligung von GPI an der indirekten Ausfuhr in ein umfassend sanktioniertes Land sowie der Einsatz des US-Finanzsystems zur Abwicklung dieser Zahlungen stellen nach Auffassung von OFAC einen Verstoß gegen § 510.212 NKSR dar, da US-Personen in die indirekte Bereitstellung von Dienstleistungen einbezogen wurden, die GPI unmittelbar verboten gewesen wären.

9.25.3 US-Nexus

Die Transaktionen betrafen durchweg den internationalen Zahlungsverkehr in US-Dollar. Mehrere US-Korrespondenzbanken sowie eine US-Bank mit Niederlassung in Indien waren mittelbar in die Abwicklung der Zahlungen eingebunden. Dadurch wurden finanzielle Dienstleistungen von US-Personen erbracht, die nach Maßgabe der North Korea Sanctions Regulations untersagt sind. Dieser US-Nexus reicht aus, um auch ausländische Unternehmen – wie GPI – der OFAC-Zuständigkeit zu unterstellen, sofern sie wissentlich oder fahrlässig die Nutzung des US-Finanzsystems zur Umgehung von Sanktionen herbeiführen.

9.25.4 Sanktionsprogramm

Die OFAC stellte einen Verstoß gegen § 510.212 der North Korea Sanctions Regulations (NKSR) fest. Die Regelung verbietet es, Dritte zu veranlassen oder Handlungen zu unternehmen, die zur Umgehung der Sanktionen führen oder US-

Finanzinstitute in verbotene Transaktionen einbinden. Zugleich wurde festgestellt, dass die betreffenden Zahlungen, wenn sie durch GPI direkt erfolgt wären, gegen §§ 510.206 und 510.211 NKSR verstoßen hätten.

9.25.5 Strafzahlung und Faktoren

OFAC bewertete die Verstöße als nicht selbst offengelegt, jedoch als nicht gravierend („non-egregious"). Die rechnerische Höchststrafe für die fünf relevanten Transaktionen belief sich auf rund 1,78 Mio. US-Dollar. Die Behörde setzte die Basisstrafe auf 475.000 US-Dollar fest. Im Rahmen der Verhandlungen wurde eine Vergleichssumme in Höhe von 332.500 US-Dollar vereinbart.

OFAC stellte fest, dass GPI zumindest fahrlässig handelte, indem es versäumte, ein Mindestmaß an Aufmerksamkeit auf die rechtlichen Risiken des US-Sanktionsrechts zu legen. Es wurde als besonders problematisch eingestuft, dass mehrere Manager von GPI aktiv Kenntnis von der Weiterleitung der Ware an Nordkorea hatten, aber dennoch bewusst entschieden, die faktische Endverwendung in den Transportdokumenten zu verschleiern. Die Mitwirkung von US-Finanzinstituten bei der Abwicklung der Zahlungen führte nach Einschätzung von OFAC zu einem außenpolitisch schädlichen Effekt, da Nordkorea durch den Erwerb einer wirtschaftlich relevanten Ware – Tabak – Einnahmen erzielen konnte, die unter Sanktionsgesichtspunkten als kritisch eingestuft werden.

Gleichzeitig wurden mehrere mildernde Umstände berücksichtigt. GPI war in den fünf Jahren vor dem Verstoß nicht Gegenstand eines OFAC-Verfahrens. Nach Bekanntwerden der Vorwürfe leitete das Unternehmen interne Maßnahmen ein, darunter die Einführung eines Sanktions-Compliance-Programms mit Screening-Verfahren, Know-Your-Customer-Prozessen und einer verbindlichen Dokumentationspflicht. Zudem kooperierte GPI im Verlauf der Ermittlungen vollständig mit OFAC, legte relevante Dokumente vor und stimmte einer Fristverlängerung zur Aufarbeitung der Sachverhalte im Rahmen eines sogenannten tolling agreement zu.

9.25.6 Vereinbarungen zum Internal Compliance Program (ICP)

Nach Abschluss der Ermittlungen erklärte sich GPI bereit, ein verbindliches Sanktions-Compliance-Programm einzuführen, das künftig gewährleisten soll, dass keine weiteren Verstöße gegen US-Sanktionsrecht erfolgen. Das Programm beinhaltet verbindliche Prüfmechanismen für internationale Transaktionen, insbesondere bei Zahlungen in US-Dollar und bei Geschäften mit Hochrisikoländern. Es wurden strukturierte Verfahren zur Kundenidentifikation sowie zur Dokumentation sämtlicher geschäftlicher Kontakte implementiert. Das Unternehmen verpflichtete sich, sämtliche Mitarbeitenden in sensiblen Geschäftsbereichen regelmäßig zu schulen und die Kontrollprozesse durch unabhängige Prüfinstanzen überwachen zu lassen. Das Programm berücksichtigt sowohl interne Risikobewertungen als auch externe Sanktionslisten und soll bei veränderten geopolitischen Rahmenbedingungen regelmäßig angepasst werden.

9.26 British American Tobacco p.l.c. (Tabakindustrie, Vereinigtes Königreich/Singapur)

9.26.1 Unternehmen und Branche

British American Tobacco p.l.c. (BAT) ist ein international tätiger Tabakkonzern mit Hauptsitz in London. Der Konzern vertreibt seine Produkte in mehr als 180 Ländern und unterhält Produktions- und Vertriebsstandorte in zahlreichen Jurisdiktionen. Die in Singapur ansässige Tochtergesellschaft British American Tobacco Marketing (Singapore) PTE Ltd. (BATM) ist für Geschäfte in der Region Asien-Pazifik zuständig. Im Zentrum des vorliegenden Falls steht ein Joint Venture, das BATM gemeinsam mit einem staatlichen Partnerunternehmen in Nordkorea gegründet hatte.

9.26.2 Sachverhalt

Zwischen 2009 und 2016 war BAT über verschiedene Tochtergesellschaften und Konstruktionen in ein Netzwerk von Zahlungen eingebunden, die im Zusammenhang mit dem Verkauf von Tabakprodukten an Nordkorea standen. Dabei wurden unter anderem Zahlungen in US-Dollar über die Korea Kwangson Banking Corporation (KKBC) und die Foreign Trade Bank (FTB) der Demokratischen Volksrepublik Korea abgewickelt – beides zu dem Zeitpunkt gelistete Specially Designated Nationals (SDNs) nach Executive Order 13382. BAT war an einem Joint Venture in Nordkorea beteiligt, das über eine Holdingstruktur in Singapur und den Niederlanden betrieben wurde. Die Umsätze des Joint Ventures wurden über ein komplexes Transaktionssystem aus Nordkorea über China an die Singapore Company geleitet, die schließlich die Erträge an BATM weiterleitete.

BAT versuchte, sich im Jahr 2007 öffentlichkeitswirksam aus dem Joint Venture zurückzuziehen, behielt jedoch über eine Treuhandkonstruktion weiterhin faktisch die Kontrolle. Die Anteile wurden an eine „freundliche Drittpartei" übertragen, die sich vertraglich verpflichtete, BAT keinen wirtschaftlichen Nachteil zuzufügen und die Option zum Rückkauf durch BAT offenzuhalten. Zudem wurde vereinbart, dass die Geschäftsbeziehung zur Lieferung von Maschinen, Materialien und technischen Dienstleistungen für das Joint Venture bestehen bleibt. BATM übernahm weiterhin logistische, technische und administrative Aufgaben, was einer wirtschaftlichen Fortführung des Geschäfts entsprach.

Zusätzlich zum Joint Venture-Geschäft wurden zwischen 2016 und 2017 Zigaretten an die nordkoreanische Botschaft in Singapur verkauft. Auch hier wurden Zahlungen über die Singapore Company geleitet und durch US-Korrespondenzbanken abgewickelt. In interner Korrespondenz wird deutlich, dass BATM bemüht war, die Identität des Kunden in der Dokumentation gezielt zu verschleiern. In einem Fall schlug die Singapore Company vor, Lieferdokumente nicht an die Bank zu übermitteln, da sonst die Verbindung zur Demokratischen Volksrepublik Korea ersichtlich würde.

Die Gesamtsumme der über US-Banken abgewickelten Transaktionen belief sich auf mehr als 250 Mio. US-Dollar. Zwölf US-Finanzinstitute waren direkt oder mittelbar beteiligt. Der Sachverhalt umfasste nach Einschätzung der OFAC schwerwiegende Verstöße gegen die Weapons of Mass Destruction Proliferators Sanctions Regulations (WMDPSR) und die North Korea Sanctions Regulations (NKSR).

9.26.3 US-Nexus

Der maßgebliche Bezug zur US-Rechtsordnung ergab sich insbesondere aus der Verwendung von US-Dollar für die Abwicklung der Zahlungen. Die Zahlungen durchliefen dabei US-Korrespondenzbanken oder betrafen ausländische Filialen US-amerikanischer Kreditinstitute. Die Verwendung von US-Finanzinfrastruktur führte dazu, dass blockiertes Vermögen nordkoreanischer Banken durch das US-Finanzsystem geleitet wurde. Auch die Beteiligung von US-Personen an der Kontrolle oder Abwicklung der Transaktionen ist im Rahmen der Konzerngruppe nicht auszuschließen.

9.26.4 Sanktionsprogramm

BAT verstieß nach Auffassung von OFAC gegen mehrere Vorschriften. Die zentralen Verstöße betrafen § 544.205(b) der Weapons of Mass Destruction Proliferators Sanctions Regulations (WMDPSR) sowie § 510.212 der North Korea Sanctions Regulations (NKSR). Die WMDPSR untersagen jede Form von Transaktionen, die mit blockierten Personen oder Einrichtungen in Verbindung stehen, insbesondere wenn es sich um gelistete nordkoreanische Banken handelt. Die NKSR verbieten mittelbar die Beteiligung von US-Personen oder die Nutzung des US-Finanzsystems für Transaktionen mit Nordkorea, unabhängig vom Transaktionsvolumen oder dem genauen Warenkreis.

9.26.5 Strafzahlung und Faktoren

OFAC bewertete den Fall als schwerwiegend und nicht selbst offengelegt. Die rechnerisch zulässige zivilrechtliche Höchststrafe belief sich auf 508.612.492 US-Dollar. Diese Summe entsprach zugleich der Höhe des globalen Vergleichs, den BAT mit US-Behörden insgesamt einging. Der größte Teil der Sanktion wurde durch eine parallele Einigung mit dem US-Justizministerium (DoJ) abgedeckt. Die von OFAC direkt durchzusetzende Teilzahlung belief sich auf 5.348.685 US-Dollar.

Als besonders erschwerend wurde gewertet, dass BAT trotz klarer Kenntnis der Listung der beteiligten Banken über mehrere Jahre hinweg Zahlungen im Zusammenhang mit den nordkoreanischen Geschäftsbeziehungen in US-Dollar abwickelte. Die Leitungsebene war frühzeitig über die Risiken informiert. Bereits 2005 wurde in einem internen Memorandum ausdrücklich davor gewarnt, dass Transaktionen über das US-Finanzsystem blockiert werden könnten. Im Jahr 2008 wurden interne Einschätzungen dokumentiert, wonach US-Sanktionen gegenüber Nordkorea ein konkretes Geschäftsrisiko darstellten.

Darüber hinaus wurde BATM regelmäßig über die Beteiligung gelisteter Banken informiert, darunter die KKBC und FTB. Die Konzernführung entschloss sich dennoch dazu, Zahlungen über diese Institute fortzusetzen. Die Dokumentation legt zudem nahe, dass BAT gezielt Maßnahmen ergriff, um die Verbindung zur Demokratischen Volksrepublik Korea vor Banken zu verschleiern. Anfragen von Kreditinstituten zu Transaktionen mit Nordkorea wurden entweder unvollständig beantwortet oder bewusst umgangen. In einem dokumentierten Fall entschloss sich das Unternehmen sogar dazu, eine bereits eingeleitete Zahlung bewusst verfallen zu lassen, um sie anschließend über eine alternative Bankstruktur erneut zu initiieren. Dieses Verhalten wertete OFAC als Beleg für eine gezielte Umgehung der US-Sanktionsregelungen.

OFAC berücksichtigte zugleich, dass BATM im Jahr 2016 damit begann, seine Geschäftsbeziehung zur nordkoreanischen Seite zu beenden. Die letzte Lieferung an das Joint Venture erfolgte im Juli 2016. Die formale Beendigung des Joint Venture-Geschäfts wurde im Mai 2017 vertraglich dokumentiert. Die Einstellung der Geschäftsbeziehung mit der nordkoreanischen Botschaft in Singapur erfolgte hingegen erst im September 2017.

9.26.6 Vereinbarungen zum Internal Compliance Program (ICP)

Im Zuge der Einigung verpflichtete sich BAT zur vollständigen Beendigung aller direkten und indirekten Geschäftsbeziehungen mit Nordkorea sowie zur Einführung eines konzernweit gültigen Sanktions-Compliance-Programms. Dieses Programm umfasst ein risikobasiertes System zur Identifikation und Kontrolle sanktionsrelevanter Transaktionen, die Einführung schriftlicher Verfahrensanweisungen, die Einrichtung technischer Kontrollsysteme zur Transaktionsüberwachung sowie ein systematisches Berichtswesen gegenüber der Konzernleitung. Zudem wurde ein jährlicher Zertifizierungsprozess eingeführt, in dem ein Mitglied der Geschäftsleitung die ordnungsgemäße Umsetzung der Maßnahmen gegenüber OFAC bestätigt. Die Schulung aller betroffenen Mitarbeitenden wurde institutionalisiert und durch eine interne wie externe Prüfung flankiert. Der Konzern verpflichtete sich, die eingerichteten Maßnahmen für einen Zeitraum von mindestens fünf Jahren aktiv aufrechtzuerhalten und weiterzuentwickeln.

9.27 Swedbank Latvia AS (Bankwesen, Lettland)

9.27.1 Unternehmen und Branche

Swedbank Latvia AS ist eine Tochtergesellschaft der schwedischen Swedbank AB (publ) mit Sitz in Riga, Lettland. Sie ist Teil eines international tätigen Finanzinstituts, das insbesondere im Baltikum und Skandinavien eine bedeutende Marktstellung einnimmt. Die Swedbank zählt in Lettland zu den größten Banken nach Kundenzahl und verwaltetem Vermögen.

9.27.2 Sachverhalt

Im Zeitraum zwischen Februar 2015 und Oktober 2016 führte ein Kunde von Swedbank Latvia über die elektronische Bankplattform der Bank insgesamt 386 Zahlungstransaktionen durch, die in direktem Zusammenhang mit der Region Krim standen. Die Zahlungen wurden von IP-Adressen aus der Krim angestoßen und über US-Korrespondenzbanken abgewickelt. Es handelte sich um ein firmennahes Konstrukt aus drei sogenannten Special Purpose Companies (SPCs), die jeweils eigene Konten bei Swedbank Latvia unterhielten. Die Gesamtsumme der Transaktionen belief sich auf über 3,3 Mio. US-Dollar.

Bereits im März 2016 wurde eine Zahlung des Kunden von einer US-Korrespondenzbank zurückgewiesen, weil ein Bezug zur Krim vermutet wurde. Swedbank Latvia holte daraufhin ergänzende Informationen ein, erhielt aber weder eine Rückmeldung der Bank noch eine belastbare Bestätigung vom Kunden. Stattdessen versicherte dieser wahrheitswidrig, dass keine Verbindung zur Krim bestünde. Auf Basis dieser unzutreffenden Darstellung leitete Swedbank Latvia die Transaktionen über eine alternative US-Korrespondenzbank weiter, die diese anschließend ausführte.

Obwohl Swedbank Latvia bereits bei Kontoeröffnung die relevanten KYC-Daten erhoben hatte, aus denen sich eine eindeutige Verbindung der SPCs zur Krim ergab, wurden diese Informationen bei der Risikoprüfung nicht angemessen berücksichtigt. Auch die von der Bank gespeicherten IP-Daten wurden nicht in die Sanktionsprüfung integriert, obwohl sie den tatsächlichen Standort des Kunden während der Transaktionen belegt hätten. Die Bank hatte demnach Zugang zu den notwendigen Informationen, versäumte es aber, diese systematisch in die Prüfung einzubeziehen.

9.27.3 US-Nexus

Die Relevanz für das US-Sanktionsrecht ergibt sich aus der Abwicklung der Zahlungen über US-Korrespondenzbanken. Da dabei finanzielle Dienstleistungen in eine umfassend sanktionierte Region exportiert wurden – konkret in die Krim –, lag eine mittelbare Einbindung des US-Finanzsystems vor. Dies fällt unter die Bestimmungen der Executive Order 13685 vom 19. Dezember 2014, die sämtliche wirtschaftlichen Aktivitäten mit der Region Krim untersagt, sofern ein Bezug zu US-Personen oder dem US-Finanzsystem besteht.

9.27.4 Sanktionsprogramm

Swedbank Latvia verstieß mit den beschriebenen Transaktionen gegen Section 6(a) der Executive Order 13685, insbesondere gegen § 1(a)(iii), der das gezielte oder fahrlässige Umgehen oder Verursachen von Verstößen gegen die Sanktionsbestimmungen mit Bezug auf die Krim untersagt. OFAC stellte insgesamt 386 einzelne Verstöße gegen diese Regelung fest.

9.27.5 Strafzahlung und Faktoren

OFAC bewertete den Fall als nicht selbst offengelegt und stufte ihn zugleich als nicht gravierend („non-egregious") ein. Die rechnerisch maximal zulässige zivilrechtliche Geldstrafe belief sich auf über 112 Mio. US-Dollar. Nach Anwendung der Economic Sanctions Enforcement Guidelines setzte OFAC die Basisstrafe auf rund 6,2 Mio. US-Dollar fest. Die tatsächliche Vergleichszahlung wurde auf 3.430.900 US-Dollar reduziert.

Als besonders nachteilig wurde gewertet, dass Swedbank Latvia über konkrete Informationen zum tatsächlichen Aufenthaltsort des Kunden verfügte, diese aber nicht angemessen in die Prüfprozesse einbezog. Die Bank vertraute stattdessen auf die bloßen Zusicherungen des Kunden, obwohl ihr KYC-Material – darunter Adressen, Telefonnummern und Fragebögen – eine eindeutige physische Präsenz in der Krim belegte. Auch die gespeicherten IP-Daten, die eine Transaktionsauslösung von einem Standort in der Krim nachwiesen, wurden nicht systematisch ausgewertet.

OFAC stellte außerdem fest, dass die Bank wusste oder zumindest hätte wissen müssen, dass sie Zahlungen im Auftrag von Gesellschaften mit Sitz auf der Krim verarbeitete. Diese Transaktionen wurden nicht nur über ein, sondern über mehrere US-Korrespondenzbanken ausgeführt. Das bewusste Ignorieren interner und externer Warnhinweise wurde als gravierender Verstoß gegen die gebotene Sorgfaltspflicht einer international tätigen Bank gewertet.

Zu den entlastenden Faktoren zählte OFAC, dass Swedbank Latvia in den fünf Jahren vor dem frühesten Verstoß nicht negativ durch sanktionsrechtliche Auffälligkeiten in Erscheinung getreten war. Zudem leitete die Bank nach Bekanntwerden der Vorfälle umfassende Abhilfemaßnahmen ein. Dazu gehörte der Ausschluss der betreffenden Kundenbeziehungen im Jahr 2016 und die Beendigung der Zusammenarbeit mit dem Eigentümer der SPCs im Februar 2017.

Darüber hinaus wurde ein umfassendes Maßnahmenpaket eingeführt, darunter ein Geofencing-System zur Verhinderung von Online-Zahlungen aus sanktionierten Regionen, automatisierte Prüfsysteme zur Erkennung erneut eingereichter Zahlungen, eine Verschärfung der Prüfprozesse für Hochrisikokunden sowie erweiterte Protokolle zur Transparenz gegenüber Korrespondenzbanken. Swedbank erweiterte ihre Compliance-Abteilung personell und nahm strukturelle Verbesserungen in den Bereichen KYC, Geldwäscheprävention und Sanktionsprüfung vor. Während des gesamten Verfahrens zeigte sich die Bank gegenüber OFAC kooperativ, unterzog sich einer umfassenden Rückschau und stellte strukturierte Auskünfte bereit. Auch die Verjährungsfristen wurden durch ein sogenanntes tolling agreement aufgeschoben.

9.27.6 Vereinbarungen zum Internal Compliance Program (ICP)

Im Rahmen des Vergleichs verpflichtete sich Swedbank Latvia zur nachhaltigen Verbesserung ihres Sanktions-Compliance-Programms. Zentrales Element ist die Einführung technischer Schutzmechanismen, darunter insbesondere ein Geofencing-System, das Zahlungen aus umfassend sanktionierten Regionen automatisch blockiert. Parallel dazu wurden automatisierte Kontrollsysteme in die Transaktionsprüfung integriert, um Wiederholungstransaktionen nach vorheriger Ablehnung zu identifizieren und abzufangen.

Für alle Transaktionen in US-Dollar wurden neue Prüfkriterien und Prüfprozesse für Hochrisikokunden eingeführt, verbunden mit einer Verstärkung der internen Due-Diligence-Verfahren. Die Zusammenarbeit mit Korrespondenzbanken wurde durch neue Offenlegungspflichten und strukturierte Antwortprozesse auf Rückfragen professionalisiert.

Zusätzlich wurde die Compliance-Abteilung organisatorisch und personell gestärkt, um die neuen Anforderungen umsetzen und dauerhaft überwachen zu können. Die Bank verpflichtete sich, sämtliche identifizierten Schwachstellen dauerhaft zu beheben und ihre Sanktionskontrollsysteme regelmäßig zu evaluieren und fortzuentwickeln. Die vereinbarten Maßnahmen wurden in enger Abstimmung mit der Konzernmutter Swedbank AB implementiert und gelten als konzernweit verbindlich.

9.28 3M Company (Industriegüter, USA/Schweiz/VAE)

9.28.1 Unternehmen und Branche

Die 3M Company ist ein weltweit tätiger US-amerikanischer Industriekonzern mit Sitz in St. Paul, Minnesota. Der Konzern ist in verschiedensten Sektoren tätig, darunter die Herstellung und der Vertrieb von Industrie- und Konsumgütern. Zwei Tochtergesellschaften sind im vorliegenden Fall besonders relevant: 3M East AG mit Sitz in der Schweiz, zuständig für den Vertrieb in Osteuropa, sowie 3M Gulf Ltd. mit Sitz in Dubai, zuständig für die Märkte im Nahen Osten.

9.28.2 Sachverhalt

Zwischen September 2016 und September 2018 kam es zu insgesamt 54 Transaktionen mit einem Gesamtvolumen von rund zehn Millionen US-Dollar, die nach Einschätzung der OFAC gegen mehrere Vorschriften der Iranischen Transaktions- und Sanktionsbestimmungen (ITSR) verstießen. Dabei exportierte 3M East reflektierende Folien für Fahrzeugkennzeichen (reflective license plate sheeting, RLPS) an einen deutschen Zwischenhändler, der die Ware unmittelbar an die iranische Polizeigenossenschaft Bonyad Taavon Naja (BTN) weiterverkaufte. Elf weitere Verstöße resultierten aus der aktiven Beteiligung eines US-Staatsbürgers, der in Dubai bei 3M Gulf angestellt war und trotz interner Verbote Aufgaben im Zusammenhang mit dem Iran-Geschäft übernahm.

Im Jahr 2016 genehmigte die Compliance-Abteilung von 3M Gulf ein Geschäftskonzept unter der Annahme, die RLPS-Folie werde von einem deutschen Unternehmen weiterverarbeitet und dann in Form von neutralen Kennzeichenrohlingen nach Iran verkauft. Die tatsächliche Nutzung sah jedoch einen unmittelbaren Verkauf der Ware an BTN vor. Obwohl dieser Sachverhalt bereits im April 2016 intern kommuniziert wurde, unterließen es die zuständigen Mitarbeiter, diese Änderung der ursprünglichen Risikobewertung an die Compliance-Stelle zurückzuspielen. Stattdessen bezeichneten sie das Projekt weiterhin als bloße Konvertierung, obwohl es sich faktisch um einen Direktverkauf an ein sicherheitsbehördlich angebundenes iranisches Unternehmen handelte. Interne Warnhinweise wurden ignoriert, Endkundenangaben manipuliert und relevante Due-Diligence-Informationen zurückgehalten.

Zusätzlich wurde ein US-amerikanischer Mitarbeiter aktiv in das Projekt eingebunden. Er genehmigte Gutschriften, wirkte an internen Bewertungen mit und wurde erfolgsabhängig für das Iran-Geschäft bonifiziert, obwohl dies ausdrücklich untersagt war. Nach Bekanntwerden der Verstöße beendete 3M die Zusammenarbeit mit dem deutschen Zwischenhändler, leitete disziplinarische Maßnahmen ein und erstattete Selbstanzeige bei OFAC.

9.28.3 US-Nexus

Der Fall weist mehrere Verknüpfungspunkte zur US-Rechtsordnung auf. Zum einen sind sowohl 3M East als auch 3M Gulf Tochterunternehmen eines US-Konzerns. Zum anderen war ein US-Staatsbürger unmittelbar in die Geschäfte involviert, obwohl dies unter General License H ausdrücklich untersagt war. Die rechtliche Grundlage für die Zuständigkeit der OFAC ergibt sich insbesondere aus § 560.215 ITSR, wonach es auch ausländischen Unternehmen untersagt ist, im Wissen um die US-Sanktionen Transaktionen mit dem Iran durchzuführen, wenn sie von einem US-Konzern kontrolliert werden.

9.28.4 Sanktionsprogramm

Die OFAC stellte Verstöße gegen die Vorschriften der Iranian Transactions and Sanctions Regulations (ITSR), insbesondere §§ 560.204, 560.206 und 560.215 fest. Damit wurden sowohl direkte als auch indirekte Exporte von Gütern sowie die Einbindung von US-Personen in Iran-bezogene Transaktionen untersagt. Die Vorschriften waren zum Zeitpunkt der fraglichen Lieferungen auch für US-kontrollierte Auslandsunternehmen bindend, sofern keine Ausnahme durch eine gültige Genehmigung bestand.

9.28.5 Strafzahlung und Faktoren

OFAC bewertete den Fall als schwerwiegendes, sogenanntes „egregious" Verfahren, auch wenn 3M den Sachverhalt freiwillig offengelegt hatte. Die maximale Strafhöhe hätte bei über 10 Mio. US-Dollar gelegen. Die tatsächlich verhängte zivilrechtliche Vergleichszahlung betrug 9.618.477 US-Dollar. Als besonders belastend wurde gewertet, dass die beteiligten Mitarbeiter von Anfang an wussten, dass die Waren an eine iranische Polizeibehörde geliefert wurden, diese Tatsache jedoch gegenüber der eigenen Compliance-Abteilung verschleierten. Es wurde intern ein Verfahren zur Genehmigung Iran-bezogener Geschäfte eingeführt, jedoch bewusst umgangen. Auch dass ein US-Staatsbürger aktiv und mehrfach in das Geschäft eingebunden wurde, obwohl dies eindeutig gegen die geltende General License H verstieß, wog schwer. Die Verstöße betrafen sicherheitsrelevante staatliche Stellen der Islamischen Republik Iran, was eine politische Brisanz darstellt und dem außenpolitischen Ziel der US-Sanktionen fundamental widerspricht.

Auf der anderen Seite erkannte OFAC auch mildernde Umstände an. 3M hatte keine Vorverstöße, zeigte umfassende Kooperation während der Ermittlungen, leitete personelle Konsequenzen ein und baute seine internen Kontrollsysteme spürbar aus. Die freiwillige Selbstanzeige wurde als glaubwürdig eingestuft. Das Unternehmen erklärte sich zudem bereit, über einen Zeitraum von fünf Jahren eine jährliche Zertifizierung über die Einhaltung der Compliance-Verpflichtungen vorzulegen.

9.28.6 Vereinbarungen zum Internal Compliance Program (ICP)

Im Rahmen der Einigung verpflichtete sich 3M zur Einführung und Aufrechterhaltung eines gruppenweiten Sanktions-Compliance-Programms. Dieses beinhaltet die ausdrückliche Zustimmung der Unternehmensleitung zur Bedeutung und Durchsetzung der Sanktionsvorgaben, die strukturelle Stärkung der Compliance-Abteilung, regelmäßige Risikoanalysen, schriftlich dokumentierte Kontrollverfahren, systemgestützte Prüfprozesse sowie interne und externe Audits. Der Bereich Schulung wurde ausgeweitet; alle relevanten Mitarbeiter müssen mindestens einmal jährlich in Bezug auf US-Sanktionsrecht geschult werden. Verstöße müssen unmittelbar adressiert und Prozesse bei Bedarf angepasst werden. Die Verpflichtungen wurden von OFAC in einem Maßnahmenkatalog detailliert festgehalten, der für mindestens fünf Jahre verbindlich ist. Die Einhaltung der Verpflichtungen wird jährlich von einer Führungskraft gegenüber OFAC schriftlich bestätigt.

9.29 Binance Holdings, Ltd. (Kryptowährungsdienstleister, Cayman Islands)

9.29.1 Unternehmen und Branche

Binance Holdings, Ltd. ist ein global tätiges Kryptowährungsunternehmen mit Sitz auf den Cayman Islands. Seit seiner Gründung im Jahr 2017 entwickelte sich Binance zur weltweit größten Krypto-Handelsplattform gemessen am Transaktionsvolumen. Das Unternehmen betreibt mit *Binance.com* eine globale Plattform, auf der Benutzer Fiatgeld und Kryptowährungen über Spot-, Margin- und Derivatemärkte handeln können. Die Plattform zog aufgrund geringer Regulierungsanforderungen ein breites, internationales Publikum an – darunter auch Nutzer aus den Vereinigten Staaten sowie sanktionierten Staaten.

9.29.2 Sachverhalt

Zwischen August 2017 und Oktober 2022 ermöglichte Binance über 1,66 Mio. virtuelle Währungstransaktionen mit einem Gesamtvolumen von über 706 Mio. US-Dollar zwischen US-Personen und Nutzern aus umfassend sanktionierten Ländern. Dazu zählten u. a. Iran, Syrien, Nordkorea, Kuba, die Krim-Region sowie die sogenannten Volksrepubliken Donezk und Luhansk in der Ukraine.

Obwohl Binance nach außen hin ein Sanktions-Compliance-Programm kommunizierte und 2018 eine entsprechende Policy veröffentlichte, zeigten interne Dokumente und Chatprotokolle, dass die Geschäftsführung – einschließlich CEO und Chief Compliance Officer (CCO) – aktiv die Umgehung von OFAC-Vorgaben unterstützte.

Mitarbeiter wurden unternehmensintern angeleitet, Geo-Fencing-Mechanismen zu umgehen, IP-Blockaden zu lockern oder durch die Verwendung von VPNs das Herkunftsland von Nutzern zu verschleiern. US-Nutzer wurden bewusst auf der globalen Plattform belassen, obwohl offiziell *Binance.US* für den US-Markt etabliert wurde. So sollten Handelsliquidität und Einnahmen gesichert werden.

9.29.3 US-Nexus

Der US-Bezug ergibt sich aus mehreren Aspekten: Einerseits wurden auf der Plattform US-Personen mit Nutzern aus sanktionierten Jurisdiktionen als Handelspartner zusammengeführt – die Matching-Algorithmen wirkten damit sanktionsrelevant. Andererseits betrieb Binance Server und Zahlungsstrukturen, die den US-Markt faktisch mitumfassten. Die Kombination aus technisch ermöglichtem Zugang, bewusster Umgehung von Compliance-Vorgaben und wirtschaftlicher Beteiligung von US-Nutzern begründete den extraterritorialen Anwendungsbereich der OFAC-Vorschriften.

9.29.4 Sanktionsprogramm

Die Transaktionen verstießen gegen eine Vielzahl US-amerikanischer Sanktionsregelungen, darunter:

- Iran: § 560.204 ITSR
- Syrien: § 542.207 SSR
- Nordkorea: §§ 510.206, 510.212 NKSR, sowie E.O. 13722
- Kuba: § 515.201 CACR
- Krim, Donezk, Luhansk: E.O. 13685, 14065; §§ 589.207, 589.213 Ukraine-/Russia-Related Sanctions Regulations
- Allgemein: Verstöße gegen § 206(a) IEEPA (International Emergency Economic Powers Act)

9.29.5 Strafzahlung und Faktoren

Das Office of Foreign Assets Control (OFAC) bewertete den Sachverhalt als nicht selbst offengelegt und als gravierenden Verstoß („egregious case") im Sinne der Economic Sanctions Enforcement Guidelines. Aufgrund der Vielzahl der Verstöße – über 1,66 Mio. sanktionswidrige Transaktionen mit einem Volumen von über 700 Mio. US-Dollar – wurde die theoretisch maximal zulässige zivilrechtliche Geldbuße gemäß der einschlägigen gesetzlichen Bestimmungen auf über 592 Mrd. US-Dollar beziffert.

Im Rahmen eines koordinierten Verfahrens mit dem US-Justizministerium (DoJ), der Financial Crimes Enforcement Network (FinCEN) sowie der Commodity Futures Trading Commission (CFTC) einigte sich Binance auf eine Gesamtvergleichszahlung in Höhe von 968.618.825 US-Dollar. Der Vergleich ist Teil eines umfassenden Enforcement-Pakets, das sowohl zivilrechtliche als auch strafrechtliche Komponenten umfasst.

Bei der Bewertung des Sachverhalts legte OFAC besonderes Gewicht auf mehrere Umstände, die die Schwere des Verstoßes zusätzlich unterstrichen:

Erstens war nachweislich belegt, dass das Top-Management von Binance – einschließlich des Chief Executive Officers (CEO) und des damaligen Chief Compliance Officers (CCO) – über die fortdauernden Verstöße gegen US-Sanktionen informiert war. Die Führungsebene war sich bewusst, dass durch das Matching von US-Nutzern mit Personen aus sanktionierten Jurisdiktionen ein erheblicher Sanktionsverstoß vorlag, versäumte es jedoch, die notwendigen Maßnahmen zu ergreifen.

Zweitens wurde Binance vorgeworfen, gegenüber externen Stakeholdern – insbesondere Banken, Investoren und Regulierungsbehörden – bewusst ein falsches Bild seiner internen Kontrollsysteme vermittelt zu haben. Während das Unternehmen nach außen hin ein umfassendes Compliance-System kommunizierte, blieb dieses intern weitgehend ineffektiv. In mehreren Fällen wurden sogar bewusst irreführende oder unzutreffende Aussagen über bestehende Kontrollmechanismen gemacht.

Drittens ließ sich nachweisen, dass Binance über Jahre hinweg wirtschaftliche Vorteile für Nutzergruppen in umfassend sanktionierten Ländern (darunter Iran, Syrien, Nordkorea und Kuba) ermöglichte. Die Plattform bot diesen Nutzern Zugang zu globalen Handelsmärkten und ermöglichte die Umwandlung und Bewegung von Vermögenswerten in einem Umfang, der den Sanktionszielen der Vereinigten Staaten direkt zuwiderlief.

Viertens wurde dem Unternehmen zur Last gelegt, dass es aktiv zur Umgehung technischer Kontrollmaßnahmen beitrug. So fanden sich in internen Mitteilungen Anleitungen zur Verwendung von Virtual Private Networks (VPNs), durch die sanktionierte Nutzer oder US-Personen trotz formaler Zugangsbeschränkungen weiterhin auf die globale Plattform zugreifen konnten.

Im Rahmen der Abwägung erkannte OFAC zugleich mehrere entlastende Aspekte an:

Zunächst wurde positiv bewertet, dass Binance im Verlauf des Verfahrens umfangreich mit den US-Behörden kooperierte. Das Unternehmen stellte große Mengen interner Daten und belastender Kommunikation zur Verfügung, antwortete zügig auf Anfragen, führte interne Untersuchungen durch und schloss mit OFAC ein sogenanntes „tolling agreement“, um die Verjährung ruhen zu lassen.

Ein weiterer mildernder Umstand bestand darin, dass die beanstandeten Transaktionen in Relation zum gesamten Handelsvolumen von Binance als geringfügig einzustufen waren. Konkret machten die sanktionswidrigen Transaktionen weniger als 0,003 % des Gesamtvolumens aus. Auch der daraus resultierende wirtschaftliche Vorteil lag – gemessen an Größe und Umsatzvolumen von Binance – im unteren sechsstelligen Bereich.

Schließlich hatte Binance bereits vor Abschluss des Vergleichs damit begonnen, erste strukturelle Maßnahmen zur Verbesserung seiner Compliance-Funktionen umzusetzen. Diese Maßnahmen umfassten etwa die Einführung eines risikobasierten Sanktionsprüfverfahrens und die Neubesetzung wichtiger Positionen im Compliance-Bereich mit entsprechend qualifiziertem Fachpersonal.

9.29.6 Vereinbarungen zum Internal Compliance Program (ICP)

Im Zuge der Einigung mit dem Office of Foreign Assets Control (OFAC) verpflichtete sich Binance Holdings Ltd. zur umfassenden Neustrukturierung und Implementierung eines konzernweiten Sanktions-Compliance-Programms. Dieses Programm soll sicherstellen, dass sämtliche unternehmensbezogenen Aktivitäten im Bereich des internationalen Handels mit virtuellen Vermögenswerten künftig mit den Anforderungen des US-Sanktionsrechts in Einklang stehen. Zentraler Bestandteil dieser Vereinbarung ist die Einsetzung eines unabhängigen Compliance-Monitors für einen Zeitraum von fünf Jahren. Dieser externe Überwacher ist mit weitreichenden Prüf- und Berichtsbefugnissen ausgestattet und soll gewährleisten, dass die vereinbarten Maßnahmen dauerhaft umgesetzt und laufend überprüft werden.

Ein wesentliches Element des neuen Programms ist die Einführung eines umfassenden, risikobasierten Sanktionshandbuchs. Dieses Handbuch enthält unternehmensspezifische Richtlinien zur Identifikation, Bewertung und Kontrolle sanktionsrelevanter Risiken im Umgang mit Kunden, Plattformnutzern und Geschäftspartnern. Die Risikobewertung stützt sich auf technische und operative Parameter, darunter Transaktionsmuster, Herkunftsländer, Wallet-Adressen sowie netzwerkbasierte Verhaltensindikatoren.

Im Rahmen des Know-Your-Customer-Verfahrens (KYC) wurde eine jährliche Revalidierungspflicht eingeführt, bei der Kundeninformationen überprüft und aktualisiert werden müssen. Zusätzlich wurde eine technische Infrastruktur etabliert, die Geo-IP-Daten automatisch verarbeitet, IP-Adressen aus sanktionierten Jurisdiktionen blockiert und Nutzeraktivitäten auf der Blockchain analysiert. Hierbei kommen spezialisierte Drittanbieter zum Einsatz, deren Screening-Datenbanken und Analysetools in die Binance-Systemlandschaft eingebunden wurden.

Die Transaktionsüberwachung erfolgt künftig auf Basis automatisierter, regelbasierter Systeme, ergänzt durch manuelle Prüfungen durch geschulte Analysten. Verdächtige Aktivitäten werden dabei sowohl transaktionsbezogen als auch nutzerbezogen in Echtzeit identifiziert, intern dokumentiert und gegebenenfalls an die zuständigen Behörden gemeldet. Die Einbindung externer Dienstleister dient dem Ziel, unabhängige Prüfroutinen und Benchmarks zu etablieren.

Ein weiterer Schwerpunkt liegt auf der Schulung und Sensibilisierung des Personals. Sämtliche Mitarbeitenden durchlaufen ein verpflichtendes jährliches Fortbildungsprogramm, das sich mit den rechtlichen, technischen und operativen Aspekten der Sanktionscompliance befasst. Darüber hinaus werden Mitarbeitende, die in Hochrisikobereichen wie Onboarding, Risikomanagement, Technologie oder Kundenservice tätig sind, einer vertieften Spezialausbildung unterzogen.

Auf struktureller Ebene wurde die Compliance-Organisation grundlegend umgebaut. Die Zuständigkeiten wurden klar abgegrenzt, die internen Berichtslinien neu geordnet und zahlreiche Positionen mit erfahrenem Fachpersonal aus dem Bank- und Finanzsektor besetzt. Die Compliance-Abteilung wurde mit zusätzlichem Entscheidungs- und Weisungsrecht ausgestattet, insbesondere in Bezug auf das Nutzer-Onboarding, Produktfreigaben und Risikoeinstufungen.

Diese Maßnahmen verfolgen das Ziel, die Effektivität und Nachhaltigkeit des Compliance-Programms deutlich zu erhöhen und die Wahrscheinlichkeit zukünftiger Verstöße zu minimieren. Die OFAC wertet den Fall Binance ausdrücklich als Präzedenzfall für den Umgang mit extraterritorialen Sanktionsverstößen im Bereich dezentraler Finanztechnologien (DeFi). Der Fall markiert zugleich einen Wendepunkt in der Regulierung globaler Krypto-Handelsplattformen durch US-Behörden und unterstreicht die Notwendigkeit effektiver Governance-Strukturen im digitalen Finanzsektor.

9.30 EFG International AG (Privatbankwesen, Schweiz)

9.30.1 Unternehmen und Branche

Die EFG International AG mit Sitz in der Schweiz ist eine global tätige Privatbankengruppe, die über etwa 40 Tochtergesellschaften weltweit eine breite Palette an Finanzdienstleistungen anbietet. Dazu zählen unter anderem Vermögensverwaltung, Investmentbanking, Wertpapierhandel und internationale Zahlungsabwicklung. Das Unternehmen bedient sowohl institutionelle Kunden als auch vermögende Privatpersonen und unterhält auch Geschäftsbeziehungen mit US-Marktteilnehmern, darunter US-Wertpapierfirmen und Depotstellen.

9.30.2 Sachverhalt

Zwischen 2014 und 2023 führte EFG über ihre internationalen Tochtergesellschaften 873 wertpapierbezogene Transaktionen mit einem Gesamtvolumen von rund 30,4 Mio. US-Dollar durch, die gegen US-Sanktionsprogramme verstießen. Die Verstöße betrafen drei voneinander unabhängige Sachverhaltskomplexe:

- Cuba (2014–2018): EFG wickelte 727 Transaktionen im Wert von knapp 30 Mio. USD für Kunden ab, die entweder in Kuba wohnhaft waren oder deren wirtschaftlich Berechtigte kubanische Staatsangehörige waren. Die Transaktionen – darunter Käufe, Verkäufe und Dividendenerträge – liefen über omnibus-Konten bei US-Custodians, ohne dass die US-Akteure die Beteiligung sanktionierter Personen erkennen konnten.
- Kingpin Act (2014–2018): Für einen Kunden, der 2014 unter dem Foreign Narcotics Kingpin Designation Act (SDNTK) sanktioniert wurde, verarbeitete die EFG-Niederlassung in Singapur 141 Transaktionen im Gesamtwert von rund 468.000 USD über US-Wertpapierfirmen, da die Sperrung auf interner Ebene zwar erfolgte, jedoch nicht an US-Custodians kommuniziert wurde.
- Russland-Sanktionen (2023): Nach der Designierung eines russischen Kunden gemäß Executive Order 14024 unterlief der Schweizer EFG-Einheit ein Fehler bei der Offenlegung von Depotbeständen gegenüber US-Stellen. Dadurch wurden fünf Dividendenzahlungen im Gesamtwert von rund 1200 USD ausgeführt, obwohl die Positionen wirtschaftlich dem sanktionierten Kunden zuzurechnen waren.

9.30.3 US-Nexus

In sämtlichen Fällen ergibt sich der US-Bezug aus der Nutzung von omnibus-Konten bei US-Finanzdienstleistern sowie der Durchführung von Transaktionen mit US-Wertpapierfirmen und Depotbanken. Die Beteiligung sanktionierter Personen war durch die omnibus-Struktur für die US-Akteure nicht erkennbar, wurde jedoch durch unterlassene oder verspätete Mitteilungen seitens EFG begünstigt.

9.30.4 Sanktionsprogramm

Die beanstandeten Transaktionen betrafen Verstöße gegen folgende US-Sanktionsprogramme:

- Cuban Assets Control Regulations (CACR), 31 C.F.R. part 515, § 515.201
- Foreign Narcotics Kingpin Sanctions Regulations (FNKSR), 31 C.F.R. part 598, § 598.202
- Russian Harmful Foreign Activities Sanctions Regulations (RuHSR), 31 C.F.R. part 587, § 587.201

9.30.5 Strafzahlung und Faktoren

Die zivilrechtlich zulässige Höchststrafe, die OFAC im vorliegenden Fall gegen EFG International AG hätte verhängen können, belief sich auf rund 276 Mio. US-Dollar. Aufgrund der freiwilligen Selbstanzeige und unter Berücksichtigung mildernder Umstände setzte OFAC die tatsächliche Vergleichssumme auf 3.740.442 US-Dollar fest. Davon wurden 1.000.000 US-Dollar aufgeschoben, vorbehaltlich der vollständigen und nachweisbaren Umsetzung bestimmter Compliance-Verpflichtungen. Diese Reduktion erfolgte im Rahmen der Sanktionszumessung nach den Economic Sanctions Enforcement Guidelines, 31 C.F.R. Part 501, Appendix A.

In seiner Beurteilung identifizierte OFAC mehrere Umstände, die das Verhalten von EFG als besonders nachteilig erscheinen ließen. Die Behörde rügte insbesondere das Fehlen einer der Komplexität angemessenen Sorgfalt, mit der das Unternehmen strukturelle Risiken hätte erkennen und handhaben müssen. Die Nutzung von omnibus-Konten – also Sammelkonten, über die Wertpapiertransaktionen aggregiert abgewickelt werden – war als Risikofaktor bekannt. Dennoch unterließ es EFG, US-Vertragspartner wie Depotstellen und Wertpapierfirmen frühzeitig und korrekt über die Verwahrung sanktionierter Kundengelder zu informieren, obwohl entsprechende Hinweise und Kenntnisse intern vorlagen. Dieser Umstand wiegt umso schwerer, als das Institut über die wirtschaftliche Ansässigkeit der betroffenen Kunden in sanktionierten Ländern informiert war und gleichwohl keine entsprechenden Maßnahmen zur Transparenz gegenüber den US-Custodians traf.

Darüber hinaus konnte OFAC feststellen, dass EFG über einen Zeitraum von mehreren Jahren hinweg sanktionierten Personen faktisch wirtschaftliche Vorteile verschaffte. Dies geschah unter anderem durch die Verwaltung von Depotbeständen, die Abwicklung von Wertpapiertransaktionen und die Weiterleitung von Dividendenerträgen in US-Dollar. Allein die mit Kuba in Verbindung stehenden Transaktionen beliefen sich über einen Zeitraum von vier Jahren auf ein Volumen von rund 30 Mio. US-Dollar.

Besonders kritisch bewertete OFAC zudem, dass EFG die Möglichkeit gehabt hätte, aus der Struktur ihrer omnibus-Konten Rückschlüsse auf die Risikolage zu ziehen, die sich aus der Teilnahme sanktionierter Personen am US-Wertpapierhandel ergab. Es wäre der Bank möglich gewesen, ihre internen Prozesse so zu gestalten, dass diese Transaktionen transparent und adäquat bewertet worden wären. Stattdessen führte die Praxis der Intransparenz zu einer faktischen Verschleierung der Beteiligung sanktionierter Kunden gegenüber US-Finanzakteuren.

Gleichzeitig berücksichtigte OFAC mehrere entlastende Umstände. So hatte EFG bereits vor Abschluss des Verfahrens interne Zugangsbeschränkungen zu den betroffenen Kundendepots eingeführt, um sicherzustellen, dass sanktionierte Personen zumindest keinen unmittelbaren Zugriff auf die wirtschaftlichen Werte mehr nehmen konnten. Auch war das Institut in den fünf Jahren vor dem frühesten Verstoß nicht durch vergleichbare Regelverletzungen auffällig geworden.

Besonders positiv bewertete OFAC darüber hinaus die Vielzahl konkreter Abhilfemaßnahmen, die EFG nach Bekanntwerden der Verstöße umgesetzt hatte. Dazu zählen die Einführung strikterer Sperrmechanismen, die Verpflichtung aller Tochtergesellschaften zur schriftlichen Information US-amerikanischer Custodians über depotverwahrte Vermögenswerte mit Sanktionsbezug, sowie die Etablierung eines risikobasierten Kontrollsystems. Letzteres identifiziert automatisch Hochrisikoländer und veranlasst bei betroffenen Kunden verschärfte Prüfverfahren. Darüber hinaus wurde ein jährlicher Risikoanalysezyklus eingeführt, der sich am offiziellen OFAC-Framework orientiert. Auch in ihrer Zusammenarbeit mit den US-Behörden zeigte sich EFG in besonderem Maße kooperativ: Die Bank stellte umfangreiche Unterlagen zur Verfügung, leitete interne Untersuchungen ein und unterzeichnete ein sogenanntes tolling agreement, wodurch die Verjährung des Sachverhalts bis zum Abschluss der Ermittlungen ausgesetzt wurde.

9.30.6 Vereinbarungen zum Internal Compliance Program (ICP)

Im Rahmen des zivilrechtlichen Vergleichs verpflichtete sich EFG International AG zur Umsetzung eines strukturierten und nachhaltig wirksamen Sanktions-Compliance-Programms. Ziel der Vereinbarung war es, sicherzustellen, dass sämtliche Tochtergesellschaften der EFG-Gruppe künftig über ein konsistentes, risikobasiertes Kontrollsystem verfügen, das die Einhaltung von US-Sanktionsrecht auch außerhalb der Vereinigten Staaten gewährleistet.

Ein zentrales Element dieses Programms bildet die Einführung eines gruppenweit geltenden Genehmigungsvorbehalts für sämtliche Geschäftsaktivitäten, die ein erhöhtes Sanktionsrisiko aufweisen. Konkret bedeutet dies, dass sämtliche Kundenbeziehungen mit potenziellen Bezugspunkten zu sanktionierten Staaten, Personen oder Wirtschaftszweigen einer individuellen Freigabe durch die zuständige Compliance-Funktion unterliegen. Die Prüfprozesse wurden standardisiert, mit einem verpflichtenden Freigabeverfahren versehen und an zentraler Stelle im Unternehmen angesiedelt.

Darüber hinaus verpflichtete sich EFG zur proaktiven und regelmäßigen Offenlegung gegenüber US-Marktteilnehmern, insbesondere Depotbanken und Clearingstellen, wenn sanktionierte Kunden oder solche mit Bezug zu umfassend sanktionierten Jurisdiktionen indirekt von Depot- oder Transaktionsdienstleistungen betroffen sein könnten. Diese Meldepflicht betrifft sowohl Altbestände als auch Neugeschäfte und erfolgt unabhängig davon, ob die Beteiligung auf Ebene des wirtschaftlich Berechtigten oder der Vollmachtsperson besteht.

Ein weiterer Schwerpunkt der getroffenen Vereinbarungen liegt auf dem Aufbau eines strukturierten Systems zur Bewertung und Steuerung von Sanktionsrisiken. Dieses sogenannte Sanktionsrisiko-Management umfasst die Durchführung risikoorientierter Prüfungen, eine systematische Schulungspflicht für relevante Fachbereiche sowie eine Überwachung der Einhaltung durch interne Kontrollinstanzen. Schulungsinhalte wurden standardisiert und werden jährlich angepasst, um neue regulatorische Entwicklungen sowie Erkenntnisse aus dem operativen Betrieb zu berücksichtigen.

Darüber hinaus verpflichtete sich EFG zur Implementierung eines jährlichen Prüf- und Evaluationszyklus. Dieser umfasst sowohl Audits durch die interne Revision als auch externe Risikoanalysen, die das Gesamtsystem auf seine Effektivität hin überprüfen sollen. Die Ergebnisse dieser Überprüfungen fließen direkt in die Fortentwicklung des Compliance-Programms ein.

Besonderes Augenmerk wurde schließlich auf die globale Integration der neuen Maßnahmen gelegt. Sämtliche Tochtergesellschaften der EFG-Gruppe wurden verpflichtet, die neuen Kontrollmechanismen dauerhaft zu übernehmen und in ihre operativen Abläufe einzubinden. Dies schließt die Harmonisierung von IT-Systemen, Kontrollparametern, Kundendokumentationen und Kommunikationsprotokollen mit ein.

Die genannten Maßnahmen verfolgen das Ziel, eine konzernweite Durchsetzung der Sanktionsvorgaben zu gewährleisten und insbesondere zu verhindern, dass US-Finanzintermediäre – etwa durch die Nutzung von omnibus-Konten – unbeabsichtigt in Geschäftsbeziehungen mit sanktionierten Personen oder Staaten eingebunden werden.

9.31 SCG Plastics Co., Ltd. (Petrochemiehandel, Thailand)

9.31.1 Unternehmen und Branche

SCG Plastics Co., Ltd. war ein thailändisches Handelsunternehmen mit Sitz in Bangkok, spezialisiert auf den Vertrieb von Kunststoffharzen, insbesondere hochdichtem Polyethylen (HDPE). Das Unternehmen war Teil des Chemiekonzerns SCG Chemicals, einem multinational agierenden Konzern mit Beteiligungen im Nahen Osten und Asien. SCG Plastics agierte als Distributeur eines iranisch-thailändischen Joint Ventures, dessen HDPE-Produkte global vermarktet wurden.

9.31.2 Sachverhalt

Zwischen 2017 und 2018 wickelte SCG Plastics 467 Transaktionen mit einem Gesamtvolumen von rund 291 Mio. US-Dollar ab, die den Verkauf iranischen HDPE betrafen. Das HDPE stammte von der Mehr Petrochemical Company, einem Joint Venture zwischen dem thailändischen Mutterkonzern und der National Petrochemical Company of Iran (NPC) – einer staatlichen Einrichtung des Iran. SCG Plastics erhielt Zahlungen von Kunden in US-Dollar auf thailändische Konten, wobei die Transaktionen über US-Korrespondenzbanken liefen.

Um die iranische Herkunft der Produkte zu verschleiern, wurden systematisch dokumentarische Falschangaben gemacht: In Versand- und Zahlungsdokumenten wurde nicht „Iran“ als Ursprungsland genannt, sondern pauschal „Middle East“ oder „Jebel Ali, UAE“. In mindestens zehn Fällen veranlasste SCG Plastics zudem Zahlungen in US-Dollar an Drittfirmen im Namen von Mehr, um offene Verbindlichkeiten des iranischen Joint Ventures zu begleichen. Auch hierbei wurde die wahre Identität des Empfängers bewusst verschleiert, teils durch die Nutzung von Strohfirma-Konten in Drittstaaten.

Im Juli 2018 veräußerte SCG Chemicals seine Beteiligung an Mehr, und SCG Plastics beendete sämtliche Geschäfte mit Iran. Im Januar 2022 wurden Vermögenswerte und Verbindlichkeiten von SCG Plastics auf die Schwesterfirma Thai Polyethylene Co., Ltd. (TPE) übertragen, die heute auch die Compliance-Verpflichtungen aus dem Vergleich mit OFAC trägt.

9.31.3 US-Nexus

Durch die Verwendung von US-Dollar und die Abwicklung über US-Korrespondenzbanken wurde das US-Finanzsystem aktiv in den Zahlungsverkehr eingebunden. Die verdeckten Zahlungen im Namen iranischer Unternehmen, ohne korrekte Herkunftsangaben, führten dazu, dass US-Finanzinstitute unwissentlich verbotene

Finanztransaktionen mit Bezug zu Iran durchführten – ein klassischer extraterritorialer Anwendungsfall der ITSR.

9.31.4 Sanktionsprogramm

OFAC stellte Verstöße gegen mehrere Vorschriften der Iranian Transactions and Sanctions Regulations (ITSR), 31 C.F.R. part 560 fest, insbesondere:

- § 560.203(a): Verbotene Umgehung von Sanktionen,
- §§ 560.204, 560.206, 560.208: Export- und Vermittlungsverbote,
- § 560.208: Bereitstellung materieller Unterstützung für Iran.

9.31.5 Strafzahlung und Faktoren

OFAC bewertete den Fall SCG Plastics als schwerwiegenden Verstoß und stufte die insgesamt 467 festgestellten Transaktionen ausdrücklich als „egregious" ein. Lediglich zehn dieser Transaktionen wurden im Rahmen einer freiwilligen Selbstanzeige offengelegt; die übrigen 457 Verstöße blieben zunächst unerkannt und wurden im Zuge behördlicher Ermittlungen aufgedeckt. Die rechnerisch zulässige Höchststrafe hätte sich angesichts des Umfangs und der Höhe der Transaktionen auf rund 600 Mio. US-Dollar belaufen. OFAC berücksichtigte jedoch verschiedene mildernde Umstände und setzte die tatsächliche Vergleichszahlung auf 20 Mio. US-Dollar fest.

In seiner Bewertung der Sanktionsverstöße hob OFAC zunächst hervor, dass SCG Plastics über einen mehrjährigen Zeitraum systematisch Maßnahmen ergriff, um die iranische Herkunft der gehandelten petrochemischen Produkte zu verschleiern. So wurden in den betroffenen Geschäftsdokumenten, darunter Rechnungen, Ursprungsnachweise und Versandunterlagen, entweder keine Angaben zur Herkunft gemacht oder neutrale Begriffe wie „Middle East" oder „Jebel Ali" verwendet, um gezielt den Anschein zu vermeiden, dass es sich um iranische Ware handelte. Diese bewusste Irreführung wurde auch gegenüber den involvierten US-Korrespondenzbanken beibehalten und stellte eine aktive Umgehung von Sanktionsprüfungen dar. Die gezielte Täuschung über Ursprungs- und Empfangsangaben zeigt nach Einschätzung der OFAC ein besonders hohes Maß an vorsätzlicher Missachtung der geltenden Sanktionsvorgaben.

Des Weiteren warf OFAC dem Unternehmen vor, durch seine Geschäftspraxis einen erheblichen wirtschaftlichen Vorteil für den iranischen Petrochemiesektor geschaffen zu haben. Insbesondere profitierte das Unternehmen Mehr Petrochemical Company, an dem auch staatliche iranische Stellen beteiligt waren. Die Nutzung von US-Dollar im Rahmen der Transaktionen ermöglichte es dem iranischen Partnerunternehmen, seine Produkte auf dem Weltmarkt zu vertreiben, ausländische Schulden zu bedienen und sich Zugang zu internationalen Finanzierungsmöglichkeiten zu verschaffen. Dies stand in direktem Widerspruch zu den außenpolitischen Zielen der Vereinigten Staaten, die auf eine finanzielle Isolierung des iranischen Staatssektors ausgerichtet sind.

Besonders kritisch fiel in der Bewertung der Umstand ins Gewicht, dass SCG Plastics die Transaktionen mit hoher Raffinesse strukturierte. Die Komplexität und professionelle Ausgestaltung der Liefer- und Zahlungswege wurde von OFAC als Beleg dafür gewertet, dass dem Unternehmen die Risiken und Rechtsfolgen seiner Geschäftstätigkeit mit Iran bewusst waren. Die bewusste Einschaltung von Drittfirmen, die Verwendung von Alternativkonten und das gezielte Verschleiern von Herkunftsinformationen stellten nach Auffassung der Behörde keine zufälligen oder systembedingten Fehler dar, sondern waren Ausdruck einer gezielten Strategie zur Umgehung US-amerikanischer Kontrollmechanismen. Dass ein bedeutender Teil des Umsatzes von SCG Plastics auf den Handel mit iranischer Ware zurückzuführen war, unterstreicht den systematischen Charakter des Verhaltens.

Dem gegenüber stellte OFAC mehrere mildernde Umstände fest. So wurde anerkannt, dass SCG Plastics in den fünf Jahren vor Beginn der Verstöße nicht durch vergleichbare Fälle auffällig geworden war. Zudem zeigte das Unternehmen im Verlauf des Verfahrens eine hohe Kooperationsbereitschaft. Es stellte umfangreiche Unterlagen zur Verfügung, reagierte zeitnah und strukturiert auf Anfragen der Behörden und unterzeichnete ein sogenanntes „tolling agreement", mit dem die Verjährung der Verstöße bis zur abschließenden Bewertung ausgesetzt wurde. OFAC wertete diese Bereitschaft zur Aufklärung als positiv.

Darüber hinaus befand sich SCG Plastics zum Zeitpunkt der Einigung mit OFAC bereits in einem geordneten Liquidationsverfahren nach thailändischem Gesellschaftsrecht. Der operative Geschäftsbetrieb war eingestellt, sodass keine weiteren Risikogeschäfte zu erwarten waren. Die sich daraus ergebende Nachfolgegesellschaft, Thai Polyethylene Co., Ltd. (TPE), erklärte sich im Rahmen des Vergleichs bereit, sämtliche Compliance-Verpflichtungen für eine Dauer von fünf Jahren zu übernehmen. Die freiwillige Übernahme der Pflichten durch die neue Gesellschaft wurde von OFAC als Ausdruck der Bereitschaft gewertet, systemische Schwächen im Konzernumfeld nachhaltig zu beseitigen.

9.31.6 Vereinbarungen zum Internal Compliance Program (ICP)

Im Rahmen des Vergleichs mit OFAC verpflichtete sich die Nachfolgegesellschaft Thai Polyethylene Co., Ltd. (TPE) zur Einrichtung und dauerhaften Umsetzung eines strukturierten, risikobasierten Sanktions-Compliance-Programms. Ziel der Maßnahme ist es, künftig sämtliche geschäftlichen Aktivitäten in Einklang mit den Anforderungen des US-Sanktionsrechts zu bringen und systembedingte Schwachstellen im Konzernumfeld nachhaltig zu beheben.

Zentraler Bestandteil des Programms ist die Entwicklung eines unternehmensspezifischen Compliance-Frameworks, das unter Mitwirkung externer Fachberater erstellt wurde. Dieses Rahmenwerk bildet die Grundlage für sämtliche internen Regelungen zur Einhaltung von Sanktionsvorschriften und berücksichtigt dabei sowohl die spezifische Geschäftstätigkeit von TPE als auch die geografische Risikolage des Unternehmens. Es definiert klare Verantwortlichkeiten, Prüfprozesse und Eskalationswege im Umgang mit potenziell sanktionsrelevanten Vorgängen.

Zur organisatorischen Verankerung wurde ein eigener Compliance-Beauftragter benannt, der mit einem klar abgegrenzten Mandat zur Überwachung und Durchsetzung der Sanktionsregeln ausgestattet ist. Dieser Verantwortungsbereich umfasst die Implementierung operativer Kontrollmechanismen, die Durchführung von Schulungsmaßnahmen, die Bearbeitung interner Hinweise sowie die Kommunikation mit externen Behörden, insbesondere OFAC.

Ein weiterer Schwerpunkt liegt auf der Implementierung technischer und organisatorischer Verfahren zur Identifizierung sanktionierter Personen, Organisationen und Länder. TPE führte ein automatisiertes Screening-System ein, das sowohl bei der Anbahnung neuer Geschäftsbeziehungen als auch im laufenden Geschäftsbetrieb sämtliche Kunden, Lieferanten und sonstige Geschäftspartner auf potenzielle Sanktionsrisiken überprüft. Die eingesetzten Systeme sind mit aktuellen Sanktionslisten abgeglichen und unterliegen einer fortlaufenden Aktualisierung.

Parallel dazu wurde ein gruppenweites Schulungsprogramm eingeführt, das alle relevanten Mitarbeitenden in den Grundzügen und Anwendungspflichten des US-

Sanktionsrechts unterweist. Die Schulungen erfolgen in zyklischer Form und sind verpflichtender Bestandteil der Einarbeitung neuer Beschäftigter sowie der jährlichen Fortbildungsplanung. Besonderes Augenmerk liegt dabei auf Bereichen mit erhöhtem Risikopotenzial, darunter Vertrieb, Einkauf, Logistik und Finanzwesen.

Zur laufenden Kontrolle der Wirksamkeit der getroffenen Maßnahmen verpflichtete sich TPE zur Durchführung regelmäßiger interner Audits und externer Überprüfungen. Diese Kontrollen sollen sicherstellen, dass die eingeführten Mechanismen nicht nur formell vorhanden, sondern auch funktional und effektiv sind. Festgestellte Schwachstellen werden dokumentiert, analysiert und führen zu konkreten Maßnahmenplänen zur Behebung.

TPE hat mit der Umsetzung der Maßnahmen bereits zum Zeitpunkt des Vergleichs begonnen und verpflichtet sich darüber hinaus, OFAC regelmäßig über den Stand der Umsetzung zu unterrichten. Damit soll ein hohes Maß an Transparenz und Rechenschaft gewährleistet werden. Die Maßnahmen gelten als zentrales Element der Sanktionsfolgenbewältigung im Konzernumfeld der ehemaligen SCG Plastics Co., Ltd. und dienen zugleich als Referenzmodell für Nachfolgeorganisationen in komplexen Unternehmensstrukturen.

9.32 Mondo TV S.p.A. (Animationsproduktion, Italien)

9.32.1 Unternehmen und Branche

Mondo TV S.p.A. ist ein italienisches Medienunternehmen mit Sitz in Rom, das sich auf die Produktion und den internationalen Vertrieb von Animationsformaten spezialisiert hat. Das Unternehmen unterhielt bereits seit den 1990er-Jahren Geschäftsbeziehungen mit der nordkoreanischen Scientific Educational Korea Studio (SEK) – einer staatlich kontrollierten Einrichtung zur Erstellung von Animationsinhalten.

9.32.2 Sachverhalt

Zwischen Mai 2019 und November 2021 zahlte Mondo TV insgesamt rund 538.000 USD an SEK für die Produktion von Animationsinhalten. Diese Zahlungen erfolgten gemäß einer vertraglichen Vereinbarung, die sowohl ältere Forderungen als auch neue Projekte umfasste. Die Überweisungen wurden jedoch nicht direkt nach Nordkorea getätigt, sondern über Drittunternehmen in China und den USA mit Bankkonten bei US-Finanzinstituten. Trotz der offensichtlichen Hinweise auf die Verbindung zu SEK – etwa in Verträgen, Rechnungen und Kommunikationsdokumenten – wurde kein wirksames Sanktions-Compliance-System angewandt.

9.32.3 US-Nexus

Durch die Nutzung von US-Korrespondenzbanken und US-Dollar-Zahlungsverkehr war ein klarer US-Nexus gegeben. Diese Zahlungen verursachten gemäß OFAC-Definition **eine** mittelbare Bereitstellung von Finanzdienstleistungen an die nordkoreanische Regierung, was unter § 510.212 NKSR untersagt ist.

9.32.4 Sanktionsprogramm

Der Fall betraf Verstöße gegen die Nordkorea-Sanktionsverordnung (31 C.F.R. Part 510 – NKSR), konkret § 510.206 (Verbot des Exports von Finanzdienstleistungen) in Verbindung mit § 510.212 (Verursachung von Verstößen durch Dritte).

9.32.5 Strafzahlung und Faktoren

Mondo TV zahlte eine Vergleichssumme von 538.000 USD. Das Verfahren wurde von OFAC als nicht selbst offengelegt, aber nicht gravierend eingestuft.

Erschwerend wertete OFAC die bewusste Entscheidung der Geschäftsführung, trotz Kenntnis der nordkoreanischen Verbindung zu zahlen, sowie das Fehlen eines Compliance-Programms. Mildernd wurden die bisherige Unauffälligkeit, die Mitwirkung während der Untersuchung und die Unterstützung von US-Politikzielen berücksichtigt.

9.32.6 Vereinbarungen zum Internal Compliance Program (ICP)

Zum Tatzeitpunkt existierte kein effektives Sanktions-Compliance-System. Der Fall unterstreicht exemplarisch die Relevanz von Sanktionsprüfungen und Know-Your-Customer (KYC)-Maßnahmen, insbesondere im internationalen Zahlungsverkehr mit US-Bezug.

9.33 Vietnam Beverage Company Ltd. (Alkoholindustrie, Vietnam)

9.33.1 Unternehmen und Branche

Vietnam Beverage Company Ltd. (VBCL) ist ein vietnamesisches Holdingunternehmen, das über mehrere Tochtergesellschaften in der Herstellung und dem Export alkoholischer Getränke tätig ist.

9.33.2 Sachverhalt

Im Zeitraum Januar 2016 bis Oktober 2018 tätigten VBCL-Tochtergesellschaften 43 Transaktionen im Gesamtwert von rund 1,14 Mio. USD, die dem Export von Alkohol (Bier und Spirituosen) an nordkoreanische Unternehmen dienten. Die Zahlungen erfolgten über insgesamt 15 Drittunternehmen in u. a. Hongkong, China, der Türkei, Singapur und den Seychellen – fast alle Transfers liefen über US-Korrespondenzbanken. Vertragsunterlagen wiesen explizit Nordkorea als Empfänger aus und wurden durch das damalige Management gebilligt. Ein Compliance-System zur Überprüfung dieser Geschäftsbeziehungen bestand nicht.

9.33.3 US-Nexus

Durch die Fakturierung in US-Dollar und die Abwicklung über das US-Finanzsystem war ein klarer US-Nexus gegeben. Die US-Finanzinstitute führten dabei Transaktionen durch, die letztlich Finanzdienstleistungen für nordkoreanische Unternehmen darstellten.

9.33.4 Sanktionsprogramm

Die Verstöße fielen unter § 510.206 sowie § 510.212 der Nordkorea-Sanktionsverordnung (NKSR) und betrafen die mittelbare Ausfuhr von Finanzdienstleistungen an die DVRK.

9.33.5 Strafzahlung und Faktoren

Im Rahmen des Vergleichsverfahrens mit dem Office of Foreign Assets Control (OFAC) erklärte sich Vietnam Beverage Company Ltd. (VBCL) bereit, eine zivilrechtliche Vergleichszahlung in Höhe von 860.000 US-Dollar zu leisten.

OFAC bewertete den Sachverhalt als nicht selbst offengelegt, jedoch in seiner Gesamtabwägung als nicht gravierend („non-egregious case") im Sinne der OFAC-Enforcement Guidelines.

Zu den erschwerenden Faktoren zählte insbesondere die mangelnde Sorgfalt bei der Fakturierung der Lieferungen in US-Dollar, obwohl dies mit einem hohen Risiko der Einschaltung des US-Finanzsystems verbunden war. Die unterlassenen Prüfungen führten dazu, dass insgesamt 43 Zahlungen von Drittparteien zugunsten nordkoreanischer Abnehmer über US-Korrespondenzbanken abgewickelt wurden. Zudem lag ein klar erkennbarer Bezug zu sanktionierten nordkoreanischen Handelspartnern vor – eine Tatsache, die sich aus den Vertrags- und Abrechnungsunterlagen ausdrücklich ergab.

Demgegenüber erkannte OFAC mehrere mildernde Umstände an: So erfolgte nach einem Führungswechsel im Jahr 2019 eine vollständige Beendigung der Geschäftsbeziehungen mit nordkoreanischen Kunden. Darüber hinaus informierte das Unternehmen OFAC proaktiv über die festgestellten Sachverhalte. Nicht zuletzt leitete VBCL umfassende Abhilfemaßnahmen ein, darunter die Einführung eines verbindlichen Sanktions-Compliance-Programms, die Implementierung strukturierter Kundenprüfverfahren und die Durchführung von Mitarbeiterschulungen zur Einhaltung internationaler Sanktionsvorschriften.

9.33.6 Vereinbarungen zum Internal Compliance Program (ICP)

Nach Bekanntwerden der Verstöße und im Zuge der Aufarbeitung des Verfahrens implementierte die Vietnam Beverage Company Ltd. (VBCL) ein umfassendes Sanktions-Compliance-Programm, das darauf abzielt, zukünftige Verstöße gegen US-Sanktionsrecht systematisch zu verhindern. Das Programm wurde mit Unterstützung interner und externer Fachstellen entwickelt und in allen relevanten Unternehmensbereichen verbindlich eingeführt.

Ein zentraler Bestandteil des Programms ist das generelle Verbot von Geschäftsbeziehungen mit Ländern, die Gegenstand umfassender US-Sanktionen sind. Dieses Verbot wurde in einer unternehmensweiten Richtlinie festgeschrieben und gilt unabhängig davon, ob der Kontakt direkt oder über zwischengeschaltete Dritte erfolgt. Damit wird sichergestellt, dass sich VBCL vollständig aus Geschäftsaktivitäten mit Hochrisikostaaten zurückzieht, einschließlich Iran, Nordkorea, Syrien und Kuba.

Zur operativen Umsetzung dieser Vorgabe wurde ein verpflichtendes Sanktionsprüfverfahren eingeführt, das sämtliche Kundenbeziehungen – sowohl bestehende als auch neu aufzunehmende – einer individuellen Risikoüberprüfung unterzieht. Dabei wird auf aktuelle Sanktionslisten der OFAC sowie ergänzende internationale Datenquellen zurückgegriffen. Kunden mit Wohnsitz, wirtschaftlichem Sitz oder Eigentümerstruktur in sanktionierten Ländern werden automatisch gesperrt, und auch Geschäftsbeziehungen mit erhöhtem Risikoprofil unterliegen einer gesonderten Genehmigungspflicht durch die Compliance-Abteilung.

Zur organisatorischen Stärkung wurde ein eigenes Compliance-Team innerhalb des Unternehmens aufgebaut. Dieses ist für die Durchführung und Überwachung der Sanktionsprüfungen verantwortlich, koordiniert Schulungsmaßnahmen, führt interne Kontrollen durch und fungiert als zentrale Anlaufstelle für sämtliche Fragen zum Thema Exportkontrolle und Sanktionsrecht. Die Abteilung berichtet direkt an die Geschäftsführung und ist mit einem unabhängigen Mandat ausgestattet.

Begleitend dazu wurden unternehmensweit strukturierte Schulungen für Mitarbeitende eingeführt, die regelmäßig durchgeführt und auf verschiedene Funktionsbereiche zugeschnitten sind. Das Ziel besteht darin, das Bewusstsein für sanktionsrechtliche Risiken zu schärfen und praktische Handlungssicherheit im Umgang mit risikobehafteten Geschäftsvorfällen zu vermitteln. Darüber hinaus wurden für bestimmte Schlüsselpositionen – insbesondere im Vertrieb und im Zahlungsverkehr – verpflichtende Hintergrundprüfungen eingeführt, die von externen Dienstleistern durchgeführt werden. Diese Prüfungen umfassen sowohl die Überprüfung geschäftlicher Referenzen als auch potenzieller Interessenkonflikte und vergangenheitsbezogener Compliance-Risiken.

Das neue Compliance-Programm stellt damit einen grundlegenden Wandel im Umgang von VBCL mit regulatorischen Risiken dar. Es schafft die Voraussetzung dafür, dass künftig alle Geschäftsaktivitäten mit einem belastbaren, dokumentierten und nachvollziehbaren Risikomanagement unterlegt sind – in Einklang mit den Anforderungen des US-amerikanischen Sanktionsrechts und im Sinne einer langfristig tragfähigen Unternehmensführung.

9.34 Aiotec GmbH (Industrieanlagen, Deutschland)

9.34.1 Unternehmen und Branche

Die Aiotec GmbH mit Sitz in Berlin ist ein Industrieanlagenlieferant für den Energiesektor. Das Unternehmen war in die Beschaffung, Demontage und Ausfuhr einer gebrauchten Polypropylen-Produktionsanlage aus Australien verwickelt.

9.34.2 Sachverhalt

Zwischen 2015 und 2019 organisierte Aiotec in Zusammenarbeit mit einer iranischen Tochtergesellschaft sowie der Petro-Iranian Downstream Industries Development Co. (PIDID) die Lieferung dieser Anlage nach Iran. Um die Sanktionen zu umgehen, wurde der US-Vertragspartner durch gefälschte Endverbleibserklärungen, manipulierte Versandunterlagen und Scheinverträge getäuscht.

Der US-Vertragspartner hatte Aiotec zuvor vertraglich untersagt, die Anlage in sanktionierte Staaten weiterzuverkaufen. Aiotec brach diese Verpflichtung wiederholt und verschleierte bis zur letzten Teillieferung im April 2019 konsequent den tatsächlichen Empfänger der Ware.

9.34.3 US-Nexus

Aiotec kaufte die Anlage über ein US-Unternehmen, und zahlte rund 9,5 Mio. USD in 11 Teilbeträgen über US-Banken – teils in Euro, jedoch auf USD-Konten. Auch der Exportvorgang selbst erfolgte unter Mitwirkung von US-Personen. Der Tatbestand begründete somit eindeutig den extraterritorialen Anwendungsbereich des Iran Sanctions Program.

9.34.4 Sanktionsprogramm

Verstöße gegen § 560.203(b) der Iranian Transactions and Sanctions Regulations (ITSR); zudem mögliche Verletzung von § 560.204 (mittelbare Exportkontrolle via US-Personen).

9.34.5 Strafzahlung und Faktoren

Im Rahmen der Einigung mit OFAC verpflichtete sich Aiotec zur Zahlung einer zivilrechtlichen Vergleichssumme in Höhe von 14,55 Mio. US-Dollar. Von diesem Betrag wurden 9,55 Mio. US-Dollar aufgeschoben, unter der Bedingung, dass das Unternehmen die im Vergleichsverfahren vereinbarten Compliance-Verpflichtungen vollständig umsetzt und dauerhaft einhält.

Im Zuge der Sanktionsbewertung berücksichtigte OFAC mehrere erschwerende Faktoren: Besonders ins Gewicht fiel das konspirative Verhalten von Aiotec, das über einen Zeitraum von mehreren Jahren hinweg angelegt war. Dazu zählten insbesondere wiederholte Falschangaben, die aktive Irreführung von Geschäftspartnern in den Vereinigten Staaten sowie die gezielte Täuschung über den tatsächlichen Endverbleib der exportierten Industrieanlage. Von besonderer außen- und sicherheitspolitischer Relevanz war zudem die Tatsache, dass die Anlage letztlich einem iranischen Akteur mit Verbindungen zur Islamic Revolutionary Guard Corps (IRGC) zugutekam, einem zentralen Adressaten US-amerikanischer Sanktionspolitik im Bereich der Terrorismusfinanzierung.

Demgegenüber wurden auch mehrere mildernde Umstände anerkannt: Aiotec kooperierte im Rahmen des Ermittlungsverfahrens mit OFAC und leistete umfangreiche Beiträge zur Aufklärung der zugrunde liegenden Sachverhalte. Zudem wurden die wirtschaftliche Leistungsfähigkeit des Unternehmens sowie das Fehlen einschlägiger Vorverstöße innerhalb der zurückliegenden fünf Jahre positiv berücksichtigt.

9.34.6 Vereinbarungen zum Internal Compliance Program (ICP)

Im Rahmen der Einigung verpflichtete sich Aiotec zur Einführung eines umfassenden Sanktions-Compliance-Programms, das auf die Minimierung zukünftiger Sanktionsrisiken ausgerichtet ist. Zu den zentralen Maßnahmen zählen die Implementierung schriftlich fixierter Richtlinien und Verfahren, die sich ausdrücklich an den Vorgaben des OFAC-Frameworks für Compliance Commitments orientieren.

Ein weiterer Kernbestandteil des Programms ist die Einsetzung eines dedizierten Compliance-Beauftragten, der mit der operativen Verantwortung für die Implementierung, Überwachung und Weiterentwicklung des Sanktionskontrollsystems betraut ist.

Zur Überprüfung der Wirksamkeit wurde Aiotec zudem verpflichtet, jährlich unabhängige externe Audits durchführen zu lassen. Diese sollen die Einhaltung der Compliance-Verpflichtungen evaluieren und etwaige Schwachstellen identifizieren.

Ergänzend dazu beinhaltet das Maßnahmenpaket gezielte Aktivitäten zur Sensibilisierung der Mitarbeitenden, insbesondere durch Schulungsprogramme und interne Kontrollmechanismen. Ziel ist der Aufbau einer unternehmensweiten Compliance-Kultur, die nicht nur auf formalen Strukturen, sondern auch auf nachhaltigem Risikobewusstsein basiert.

Ergebnisse der Fallstudie 10

Die Auswertung der 32 zwischen 2019 und 2024 abgeschlossenen OFAC-Settlement Agreements mit Nicht-US-Unternehmen ermöglicht eine systematische Betrachtung der behördlichen Durchsetzungspraxis in diesem Zeitraum. Ziel des Kapitels ist es, die in den Einzelanalysen gewonnenen Erkenntnisse zu verdichten und in strukturierter Form darzustellen. Dabei werden zunächst quantitative Aspekte – etwa die Verteilung der Verfahren nach Branchen, betroffenen Sanktionsprogrammen, US-Nexus und Strafhöhen – untersucht, bevor im Anschluss qualitative Muster und branchenspezifische Risikoprofile herausgearbeitet werden. Die Ergebnisse bilden die Grundlage für die im Folgenden entwickelte Synthese, die Rückschlüsse auf regulatorische Schwerpunkte, extraterritoriale Wirkungsmechanismen und die praktischen Anforderungen an Internal Compliance Programmes (ICP) erlaubt.

10.1 Quantitative Beurteilung der Verfahren

10.1.1 US-Nexus

Grundsätzlich unterliegen Nicht-US-Unternehmen nicht dem US-Exportkontrollrecht. Dieses ist seinem Wortlaut und Regelungszweck nach in erster Linie auf US-Personen zugeschnitten und regelt daneben den Export und Reexport von US-Gütern. Gleichwohl zeigen Praxis und Vollzug, dass zahlreiche Anknüpfungspunkte existieren, durch die auch außergerichtliche Sachverhalte in den Anwendungsbereich der US-Vorschriften fallen können (US-Nexus).

D. O. Schindler, *OFAC Settlement Agreements*,
https://doi.org/10.1007/978-3-658-50017-7_10

Am häufigsten ergibt sich der US-Nexus aus der Nutzung des US-Finanzsystems durch Zahlungen in US-Dollar. Diese werden technisch über in den USA ansässige Korrespondenzbanken abgewickelt. Selbst wenn der zugrunde liegende Geschäftsvorgang vollständig zwischen Drittstaaten erfolgte, wurde allein durch die Abwicklung der Transaktion in US-Dollar ein Bezug zu den Vereinigten Staaten hergestellt und damit die Anwendbarkeit des US-Sanktionsrechts ausgelöst. Diese extraterritoriale Durchgriffswirkung erklärt, warum gerade Banken regelmäßig im Fokus von OFAC-Verfahren stehen

Der US-Nexus stellt sich in den untersuchten Verfahren wie folgt dar (Abb. 10.1):

Hier wird erkennbar, dass der häufigste US-Nexus, der zur US-Gerichtsbarkeit führt, in der Abwicklung von Verträgen in US-Dollar liegt. Dies betrifft 62,50 % aller Fälle. In 18,75 % der Fälle gab es neben dem US-Dollar einen weiteren Nexus. Damit war in 81,25 % der Fälle die Abwicklung eines Vertrages in US-Dollar (mit)ursächlich für Verfahren des OFAC.

Für die Gestaltung wirksamer Internal Compliance Programmes bedeutet dies, dass die Identifizierung und fortlaufende Überwachung möglicher US-Bezüge durch Zahlungsvorgänge in US-Dollar einen unverzichtbaren Bestandteil der Risikoanalyse darstellen.

Allerdings unterscheiden sich die Ergebnisse in den einzelnen Branchen erheblich.

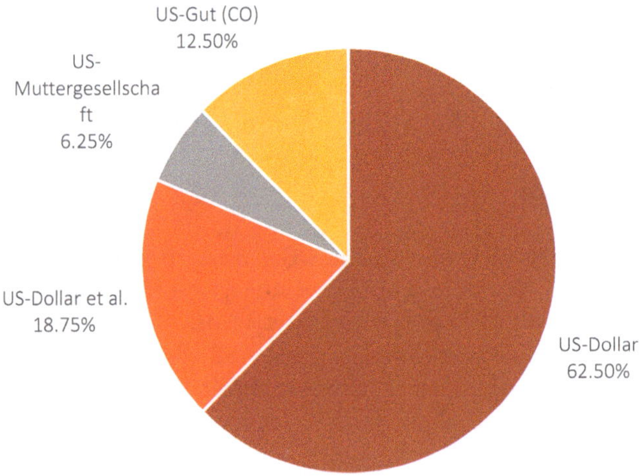

Abb. 10.1 US-Nexus aller 32 Verfahren. (Quelle: eigene Darstellung)

10.1.1.1 Banken und Kryptos

Die Untersuchung der 32 analysierten OFAC-Verfahren verdeutlicht, dass der Finanzsektor im Zentrum der Sanktionspraxis steht. Insgesamt 15 Verfahren betreffen Banken und Kryptowährungsplattformen. Die in diesem Bereich verhängten Geldbußen belaufen sich im Untersuchungszeitraum auf rund 2,27 Mrd. Euro, was einem Anteil von 79,6 % der gesamten Strafsumme gegen Nicht-US-Unternehmen entspricht. Dieses Zahlenverhältnis macht deutlich, dass sich OFAC bei der Durchsetzung seiner extraterritorialen Zuständigkeit in erster Linie auf die Finanzströme konzentriert.

Der maßgebliche Anknüpfungspunkt ist hierbei der US-Dollar. Sämtliche Verfahren gegen Banken und Kryptoplattformen unterlagen der US-Gerichtsbarkeit, weil die Transaktionen in US-Dollar abgewickelt wurden. Diese Form der Anbindung zeigt die herausragende Bedeutung des US-Finanzsystems als globales Kontrollinstrument. Schon die technische Abwicklung einer Zahlung über eine in den Vereinigten Staaten ansässige Korrespondenzbank genügt, um den Anwendungsbereich des US-Sanktionsrechts zu eröffnen. Damit wird der Dollar-Zahlungsverkehr zur juristischen Schnittstelle, über die OFAC seine extraterritoriale Reichweite geltend machen kann (Abb. 10.2).

Zwar fanden sich daneben in zwei Fällen weitere Nexus-Konstellationen. Bei der First Bank of Romania ergab sich ein zusätzlicher Bezug durch die Konzernstruktur, da die Bank eine US-Muttergesellschaft hatte. Im Verfahren gegen die EFG International AG war eine US-Person unmittelbar an den Verträgen beteiligt. Gleichwohl treten diese Sachverhalte im Vergleich zur dominierenden Rolle des US-Dollar deutlich zurück: Während Konzernbindungen oder Einzelpersonen nur punktuell relevant sind, bildet die Dollar-Transaktion den strukturell konstanten Nexus aller untersuchten Fälle.

Abb. 10.2 US-Nexus im Bereich Banken. (Quelle: eigene Darstellung)

Für Unternehmen im Finanzsektor folgt daraus eine klare Konsequenz: Sie müssen ein umfassendes und wirksames Compliance-Programm etablieren, das die strengen Anforderungen des US- Sanktionsrechts systematisch berücksichtigt. Dies gilt insbesondere für Institute, die regelmäßig internationale Zahlungen in US-Dollar abwickeln. Die extraterritoriale Anwendung des US-Rechts auf Finanztransaktionen stellt ein außergewöhnlich hohes Risiko dar.

Ein prägnantes Beispiel ist der Fall der UniCredit Bank, die im Jahr 2019 wegen diverser Sanktionsverstöße eine Gesamtstrafe von rund 611 Mio. USD akzeptierte. Dieses Verfahren verdeutlicht exemplarisch, dass selbst international etablierte Institute mit ausgeprägten Compliance-Strukturen nicht vor empfindlichen Sanktionen gefeit sind, wenn Lücken im Screening oder in der Abwicklung bestehen.

Die Implementierung eines robusten Compliance-Systems dient daher nicht nur der Vermeidung formaler Rechtsverstöße, sondern hat auch eine ökonomische Schutzfunktion. Sie bewahrt Unternehmen vor massiven finanziellen Einbußen, Reputationsschäden und dem möglichen Verlust des Zugangs zum US-Finanzsystem – einer der schwerwiegendsten Konsequenzen, die OFAC im Rahmen seiner Enforcement-Praxis anordnen kann.

10.1.1.2 Industrie

Klammert man die Bereiche Banken, Kryptowährungen und Tabakwaren aus, so ergibt sich für den hier als „Industrie“ bezeichneten Sektor – einschließlich Medien, Luftfahrt und Logistik – ein Gesamtstrafvolumen von 77,16 Mio. USD. Der Mittelwert der verhängten Geldbußen liegt bei 4,82 Mio. USD.

Die Analyse der 16 Verfahren zeigt ein vielfältiges Bild möglicher Nexus-Konstellationen. In sechs Fällen lag der Anknüpfungspunkt in der Abwicklung der Verträge in US-Dollar. In vier weiteren Fällen bestand neben dem US-Dollar-Nexus ein zusätzlicher Bezug – etwa durch die Einbindung eines US-Partners oder die Zugehörigkeit zu einer US-Muttergesellschaft. In vier Verfahren begründete der Export von US-Gütern die Zuständigkeit, während in zwei Fällen Verstöße durch Tochtergesellschaften von US-Unternehmen festgestellt wurden (Abb. 10.3).

Mit einem Anteil von 62,5 % stellt die Zahlungsabwicklung in US-Dollar zwar weiterhin den zentralen Anknüpfungspunkt dar, doch ist der relative Anteil im Vergleich zum Finanzsektor signifikant geringer. Dies verweist auf eine branchenabhängige Gewichtung unterschiedlicher Nexus-Faktoren. Während im Bankensektor der „Dollar-Nexus“ nahezu allein ausschlaggebend ist, tritt im Industriebereich ein komplexeres Zusammenspiel mehrerer Anknüpfungspunkte hinzu.

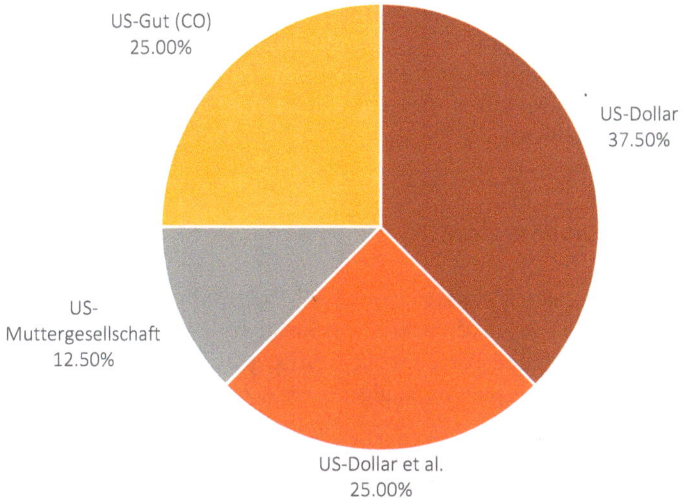

Abb. 10.3 US-Nexus im Bereich Industrie. (Quelle: eigene Darstellung)

Bemerkenswert ist insbesondere die Rolle konzernrechtlicher Strukturen. In 12,5 % der Fälle konnte eine US-Muttergesellschaft als Bezugspunkt identifiziert werden. OFAC betrachtet die Kontrolle eines US-Unternehmens über ausländische Tochtergesellschaften regelmäßig als hinreichend, um die extraterritoriale Zuständigkeit zu begründen. Damit verdeutlicht sich, dass unternehmensrechtliche Verflechtungen nicht nur haftungs-, sondern auch sanktionsrechtlich von erheblicher Bedeutung sind.

In 25 % der Fälle beruhte die Zuständigkeit auf dem Ursprung der Waren in den Vereinigten Staaten. Diese Verfahren spiegeln die Anwendung der US-amerikanischen Reexportkontrollvorschriften wider, insbesondere der „de minimis rule" und der „foreign direct product rule". Danach können auch außerhalb der USA hergestellte Güter der US-Exportkontrolle unterfallen, wenn sie in relevanter Weise US-Komponenten enthalten oder auf US-Technologie beruhen. Gleiches gilt für US-Güter, die unterarbeitet reexportiert werden (vgl. Fall 13 Nordgas). Gerade für international verflochtene Lieferketten stellt dies ein schwer kalkulierbares Risiko dar, da bereits geringe US-Anteile die Anwendbarkeit des US-Rechts auslösen können.

Insgesamt zeigt sich, dass im Industriesektor ein multifaktorielles Nexus-Muster vorliegt. Für Compliance-Verantwortliche bedeutet dies, dass neben der Überwachung von Finanzflüssen auch konzernrechtliche Strukturen sowie die technologische Herkunft von Produkten systematisch in die Risikobewertung einbezogen werden müssen. Ein wirksames Internal Compliance Program (ICP) muss daher risikoadäquat ausgerichtet sein und sämtliche potenziellen Anknüpfungspunkte – von Zahlungswegen über Eigentümerstrukturen bis hin zu technischen Komponenten – abdecken.

10.1.2 Sanktionsregime

Die Untersuchung der 32 analysierten OFAC-Fälle vermittelt ein deutliches Bild der Schwerpunktsetzung in der praktischen Sanktionsdurchsetzung der Vereinigten Staaten. Die Auswertung der einschlägigen Regelwerke zeigt, dass bestimmte Sanktionsprogramme wesentlich häufiger Gegenstand regulatorischer Maßnahmen waren als andere.

Diese Häufung ist keineswegs zufällig und lässt sich auch nicht allein durch die Zahl der einschlägigen Transaktionen erklären. Vielmehr reflektiert sie eine strategische Prioritätensetzung der US-Regierung. Zum einen spiegeln sich darin außen- und sicherheitspolitische Zielsetzungen wider, etwa die Isolierung bestimmter Staaten (Iran, Nordkorea, Russland) oder die Bekämpfung globaler Bedrohungen wie Terrorismus und Geldwäsche. Zum anderen zeigen die Fälle, dass die US-Behörden gerade dort besonders aktiv sind, wo strukturelle Risikoexpositionen bestehen – etwa im internationalen Finanzsystem, dessen Abhängigkeit vom US-Dollar eine nahezu universelle Anknüpfung ermöglicht.

Hinzu tritt die konsequente extraterritoriale Wirksamkeit des US-Sanktionsrechts. OFAC nutzt die technische Abwicklung von Transaktionen über US-Korrespondenzbanken oder den Einsatz von US-Technologie systematisch als rechtliche Anknüpfungspunkte, um auch Nicht-US-Unternehmen in die Pflicht zu nehmen. Diese Praxis verleiht den Sanktionsprogrammen eine Reichweite, die faktisch globale Geltung entfaltet.

Damit wird deutlich, dass die Schwerpunkte der OFAC-Durchsetzung nicht nur juristisch-technisch erklärbar sind, sondern zugleich auf die geopolitische Steuerungsfunktion von Sanktionen verweisen. Sie dienen nicht allein der Ahndung von Verstößen, sondern auch der gezielten Durchsetzung außenpolitischer Interessen durch wirtschaftlichen Druck.

Bei der Untersuchung der 32 Verfahren gegen Nicht-US-Unternehmen hinsichtlich der Sanktionsregime und US-Exportvorschriften zeigt sich folgendes Ergebnis (Abb. 10.4):

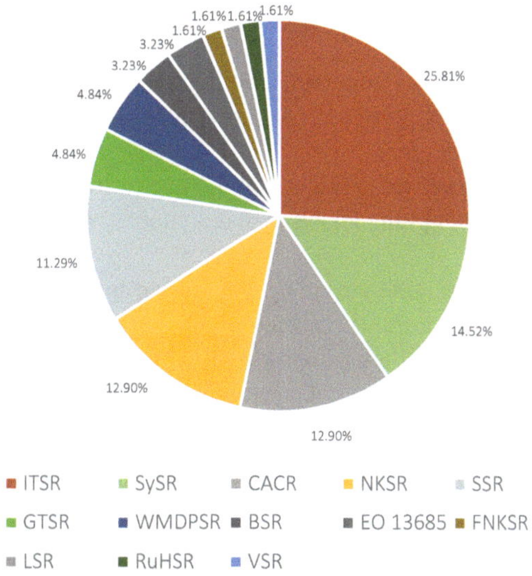

Abb. 10.4 Sanktionsregime. (Quelle: eigene Darstellung)

Die Auswertung der 32 Settlements macht deutlich, dass Sanktionsverstöße in erheblichem Maße im Zusammenhang mit Iran-Geschäften aufgetreten sind (25,81 % der Verfahren). Besonders relevant sind dabei die Iranian Transactions and Sanctions Regulations (ITSR), die seit Jahrzehnten den zentralen Anknüpfungspunkt für OFAC-Maßnahmen bilden. Zugleich wird erkennbar, dass der Nahen Osten insgesamt im Fokus steht: Neben den Iran-Sanktionen finden sich zahlreiche Verstöße im Zusammenhang mit den Syrian Sanctions Regulations (SySR) und den Sudanese Sanctions Regulations (SSR).

Dieser Befund ist Ausdruck einer geopolitisch determinierten Schwerpunktsetzung der US-Sanktionspraxis. Der Nahe Osten gilt traditionell als Hochrisikoregion für Proliferation, Terrorismusfinanzierung und geopolitische Destabilisierung. Die US-Regierung nutzt daher Sanktionsinstrumente besonders intensiv, um dort außenpolitische Einflussnahme auszuüben.

Um die Analyse der Enforcement-Verfahren systematisch zu strukturieren und die regulatorischen Zielrichtungen besser erfassen zu können, ist es sinnvoll, eine inhaltlich und geopolitisch differenzierende Dreiteilung der einschlägigen Sanktionsprogramme vorzunehmen. Diese Gliederung folgt der in dieser Arbeit nach Gordon (2019, S. 110) gewählten Typologisierung (vgl. Teil II Abschn. 4.2.2) und ermöglicht eine präzisere Auswertung der regionalen Schwerpunkte.

Die Unterteilung erfolgt in drei Kategorien:

1. Sanktionsprogramme mit Schwerpunkt Naher Osten (z. B. ITSR, SSR, SySR),
2. Länderspezifische Sanktionsprogramme (z. B. Russland, Kuba, Venezuela, Nordkorea),
3. Globale thematische Programme (z. B. Terrorismusbekämpfung, Korruptionsbekämpfung im Rahmen des Global Magnitsky Act, Cyber-Related Sanctions).

Diese Differenzierung schafft eine analytische Grundlage, um sowohl regionale Risikoexpositionen als auch die themenbezogenen regulatorischen Zielsetzungen der US-Sanktionspraxis klarer herauszuarbeiten.

Die Verfahren stellen sich unter dieser Prämisse wie folgt dar (Abb. 10.5):

Die Analyse der 32 ausgewerteten Settlements bestätigt, dass die Schwerpunktsetzung der US-Sanktionspraxis eindeutig regional geprägt ist. Mit einem Anteil von knapp über einem Viertel aller Verfahren bilden die Iran-Geschäfte unter den Iranian Transactions and Sanctions Regulations (ITSR) den Kernbereich der Verstöße. Ergänzt wird dieses Bild durch eine signifikante Zahl von Verfahren im Kontext der Syrian Sanctions Regulations (SySR) sowie der Sudanese Sanctions Regulations (SSR), sodass der Nahe Osten insgesamt als Hochrisikoregion identifiziert werden kann.

Dieser Befund verdeutlicht die strategische Ausrichtung der US-Regierung, Sanktionsinstrumente insbesondere dort einzusetzen, wo Fragen der Proliferation, Terrorismusfinanzierung und regionalen Stabilität berührt sind. Der Nahe Osten

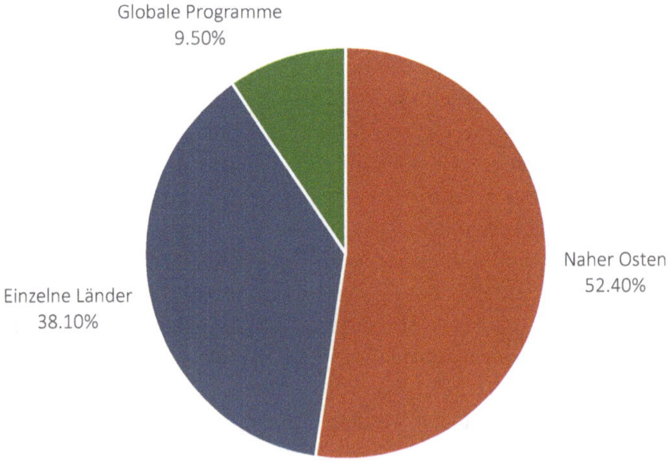

Abb. 10.5 Sanktionsregime nach Gruppen. (Quelle: eigene Darstellung)

dient damit nicht nur als Prüfstein für die Wirksamkeit von Sanktionen, sondern zugleich als exemplarisches Feld für die extraterritoriale Durchsetzung US-amerikanischer Regulierungsinteressen.

Die differenzierende Einteilung der Sanktionsprogramme in regional fokussierte Regime (Naher Osten), länderspezifische Programme sowie globale thematische Programme erweist sich vor diesem Hintergrund als analytisch tragfähig. Sie schafft die notwendige Struktur, um die verschiedenen Risikodimensionen klarer herauszuarbeiten und die Ergebnisse systematisch auf die Gestaltung von Internal Compliance Programmes (ICP) zurückzuführen.

10.1.2.1 Naher Osten

Zur ersten Gruppe wurden alle Sanktionsprogramme gezählt, die sich gezielt gegen Staaten des Nahen Ostens richten und deren Ursprung oder Hauptzielrichtung in sicherheitspolitischen oder geopolitischen Maßnahmen der USA gegenüber dieser Region liegt. Dazu zählen:

a. ITSR – Iranian Transactions and Sanctions Regulations
b. SySR – Syrian Sanctions Regulations
c. SSR – Sudanese Sanctions Regulations
d. LSR – Libyan Sanctions Regulations

Diese Programme betreffen in hohem Maße strategische Exportgüter, Technologietransfer, den Energiesektor sowie die Unterstützung terroristischer Organisationen oder autoritärer Regime. Die starke Präsenz dieser Programme in OFAC-Verfahren spiegelt die zentrale Bedeutung der Region für die US-Außenpolitik wider.

10.1.2.2 Einzelne andere Länder

Diese Gruppe umfasst länderspezifische Sanktionsprogramme, die sich nicht auf den Nahen Osten beziehen, sondern auf andere Regionen und geopolitische Brennpunkte. Sie zeichnen sich durch eine jeweils bilaterale Ausrichtung der Sanktionen aus. Zugeordnet wurden:

a. CACR – Cuban Assets Control Regulations
b. NKSR – North Korea Sanctions Regulations
c. EO 13685 – Executive Order 13685 (Ukraine/Russland)
d. BSR – Burmese Sanctions Regulations
e. VSR – Venezuela Sanctions Regulations
f. FNKSR – Foreign North Korea Sanctions Regulations
g. RuHSR – Russia Harmful Foreign Activities Sanctions Regulations

Diese Programme decken ein breites Spektrum außenpolitischer Konstellationen ab, von systemischer Menschenrechtsverletzung über nukleare Proliferation bis zu regionalen Aggressionen. Die Einordnung als „Einzelländersanktionen" trägt der spezifischen Rechtsgrundlage und dem isolierten Charakter dieser Regelungen Rechnung.

10.1.2.3 Globale Programme

Der dritten Gruppe wurden jene Programme zugeordnet, deren Anwendungsbereich nicht auf ein konkretes Land beschränkt, sondern inhaltlich definiert ist. Sie adressieren globale Sicherheitsbedrohungen und zielen auf spezifische Verhaltensweisen ab, etwa den internationalen Terrorismus oder die Verbreitung von Massenvernichtungswaffen. Hierzu gehören:

a. GTSR – Global Terrorism Sanctions Regulations
b. WMDPSR – Weapons of Mass Destruction Proliferators Sanctions Regulations

Diese Programme zeichnen sich durch ihren offenen Geltungsbereich aus und sind regelmäßig in multilaterale Strategien zur Gefahrenabwehr eingebettet. Sie bieten OFAC eine besonders flexible Handhabe, um auch nicht-staatliche Akteure weltweit zu erfassen.

Diese analytische Dreiteilung ermöglicht eine regionale und funktionale Bewertung der Sanktionspraxis. Sie zeigt, welche außenpolitischen Zielräume der US-Sanktionspolitik dominieren (Naher Osten), und erleichtert die Ableitung von branchenspezifischen Compliance-Risiken. Gleichzeitig wird dadurch deutlich, dass die extraterritoriale Reichweite des US-Sanktionsrechts nicht nur durch länderspezifische Maßnahmen, sondern vor allem auch durch globale Programme von hoher strategischer Reichweite bestimmt wird.

10.1.2.4 Stellungnahme

Die Auswertung verdeutlicht, dass Sanktionsverstöße durch Nicht-US-Unternehmen in erster Linie im Zusammenhang mit Vertragsbeziehungen in den Nahen Osten auftreten, wobei der Iran den deutlichsten Schwerpunkt bildet. Dieser Befund weist auf einen für die Exportcompliance besonders sensiblen Risikobereich hin. In Verbindung mit einem bestehenden US-Nexus entfalten solche Geschäftsaktivitäten unmittelbare Relevanz für die Anwendbarkeit des US-Sanktionsrechts und müssen daher zwingend bei der Ausgestaltung und Implementierung unternehmensinterner Compliance-Strukturen berücksichtigt werden (vgl. auch Schindler 2025).

Für die Compliance-Praxis folgt daraus, dass Iran-bezogene Geschäfte sowie Geschäftsbeziehungen in den Nahen Osten generell als Hochrisikobereich einzustufen sind. Sie erfordern eine verstärkte Risikoanalyse, engmaschige Kontrollen und eine lückenlose Dokumentation. Unternehmen müssen sicherstellen, dass sowohl Finanztransaktionen als auch vertragliche und technische Leistungen systematisch auf mögliche US-Bezüge geprüft werden. Andernfalls droht nicht nur eine erhebliche finanzielle Belastung durch Bußgelder, sondern auch ein Verlust des Zugangs zum US-Finanzsystem und damit ein gravierender Reputationsschaden.

Damit bestätigt die Fallstudie, dass die Integration des Nahost-Risikos in risikobasierte Export- und Sanktionscompliance-Programme für international tätige Unternehmen unverzichtbar ist. Nur durch ein proaktives Management dieser Risiken lässt sich die Wahrscheinlichkeit reduzieren, in den Fokus amerikanischer Sanktionsdurchsetzung zu geraten.

10.1.3 Strafzahlungen

Im untersuchten Zeitraum wurden in den USA 95 sanktionsrechtliche Verfahren des OFAC mit einer Gesamtstrafsumme von 2,97 Mrd. USD dokumentiert (vgl. Anhang A). Der Mittelwert der Strafzahlung aller Verfahren beträgt 30,58 Mio. USD. Dies betrifft US- wie auch Nicht-US-Unternehmen.

Von den 95 Verfahren wurden in dieser Fallstudie 32 Verfahren identifiziert, die sich gegen Nicht-US-Unternehmen (Non-US-Persons) richten und zu einem Settlement führten (vgl. Anhang B). Die Gesamtstrafe dieser untersuchten 32 Fälle beträgt 2,85 Mrd. USD. Der Mittelwert dieser Verfahren beträgt 89,17 Mio. USD und liegt damit erheblich über dem Mittelwert aller 95 Verfahren von 30,58 Mio. USD (inkl. US-Unternehmen).

Schon der Vergleich der Gesamtstrafen zeigt, dass ein erheblicher Umfang der Strafzahlungen (2,85 Mrd. USD im Vergleich zu insgesamt 2,85 Mrd. USD) von Nicht-US-Unternehmen erfolgte. Dies deutet darauf hin, dass Exportverstöße durch Nicht-US-Unternehmen nicht die Ausnahme, sondern die (betragsmäßig) relevanten Fälle sind, obwohl von den insgesamt 95 Verfahren nur rund ein Drittel (32) Verfahren gegen Nicht-US-Unternehmen betrifft.

Im Bankenbereich beträgt die Gesamtstrafe 2,27 Mrd. USD und der Mittelwert 174,36 Mio. USD. Dies macht mit 79,65 % der Gesamtstrafen im Nicht-US-Bereich den Schwerpunkt der Strafzahlungen aus.

Im Industriebereich hingegen beträgt die Gesamtstrafe gegenüber Nicht-US-Unternehmen 77,16 Mio. USD und der Mittelwert 4,82 Mio. USD. Hier zeigt sich, dass es erhebliche branchenbezogene Unterschiede in der Strafhöhe gibt.

Gleichzeitig kann das Risiko bei Verstößen gegen US-Sanktionen mit einer durchschnittlichen Strafe von 4,82 Mio. USD bewertet werden. Ein Grund mehr für die Geschäftsleitung eines europäischen Unternehmens, sich mit der Extraterritorialität des US-Sanktionsrechts zu befassen.

Entscheidend für die Höhe der Sanktion ist die Bewertung des Falls durch OFAC entlang zweier Kriterien: ob es sich um eine freiwillige Selbstanzeige handelte („self-disclosed") und ob der Verstoß als schwerwiegend eingestuft wurde („egregious"). Fälle mit früher Selbstanzeige und mildernden Umständen führen typischerweise zu deutlich reduzierten Zahlungen. Besonders nachteilig wirken sich hingegen wiederholte Verstöße, aktive Verschleierung, mangelnde Kooperation und Managementkenntnis über rechtswidrige Vorgänge aus.

10.2 Qualitative Beurteilung der Verfahren

Die systematische Auswertung der insgesamt 32 OFAC-Verfahren verdeutlicht die Vielschichtigkeit und Breitenwirkung der US-Sanktionsdurchsetzung im internationalen Unternehmensumfeld. Im Mittelpunkt der Bewertung stehen die branchenspezifische Betroffenheit, die rechtliche Anknüpfungsstelle über den sogenannten US-Nexus, die Höhe der verhängten bzw. vereinbarten Strafzahlungen sowie die tiefgreifenden Auswirkungen auf die Ausgestaltung und Umsetzung interner Compliance-Programme. Die hier gewonnenen Erkenntnisse bieten nicht nur eine empirisch fundierte Grundlage zur Risikoeinschätzung, sondern liefern zugleich praxisrelevante Hinweise für Unternehmen in Europa, die mittelbar oder unmittelbar in US-sanktionsrelevante Prozesse eingebunden sein können.

Die Verteilung der Sanktionsfälle nach Branchen zeigt ein ausgesprochenes Konzentrationsverhältnis: Nahezu die Hälfte aller untersuchten Verfahren (15 von 32) entfällt auf die Branche Banken und Finanzdienstleistungen. Diese Dominanz ist Ausdruck der hohen Systemrelevanz des US-Finanzsektors sowie der zentralen Rolle von Korrespondenzbanken bei internationalen Transaktionen in US-Dollar. Besonders auffällig ist, dass selbst Institute mit ausschließlich außeramerikanischer Rechtsform und ohne physische US-Präsenz der OFAC-Jurisdiktion unterlagen, sobald sie das US-Finanzsystem zur Abwicklung ihrer Geschäfte nutzten.

Neben dem Finanzsektor lassen sich Sanktionsverstöße in einer Vielzahl weiterer Wirtschaftszweige feststellen. Die Industrie- und Automatisierungsbranche ist mit vier dokumentierten Fällen die zweitstärkste Gruppe, darunter sowohl Maschinen- und Anlagenbauer als auch Anbieter von industriellen Steuerungssystemen. Auch die Bereiche Transport und Logistik, Chemie, IT, Offshore-Engineering, Herstellung von Konsumgütern sowie Medienunternehmen sind vertreten. Diese

Heterogenität verdeutlicht, dass US-Sanktionen keine sektorielle Einschränkung kennen und dass Risiken über nahezu alle Wertschöpfungsstufen hinweg auftreten können.

10.2.1 Bankwesen

10.2.1.1 Risikoprofil und US-Nexus

Das Bankenwesen steht im Zentrum der US-Sanktionsdurchsetzung. Dies zeigt sich sowohl in der Vielzahl der durch das Office of Foreign Assets Control (OFAC) untersuchten Fälle als auch in der Höhe der verhängten Strafzahlungen. Die Rolle von Banken als Finanzintermediäre bedeutet, dass sie nahezu zwangsläufig in Sanktionskontexte einbezogen werden, selbst wenn sie nicht bewusst oder aktiv an verbotenen Transaktionen beteiligt sind. Der extraterritoriale Zugriff des US-Sanktionsrechts über sogenannte USD-Clearing-Transaktionen, Korrespondenzbankbeziehungen und konzerninterne US-Bezüge stellt für internationale Banken ein strukturelles Compliance-Risiko dar. Die Analyse der Fälle von Standard Chartered Bank, UniCredit, Swedbank, Mashreqbank, EFG International, UBAF, Nodus, Sojitz, Bank of China UK u. a. zeigt, dass der US-Nexus immer über standardisierte Zahlungsprozesse oder informelle Abläufe im internationalen Transaktionsgeschäft entsteht.

Zwingend ist die Etablierung klarer Zuständigkeiten, insbesondere eines Chief Sanctions Compliance Officer mit direkter Berichtslinie zur Geschäftsleitung. Die Melde- und Eskalationswege müssen für alle Mitarbeitenden verbindlich definiert und regelmäßig in realistischen Szenarien geschult werden. Eine besondere Bedeutung kommt der proaktiven Kommunikation mit US-Korrespondenzbanken zu. Nur durch vollständige, rechtzeitige und transparente Offenlegung potenzieller Sanktionsrisiken kann verhindert werden, dass aus regulatorischen Meldepflichten haftungsrechtliche Sanktionen erwachsen. Die im Fall UniCredit und Standard Chartered festgestellten Verschleierungspraktiken unterstreichen, dass Untätigkeit oder bewusste Informationszurückhaltung als aktiver Verstoß gegen US-Sanktionsrecht gewertet werden.

Die Fallauswertung macht deutlich, dass sanktionsrelevante Verstöße im Bankensektor regelmäßig mit der Abwicklung von Zahlungen im US-Dollar, der Durchführung von Wertpapiertransaktionen, der Kontoführung für sanktionierte Personen oder Unternehmen sowie mit unzureichenden Offenlegungen gegenüber US-Korrespondenzbanken in Zusammenhang stehen. Besonders problematisch ist das häufig anzutreffende Spannungsverhältnis zwischen wirtschaftlichen Interessen, regulatorischen Anforderungen in Drittstaaten und den globalen

Geltungsansprüchen des US-Sanktionsrechts. In mehreren Fällen wurde festgestellt, dass Banken ihren US-Korrespondenzbanken bewusst oder fahrlässig keine oder unzutreffende Informationen über die sanktionsrechtliche Relevanz der Transaktionen übermittelten, um den US-Zugang nicht zu verlieren. Dieses Verhalten wurde von OFAC regelmäßig als besonders erschwerend gewertet.

10.2.1.2 Gestaltungsempfehlungen für ein wirksames ICP

Ein zentrales Problem stellt die unzureichende Integration von Sanktions-Compliance in die operative Abwicklung von Zahlungsverkehr, Depotführung und Wertpapiergeschäft dar. In vielen Fällen fehlte eine funktionsfähige Schnittstelle zwischen den technischen Systemen (z. B. SWIFT, Treasury, Zahlungsverkehr) und der Compliance-Abteilung. Zudem zeigte sich, dass es häufig an klaren Richtlinien für die Bearbeitung grenzüberschreitender Anfragen, die Offenlegung gegenüber US-Gegenparteien und die Auslegung ausländischer Kundendaten im Lichte der OFAC-Regularien mangelte. Viele Banken hatten keine wirksame Risikoanalyse vorgenommen, die Kundenstruktur, Herkunftsländer, Transaktionsvolumen und Produktnutzung im Hinblick auf US-Sanktionsrisiken berücksichtigt hätte.

Ein Internal Compliance Program im Bankensektor muss besonders hohen Anforderungen genügen, da es nicht nur präventiv wirken, sondern auch ein wirksames Frühwarnsystem für regulatorische Auffälligkeiten bilden muss. Zentrale Elemente eines solchen Programms sind eine umfassende, risikobasierte Kunden- und Transaktionsbewertung, insbesondere hinsichtlich der Herkunftsländer, wirtschaftlichen Eigentümer, Zahlungsflüsse und beteiligten Intermediäre.

Die Nutzung von US-Dollar, die Einschaltung von US-Korrespondenzbanken oder die Verwendung von US-basierten Clearing-Infrastrukturen müssen systematisch auf ihre sanktionsrechtliche Relevanz geprüft und dokumentiert werden. Ein funktionierendes ICP muss über eine eigenständige Sanktions- und Embargoprüfung verfügen, die unabhängig von anderen Prüfverfahren wie Geldwäsche- oder Kreditwürdigkeitsprüfungen agiert.

Der Einsatz spezialisierter Sanktions-Screening-Software, die auf Echtzeitbasis Namen, Länder, IP-Adressen und Transaktionsmuster gegen Sanktionslisten prüft, ist ebenso unerlässlich wie die Implementierung automatisierter Abbruch-, Rückhalt- und Eskalationsverfahren. Dabei müssen internationale Tochtergesellschaften und Niederlassungen in das zentrale Kontrollsystem eingebunden werden, insbesondere wenn sie Zugang zum US-Finanzsystem oder zu US-Korrespondenzbanken haben.

Die Umsetzung eines wirksamen ICP erfordert nicht nur eine formale Verankerung in den Organisationsrichtlinien, sondern vor allem die technische Durchdringung des Kontrollsystems und die Qualifikation des Personals. Der Einsatz von

Echtzeit-Screening-Technologie, kontinuierlicher Datenanalyse, Machine-Learning-Komponenten zur Erkennung atypischer Transaktionen und einem systematisierten Fallmanagement stellt sicher, dass die Compliance-Funktion nicht reaktiv, sondern proaktiv agieren kann.

Personell bedarf es einer zentralen Sanktions-Compliance-Einheit mit Expertise in US-Recht, internationalem Zahlungsverkehr, Embargoanalytik und interkultureller Kommunikation. Ergänzend ist ein systematisches Schulungsprogramm erforderlich, das insbesondere Mitarbeitende im Zahlungsverkehr, Wertpapiergeschäft, in Relationship-Management-Positionen sowie in IT und Datenmanagement auf die besonderen Sanktionsanforderungen vorbereitet.

Die Rolle von Banken im globalen Zahlungs- und Kapitalmarktgeschäft führt damit zu einer besonderen Verantwortung bei der Einhaltung von Sanktionsrecht. Dies gilt nicht nur gegenüber der eigenen Aufsicht, sondern im Kontext des US-Sanktionsrechts auch gegenüber ausländischen Behörden. Die Fallanalyse zeigt, dass Verstöße häufig auf organisatorisches Versagen, technische Intransparenz oder unzureichende Governance-Strukturen zurückzuführen sind. Ein wirksames ICP muss daher als Bestandteil der strategischen Unternehmensführung verstanden werden.

Die Compliance-Funktion darf nicht als Randaufgabe gesehen werden, sondern muss strukturell, personell und technologisch in der Lage sein, US-Sanktionsrisiken frühzeitig zu erkennen, zu bewerten und zu adressieren. Die in der Fachliteratur empfohlenen modularen Ansätze, kombiniert mit länder- und produktbezogenen Risikoindikatoren, bieten hierfür eine geeignete Grundlage.

10.2.2 Maschinen- und Anlagenbau

10.2.2.1 Risikoprofil und US-Nexus

Der internationale Maschinen- und Anlagenbau ist eine hochvernetzte, exportorientierte Branche mit komplexen technischen Produkten, langfristigen Projektstrukturen und global verteilten Wertschöpfungsketten. Die Besonderheit dieser Industrie liegt in der Kombination aus physischen Komponenten, ingenieurtechnischem Know-how und begleitenden Dienstleistungen wie Inbetriebnahme, Wartung oder Fernsupport. Die Fallanalysen zu Aiotec, Danfoss, Stanley Black & Decker und Acteon zeigen deutlich, dass insbesondere die Einbindung von US-Komponenten, der Rückgriff auf US-Technologie sowie projektbezogene Dienstleistungen einen US-Nexus begründen können. Der extraterritoriale Anwendungsbereich US-amerikanischer Sanktionsregelungen stellt für Unternehmen in diesem Geschäftsfeld ein erhebliches Compliance-Risiko dar.

Die Besonderheit des Maschinen- und Anlagenbaus liegt in der projekthaften Struktur, der hohen technischen Komplexität und dem Anteil an begleitenden Dienstleistungen. Dadurch entstehen Risiken nicht nur beim Export von Hardware, sondern auch bei planungs- und betreuungsbezogenen Prozessen. In der Praxis ist oft unklar, ob eine Softwareinstallation, eine Fernwartung oder ein Schulungsvideo bereits einen sanktionsrechtlich relevanten Exportvorgang darstellt. Die Vielzahl involvierter Parteien – darunter Lieferanten, Joint Ventures und lokale Auftragnehmer – macht eine präzise Compliance-Steuerung notwendig. Auch die langfristige Projektbindung mit regelmäßiger Serviceerbringung über mehrere Jahre hinweg erfordert dauerhafte Kontrollmechanismen.

Die typischen Risikokonstellationen ergeben sich aus der Verwendung von US-Vorprodukten, der Lizenzierung US-basierter Software oder der technischen Unterstützung durch US-Personal. Auch digitale Dienstleistungen wie Fernwartung, Monitoring oder Softwareupdates können unter US-Sanktionsrecht fallen, wenn sie in Bezug zu sanktionierten Endnutzern stehen. Der US-Nexus wird zusätzlich über Zahlungsabwicklungen in US-Dollar, Cloud-Infrastrukturen mit US-Bezug oder Exportvorgänge über Drittländer geschaffen. Besonders relevant ist die Exportklassifikation von Dual-Use-Gütern und deren Integration in Gesamtanlagen, bei denen der Endverbleib schwer vorhersehbar ist.

10.2.2.2 Gestaltungsempfehlungen für ein wirksames ICP

Die ausgewerteten Fälle zeigen regelmäßig Schwächen in der Endverbleibskontrolle, in der Einbindung dezentraler Tochtergesellschaften sowie in der Kenntnis US-rechtlicher Anforderungen. Es wurde deutlich, dass operative Projektverantwortliche häufig unzureichend über die extraterritoriale Wirkung des US-Sanktionsrechts informiert waren. In mehreren Fällen wurde die Genehmigungspflicht für Komponenten mit US-Ursprung missachtet oder der technische Support für kritische Kunden ohne vorherige Prüfung erbracht. Auch die Nutzung konzerninterner Verrechnung und Lieferstrukturen führte regelmäßig dazu, dass US-Bezüge in Exportvorgängen nicht transparent gemacht wurden. Darüber hinaus fehlten vielfach standardisierte Risikobewertungen auf Projektebene sowie funktionierende Eskalationsmechanismen.

Ein branchengerechtes Internal Compliance Program muss sowohl technologische als auch operative Risiken erfassen. Ausgangspunkt ist eine belastbare Risikoanalyse unter Berücksichtigung von Warenklassifikation, Kundenstruktur, Reisezielen, Servicestandorten und Finanzflüssen. Projekte mit US-Nexus sind einer gesonderten Freigabe zu unterziehen. Der Export von Software, Dienstleistungen und technischen Daten ist in die Prüfprozesse einzubinden. Die Exportkontrolle darf sich nicht auf zentrale Abteilungen beschränken, sondern muss in

Vertrieb, Engineering und Projektmanagement eingebettet werden. Eine strukturierte Vertragsprüfung mit Blick auf Sanktionsklauseln, Nutzungsvorbehalte und Genehmigungsvorbehalte ist ebenso erforderlich wie eine transparente Lieferkettenanalyse.

Technologisch ist ein funktionsfähiges ICP auf die Integration von ERP-Systemen, Engineering-Tools und Kommunikationsplattformen angewiesen. Die Exportkontrollfunktion muss Zugriff auf Projektdaten, Stücklisten, Lizenzdokumente und Transaktionsdetails haben. Endverbleibserklärungen, Länder- und Sanktionslistenprüfungen sowie projektbezogene Risikoanalysen sind systemisch zu erfassen und zu dokumentieren. Auf personeller Ebene ist ein dezentrales Compliance-Verständnis erforderlich, das alle Führungskräfte und Fachabteilungen einbezieht. Projektverantwortliche, Ingenieurteams und Vertriebsmitarbeitende sind regelmäßig in branchenspezifischen Szenarien zu schulen. Schulungsschwerpunkte sollten insbesondere den Umgang mit Drittländern, Re-Exporten und technischen Dienstleistungen betreffen.

Der internationale Maschinen- und Anlagenbau steht im Spannungsfeld zwischen technischer Innovation, wirtschaftlicher Effizienz und regulatorischer Kontrolle. Die empirische Auswertung von OFAC-Fällen belegt, dass insbesondere der US-Nexus unterschätzt und die systemische Integration der Exportkontrolle vernachlässigt wurde. Ein strategisch ausgerichtetes ICP muss daher technologiegestützt, prozessorientiert und konzernweit verankert sein. Exportkontrolle ist keine isolierte Rechtsfunktion, sondern Teil des unternehmerischen Risikomanagements. Nur durch eine ganzheitliche Struktur mit klaren Verantwortlichkeiten, durchgängiger IT-Unterstützung und kontinuierlicher Sensibilisierung kann das Sanktionsrisiko nachhaltig minimiert werden.

10.2.3 Kunststoffe, Chemie und Papier

10.2.3.1 Risikoprofil und US-Nexus

Die Branchen Kunststoffe, Chemie und Papier sind in besonderer Weise von US-Sanktionsrecht betroffen, da sie regelmäßig mit sensitiven Materialien, technologisch klassifizierten Produkten und internationalen Zulieferstrukturen arbeiten. Fälle wie SCG Plastics, AppliChem und 3M zeigen, dass die Verwendung chemischer Vorprodukte, die Herstellung von Laborreagenzien sowie der Export beschichteter Spezialpapiere erhebliche Sanktionsrisiken bergen, insbesondere wenn Kundenbeziehungen zu Ländern wie Iran, Kuba, Syrien oder Russland bestehen. Auch die Nutzung von US-amerikanischen Vorprodukten, Software, technischen

Daten oder Finanzdienstleistungen kann einen US-Nexus im Sinne der OFAC-Regularien auslösen.

Charakteristisch für die Branche ist die hohe Spezifität der Produkte, deren potenzieller Dual-Use-Charakter sowie die Kombination von physischem Export, technischer Begleitung und Produktverantwortung über den Lebenszyklus hinweg. In der Papierindustrie kommen zudem häufig Hochleistungspapiere mit besonderen chemischen Beschichtungen zum Einsatz, die in sicherheitskritischen Anwendungen Verwendung finden. Dies verlangt eine präzise Risikoanalyse über den Verwendungszweck, insbesondere bei Exporten in Regionen mit kritischer Endnutzerstruktur. Gleichzeitig sind Vertriebsorganisationen in der Chemiebranche traditionell dezentral aufgebaut, was die zentrale Durchsetzung eines ICP erschwert.

In den analysierten Fallkonstellationen traten mehrfach typische Risikofaktoren auf: Dazu gehörte der Export von Produkten mit US-Ursprung oder US-Technologie, die Weiterverarbeitung unter Einbindung US-lizenzierter Prozesse sowie der Transport über Drittstaaten mit Re-Export in sanktionierte Zielregionen. Insbesondere bei chemischen Verbindungen ist die Klassifizierung nach EAR (Export Administration Regulations) und die Bestimmung des US-Anteils an der Rezeptur komplex. Weitere US-Nexus-Elemente ergeben sich bei digitaler Übertragung technischer Daten (z. B. Sicherheitsdatenblätter), bei Produktberatung, bei der Nutzung von US-Software sowie beim Abschluss von USD-basierten Geschäften oder Dienstleistungen, die über US-Banken laufen.

10.2.3.2 Gestaltungsempfehlungen für ein wirksames ICP

In den betroffenen Unternehmen zeigten sich wiederholt strukturelle Defizite in der Exportkontrolle. Besonders auffällig war das Fehlen einer qualifizierten Güterklassifizierung unter Berücksichtigung der US-Reexportregeln, eine mangelhafte Dokumentation von Endverbleibsprüfungen sowie unzureichend durchdrungene Vertriebsstrukturen. Häufig wurden Vertriebsgesellschaften oder Partner in Drittstaaten genutzt, ohne dass deren tatsächliche Weiterverkaufswege transparent überwacht wurden. Auch wurde der Kreis der sanktionierten Endverwender nicht systematisch gescreent oder von der Produktberatung ausgeschlossen. In einigen Fällen wurden bewusst irreführende Informationen in Ursprungs- und Transportdokumente aufgenommen.

Ein Internal Compliance Program in der Kunststoff-, Chemie- und Papierindustrie muss spezifische Anforderungen an die Produktherstellung, technische Beratung und Exportabwicklung erfüllen. Zunächst ist eine belastbare Klassifikation aller Produkte nach deutschem, EU- und US-Recht erforderlich. Der US-Anteil an Formulierungen, Materialien oder Produktionsanlagen ist zu ermitteln und regelmäßig zu überprüfen. Unternehmen sollten sicherstellen, dass technische Daten, Produktinformationen und Kundenservices nicht ohne Prüfung in sanktionierte Staaten exportiert werden. Jede Lieferbeziehung mit potenziellem US-Nexus – sei es über Bankverbindungen, Software-Updates, Supportleistungen oder Weiterverarbeitung – muss einer eigenständigen Sanktionsprüfung unterliegen.

Die technische Umsetzung eines wirksamen ICP in diesen Branchen erfordert vor allem integrierte Exportkontrollsysteme, die Rezepturen, Komponenten, Lieferwege und digitale Prozesse erfassen. ERP-Systeme müssen mit Klassifizierungsdatenbanken, Sanktionslisten und Endverbleibsdokumentationen verknüpft werden. Die Exportfreigabe sollte automatisiert mit Prüfmechanismen versehen sein, die sowohl physische als auch digitale Exporte erfassen. Auf personeller Ebene sind Produktspezialisten, Vertrieb, Versand und Anwendungstechnik gleichermaßen in die Compliance-Struktur einzubinden. Eine zentrale Compliance-Stelle mit Fachwissen in Chemikalienrecht, Außenwirtschaftsrecht und US-Exportkontrolle ist unerlässlich.

Die ausgewerteten Fälle zeigen, dass Verstöße im Bereich Chemie, Kunststoffe und Papier oft aus fehlender Transparenz, fehlerhafter Risikoeinschätzung oder dezentralisierter Kontrollverantwortung resultieren. Ein wirksames ICP muss alle technischen, logistischen und kommerziellen Schnittstellen sanktionsrechtlich absichern. Nur ein ganzheitlicher, systemgestützter und personell gut verankerter Ansatz kann sicherstellen, dass insbesondere Re-Exportverbote, Dienstleistungen mit US-Bezug und Endverwendungsrisiken rechtzeitig erkannt und gesteuert werden. Die Branche ist auf internationale Kooperation angewiesen – entsprechend professionell muss ihr Umgang mit dem extraterritorialen US-Sanktionsrecht ausgestaltet sein.

10.2.4 Logistik

10.2.4.1 Risikoprofil und US-Nexus

Die Logistikbranche ist ein zentraler Bestandteil internationaler Lieferketten und daher besonders anfällig für sanktionsrechtliche Risiken. Die globale Vernetzung, der Transport sensibler Güter, der Einsatz von Zwischenhändlern und die Nutzung komplexer Vertrags- und Verladeketten führen dazu, dass potenzielle Verstöße gegen US-Sanktionsrecht nicht immer unmittelbar erkennbar sind. Die OFAC-Fälle Toll Holdings und Eagle Shipping belegen, dass auch scheinbar unbedeutende logistische Abläufe im Rahmen von Transportdienstleistungen einen US-Nexus begründen und erhebliche Compliance-Verstöße nach sich ziehen können. Gerade bei Reedereien, Speditionen, Lagerhaltern und Frachtabwicklern stellt sich die Herausforderung, dass sie als technische Durchführer in Sanktionsverstöße einbezogen werden können, obwohl sie formal nicht Vertragspartei verbotener Transaktionen und damit exportrechtlich kein Ausführer sind.

Die Logistik ist durch Geschwindigkeit, Flexibilität und Standardisierung geprägt. Daraus ergibt sich der Zielkonflikt zwischen operativer Effizienz und regulatorischer Tiefe. Sanktions-Compliance darf jedoch nicht als nachgelagerte Prüfinstanz verstanden werden, sondern muss integraler Bestandteil aller logistischen Abläufe sein. Dies gilt insbesondere bei multimodalen Transporten, bei denen Container auf dem See-, Luft- und Landweg durch verschiedene Jurisdiktionen transportiert werden. Die Vielzahl externer Schnittstellen, von Verladern über Lagerhalter bis hin zu Plattformanbietern, erhöht die Komplexität und erfordert eine präzise steuernde Compliance-Struktur.

Die risikobehafteten Berührungspunkte mit US-Recht in der Logistikbranche ergeben sich insbesondere aus der Beförderung von Gütern mit Ziel- oder Herkunftsbezug zu sanktionierten Ländern, der Einschaltung von US-Personen oder US-Dienstleistern, der Nutzung von US-Dollar zur Abwicklung logistischer Dienstleistungen oder dem Transport von Gütern mit US-Ursprung. Auch der Zugriff auf US-basierte Tracking-, Buchungs- oder Planungssoftware kann nach US-Recht einen Export von Dienstleistungen darstellen. Hinzu kommt, dass die Rolle von Subunternehmern, Agenten und Logistikplattformen die Transparenz über den Endempfänger oder die genaue Lieferkette mindert, wodurch das Risiko mittelbarer Verstöße erheblich steigt. Der US-Nexus ist insbesondere dann gegeben, wenn die Fracht über US-Häfen, US-Korrespondenzbanken oder US-gehostete digitale Systeme gesteuert wird.

10.2.4.2 Gestaltungsempfehlungen für ein wirksames ICP

Die Fallanalyse hat ergeben, dass es in der Logistik häufig an systematischen Prüfmechanismen für sanktionsrelevante Güter, Empfänger und Transportrouten mangelt. Unternehmen verlassen sich häufig auf allgemeine Zollabfertigung oder Standardformulare, ohne eine eigene sanktionsrechtliche Vorprüfung vorzunehmen. Auch waren in den untersuchten Fällen Informationen über den Endempfänger entweder nicht vorhanden oder nicht ausreichend geprüft. Die Weitergabe sanktionskritischer Fracht über internationale Drehscheiben erfolgte häufig ohne Awareness für mögliche Verstöße. Teilweise zeigte sich, dass Exportbeschränkungen auf technologischem Wege (z. B. durch geobasierte Plattformnutzung oder Transportrouting) umgangen wurden. Zudem fehlte es regelmäßig an Schulungen für operatives Personal, das im Ladungsumschlag, in der Lagerung oder bei der Disposition tätig ist.

Ein wirksames Internal Compliance Program im Bereich Logistik muss auf präventive Risikoerkennung und operative Kontrolle ausgerichtet sein. Dazu gehört insbesondere eine risikobasierte Bewertung aller Transportaufträge, einschließlich der Herkunfts- und Zielländer, der beteiligten Parteien, der eingesetzten Währungen und der involvierten IT-Systeme. Die Integration eines sanktionsrechtlichen Prüfmoduls in Buchungssysteme und Transportmanagementsoftware ist ebenso erforderlich wie die systematische Erhebung von Endverbleibsinformationen. Vertragsstrukturen mit Subunternehmern müssen explizit sanktionsrechtliche Verpflichtungen enthalten und Sanktionen bei Verstößen vorsehen. Ebenso sind Überwachungsmechanismen für Umladepunkte und Drittstaatenstrukturen einzurichten. Die Dokumentation der Sorgfaltspflichten sollte dabei lückenlos und prüfbar erfolgen.

Die Umsetzung eines wirksamen ICP in der Logistikbranche erfordert eine systemtechnische Integration der Sanktionsprüfung in die operativen Prozesse. Buchungssysteme, Trackinglösungen und Zollschnittstellen sollten um automatisierte Prüfmechanismen erweitert werden, die relevante Länderkombinationen, Sanktionslisten, Kunden-IDs und Warennummern gegen aktuelle Risikoparameter abgleichen. Auf personeller Ebene ist ein dezentrales Schulungskonzept zu entwickeln, das Lagerpersonal, Disponenten, Frachtführer und administrative Einheiten gleichermaßen erreicht. Ein Compliance-Verantwortlicher sollte mit Zugriff auf Echtzeitdaten, Transportbuchungen und Risikoanalysen ausgestattet sein. Im Fall von Auffälligkeiten müssen klar geregelte Eskalationsprozesse und Stoppsignale in der Lieferkette etabliert sein.

Die Logistikbranche steht vor der Herausforderung, operative Effizienz mit sanktionsrechtlicher Integrität zu verbinden. Die analysierten Fälle zeigen, dass Unkenntnis, operative Routine und technologische Intransparenz zentrale Risikotreiber sind. Ein wirksames ICP muss daher nicht nur formal vorhanden sein, sondern auf allen Ebenen gelebt werden. Die strukturelle Integration von Compliance in Transportabläufe, die Rückverfolgbarkeit sensibler Sendungen und die systematische Partnerüberwachung sind ebenso entscheidend wie technologische Unterstützung und qualifiziertes Personal. Nur auf dieser Grundlage lässt sich das Risiko extraterritorialer OFAC-Verstöße wirksam reduzieren.

10.2.5 Software und IT

10.2.5.1 Risikoprofil und US-Nexus

Die Softwarebranche ist durch eine hohe Dynamik, Internationalität und digitale Wertschöpfungsketten gekennzeichnet. In besonderer Weise ist sie durch das US-

Sanktionsrecht betroffen, da Softwareprodukte häufig auf US-Technologie basieren, aus den USA gehostet oder entwickelt werden oder eine US-Person als Lizenzgeber fungiert. Der Fall SAP zeigt exemplarisch, wie weitreichend der US-Nexus im Bereich der Software ausgelegt werden kann: Selbst digitale Downloads, Cloud-Nutzung, Supportleistungen und Updates unterliegen den Exportkontroll- und Sanktionsregelungen, wenn ein US-Nexus besteht. Die Übermittlung von Zugangsdaten, die Lizenzierung durch US-Tochtergesellschaften oder die Wartung durch US-Personal können einen unmittelbaren Anknüpfungspunkt für OFAC-Zuständigkeit darstellen.

Die Softwarebranche ist durch eine hohe Skalierbarkeit, geringe Margenkosten und weltweite Verfügbarkeit geprägt. Diese Vorteile schlagen unter sanktionsrechtlichen Gesichtspunkten in besondere Risiken um: Ein einmaliger Download durch eine sanktionierte Person kann einen sanktionsrechtlich relevanten Export darstellen. Auch rein technische oder automatisierte Prozesse (z. B. Updates) können als Dienstleistungen gewertet werden. In Kombination mit US-Technologie oder US-Lizenzen führt dies zu extraterritorialer Haftung. Die weitgehende Entkörperlichung des Produkts (Software as a Service) erschwert zudem die Einhaltung klassischer Exportkontrollprozesse, die auf physischen Warenströmen basieren.

Zentrale Risikofaktoren bestehen insbesondere in der Verfügbarkeit von Software in sanktionierten Ländern, dem Zugang durch sanktionierte Nutzergruppen und der Einbindung von US-Technologie, etwa durch Softwarebibliotheken, Verschlüsselung oder Hosting über US-Dienste. Auch die Nutzung von Zahlungsdienstleistern mit Sitz in den USA oder das Anbieten von digitalen Produkten in App-Stores US-amerikanischer Anbieter begründet regelmäßig einen US-Nexus. Weitere Risiken ergeben sich aus der Lizenzstruktur, etwa bei globalen Lizenzen, bei der konzernweiten Bereitstellung oder bei Weiterverkäufen an Wiederverkäufer ohne Endverbleibskontrolle. Besonders kritisch ist die Bereitstellung von Cloud-Diensten, wenn diese global verfügbar sind und keine systematische Sperrung sanktionierter Länder erfolgt.

10.2.5.2 Gestaltungsempfehlungen für ein wirksames ICP

In den analysierten Sachverhalten zeigten sich Defizite bei der Geolokalisierung von Nutzern, bei der IP-Filterung sowie bei der Lizenzierung über globale Plattformen ohne territoriale Begrenzung. Häufig bestand keine belastbare Exportkontrollklassifikation der Softwareprodukte, insbesondere im Hinblick auf kryptografische Funktionen. Der Zugang zu Updates, technischen Informationen oder Schnittstellen erfolgte vielfach unkontrolliert über öffentliche Server. Auch waren die Endnutzer nicht systematisch identifiziert, und es erfolgten keine hinreichenden Maßnahmen zur Verhinderung des Zugriffs durch sanktionierte Personen. Darüber hinaus fehlte es häufig an einer getrennten Bewertung des physischen Transfers (Download), des Zugriffs (Cloud) und der Nutzung (SaaS) unter sanktionsrechtlichen Gesichtspunkten.

Ein wirksames ICP in der Softwarebranche muss insbesondere die digitale Bereitstellung, Lizenzierung und Nutzung von Softwareprodukten kontrollieren. Dazu gehört zunächst eine technische Exportklassifikation aller Produkte, inklusive kryptografischer Komponenten, US-Inhalte und Lizenzbedingungen. Unternehmen müssen nachweisen, dass Downloads, Support oder Cloud-Nutzung aus sanktionierten Regionen ausgeschlossen werden. Dies erfordert Geofencing, IP-Filterung, VPN-Blockade und Blacklisting auf Hosting-Ebene. Vertraglich ist sicherzustellen, dass Reseller, Distributoren und Plattformbetreiber verpflichtet sind, keine Bereitstellung an sanktionierte Nutzergruppen vorzunehmen. Die Nutzung von US-Zahlungsdienstleistern oder von Plattformen mit Sitz in den USA muss transparent bewertet und dokumentiert werden.

Die technische Umsetzung eines ICP muss auf Integrität, Zugriffskontrolle und Nachvollziehbarkeit fokussiert sein. Dies bedeutet konkret die Implementierung von Geo-IP-Filtern, Whitelisting und Account-Validierung. Das Lizenzmanagementsystem muss sanktionsspezifische Kontrollmechanismen enthalten und den Zugriff auf Endnutzerebene nachvollziehen können. Die Update- und Supportprozesse sind so zu strukturieren, dass eine automatische Unterbrechung bei Verstößen erfolgt. Schulungen müssen technisches und rechtliches Wissen gleichermaßen adressieren, um Entwickler, Produktmanager, Vertrieb und Supportpersonal für die sanktionsrechtlichen Implikationen ihrer Tätigkeit zu sensibilisieren.

Die Softwareindustrie steht vor der Herausforderung, eine vollständig digitalisierte Produktwelt mit analogen rechtlichen Vorgaben des US-Sanktionsrechts zu verbinden. Die hohe Geschwindigkeit der Marktentwicklung darf nicht zulasten der Exportcompliance gehen. Ein belastbares ICP muss nicht nur die US-Rechtslage abbilden, sondern auch systemisch in Hosting, Distribution, Lizenzierung und Nutzerverwaltung eingreifen. Die Extraterritorialität des US-Rechts betrifft in dieser Branche nicht nur Einzeltransaktionen, sondern gesamte Geschäftsmodelle. Ein proaktiver, technologisch gestützter und in die Produktarchitektur eingebetteter Compliance-Ansatz ist daher unerlässlich.

Teil IV

Folgen für die Gestaltung der Exportcompliance

11 Strukturelle Kernanforderungen an das ICP

In allen untersuchten Fällen war die Einigung mit OFAC an weitreichende Verpflichtungen zur Einrichtung oder Erweiterung eines internen Compliance-Programms geknüpft. Diese Programme orientieren sich an dem von OFAC im Jahr 2019 veröffentlichten Framework for Compliance Commitments (vgl. Teil II, Abschn. 6.6). Dieses Rahmenwerk definiert grundlegende Erwartungshaltungen an Aufbau, Inhalt und Wirksamkeit von Sanktions-Compliance-Systemen.

Ein zentrales Element ist die ausdrückliche Verantwortung der Unternehmensführung für die Einhaltung sanktionsrechtlicher Vorgaben. Das Management ist verpflichtet, eine Compliance-Kultur zu fördern, Ressourcen bereitzustellen und die Integration des Programms in alle Geschäftsprozesse sicherzustellen.

Darüber hinaus ist ein systematischer Prozess der Risikoanalyse zu etablieren, der die mit Produkten, Kunden und Zielländern verbundenen Gefahren systematisch erfasst, bewertet und steuert. Besonders deutlich hat sich hierbei der Nahe Osten als sensibler Exportmarkt erwiesen. In Verbindung mit der Abwicklung von Zahlungen in US-Dollar – dem häufigsten Anknüpfungspunkt für einen US-Nexus – ergibt sich für exportorientierte Unternehmen gerade in diesem Bereich das höchste Sanktions- und Compliance-Risiko.

Die Fallanalyse zeigt weiter, dass die Bedeutung eines funktionierenden ICP nicht auf formale Regelwerke reduziert werden kann. Entscheidend ist vielmehr, dass Compliance im Unternehmen als strategische Daueraufgabe verstanden wird, die kontinuierliche Aufmerksamkeit, institutionelle Einbindung und operative Durchdringung erfordert. Besonders in international tätigen Unternehmen mit US-Bezug ist ein vorausschauendes, dynamisch gepflegtes Sanktions-Compliance-System unverzichtbar, um regulatorische Risiken zu minimieren und Geschäftsunterbrechungen zu vermeiden.

D. O. Schindler, *OFAC Settlement Agreements*,
https://doi.org/10.1007/978-3-658-50017-7_11

Die vorliegenden Erkenntnisse unterstreichen die Notwendigkeit, dass Unternehmen nicht nur allgemeine Sanktionsregeln kennen, sondern sich mit den Besonderheiten einzelner Programme auseinandersetzen. Eine programmbezogene Risikoanalyse – z. B. bezogen auf Kundengruppen, Länderbezüge, Zahlungsströme oder technologische Lieferungen – ist unabdingbar.

Insbesondere Unternehmen mit US-Bezug müssen sicherstellen, dass sie regulatorisch sauber zwischen den Programmen differenzieren, deren Geltungsbereich verstehen und etwaige Anwendungsfälle systematisch screenen. Die Fallanalyse zeigt, dass gerade in der Praxis das Versäumnis, die konkrete Reichweite einzelner Programme zu erkennen, zu erheblichen Sanktionen führen kann.

Zusammenfassend zeigt sich, dass US-Sanktionsprogramme differenziert ausgestaltet sind, aber in ihrer Anwendung aufeinander abgestimmte, sich überlagernde Risikozonen bilden. Unternehmen, die international tätig sind, müssen diese Risikozonen aktiv identifizieren und in die operative Steuerung ihrer Geschäftsvorgänge integrieren. Nur so lässt sich die Gefahr extraterritorialer OFAC Sanctions Enforcement Actions nachhaltig begrenzen.

Branchenspezifische Anforderungen im Lichte der OFAC-Settlements 12

12.1 Banken und Finanzen

Fälle: Bank of China (UK) Limited, Binance Holdings, Ltd., British Arab Commercial Bank plc, CA Indosuez Switzerland S.A., CFM Indosuez Wealth, EFG International AG, First Bank of Romania, Mashreqbank PSC, National Commercial Bank, Nodus International Bank, Inc., Sojitz (Hong Kong) Limited, Standard Chartered Bank, Swedbank AS (Latvia), UniCredit Bank, Union de Banques Arabes et Françaises

Top-Management-Verankerung: Verpflichtung der Geschäftsleitung, Compliance-Kultur aktiv zu fördern, Ressourcen bereitzustellen und jährliche Zertifizierungen an OFAC abzugeben.

Risikobewertung: Regelmäßige Risikoanalysen zu Kunden, Regionen, Produkten und Transaktionstypen. Einführung von Hochrisiko-Indikatoren (z. B. Iran, Syrien, Sudan, Krim, Nordkorea).

KYC und Due Diligence: Verstärkte Identitätsprüfungen, Analyse wirtschaftlich Berechtigter, Eskalationspflicht bei Verdachtsfällen.

Transaktionsmonitoring: Automatisierte Screening-Systeme für Zahlungen, SWIFT-Qualitätsprüfungen, Geofencing (z. B. bei Swedbank), Blockade von Transaktionen mit Bezug zu sanktionierten Staaten.

Berichterstattung: Jährliche Management-Zertifizierungen und laufende Reports an OFAC.

Schulungen: Verpflichtende, risikobasierte Trainings für alle Mitarbeitenden, oft jährlich.

Unabhängige Audits: Regelmäßige interne und externe Prüfungen der Effektivität des ICP.

D. O. Schindler, *OFAC Settlement Agreements*,
https://doi.org/10.1007/978-3-658-50017-7_12

Strukturelle Reformen: Einrichtung eigener Compliance-Komitees, Stärkung der Berichtslinien, personelle Aufstockung.

12.2 Maschinen- und Anlagenbau

Fälle: Acteon Group, Aiotec GmbH, Alfa Laval Middle East Ltd., Danfoss A/S, Nordgas, S.r.l., Stanley Black and Decker

Compliance-Integration bei M&A: Verpflichtung, bei Übernahmen sofort Sanktions- und Exportprüfungen durchzuführen (Stanley, ITW/AppliChem).

Projektfreigaben: Einführung von Freigabeprozessen für Geschäfte mit Hochrisikoregionen.

Dokumentationspflichten: Vollständige Transparenz zu Endnutzern, Ländern und Gütern.

Kontrolle von Tochtergesellschaften: Stärkere Einbindung und Monitoring ausländischer Einheiten, um eigenständige Verstöße zu verhindern.

Technische Kontrollen: Einführung von IT-basierten Prüfsystemen (z. B. zur Herkunftskontrolle von US-Komponenten).

Schulung: Trainings für Ingenieure, Vertrieb und Projektleiter mit Fokus auf Iran/Syrien-Geschäfte.

Audits: Regelmäßige Überprüfung von Lieferketten und Projektdokumentationen.

12.3 Kunststoffe, Chemie und Papier

Fälle: 3M Company, AppliChem, PT Bukit Muria Jaya, SCG Plastics Co., Ltd.

Konzernweite ICPs: Einführung konzernweiter Richtlinien nach OFAC-Standards.

Lieferkettenkontrolle: Prüfung von Zwischenhändlern und Agenten, Verpflichtung zur Unterzeichnung von Anti-Diversion Agreements.

Dokumentation: Verbot manipulativer Begriffe („Caribbean Procedures" bei AppliChem, „Middle East" statt Iran bei SCG Plastics).

Whistleblowing: Einrichtung anonymer Hinweisgeberkanäle.

Externe Prüfungen: Engagement von Drittanbietern für Screening und Compliance-Tests.

Managementberichte: Jährliche Zertifizierung und Reporting gegenüber OFAC.

Personalmaßnahmen: Austausch von Management und Verantwortlichen bei Verstößen.

12.4 Logistik

Fälle: Eagle Shipping International (USA) LLC, Toll Holdings Limited
Compliance-Officer mit direkter Berichtslinie: Neu geschaffene Stellen mit Ressourcenzuteilung.
Vertragliche Verpflichtungen: Aufnahme von Sanktionsklauseln in alle Verträge (Charter, Spedition, Lieferkette).
Technische Sperren: Einführung von Hard Controls in der Unternehmenssoftware (Toll: Blockade von Länder-/Ortscodes für sanktionierte Staaten).
Krisenmanagement: Notfallpläne für unterwegs erkannte Sanktionsrisiken (Eagle).
Training: Schulung von Crews, Spediteuren und Treasury-Abteilungen.
Audits: Forensische Rückschauen auf Transaktionen und externe Begutachtungen.

12.5 Software und IT

Fälle: SAP SE, Société Internationale de Télécommunications Aéronautiques SCRL
Technische Kontrollen: Geo-IP-Sperren, systematisches IP-Screening, Integration von Cloud-Services in zentrale Compliance-Strukturen.
Strukturelle Reformen: Einrichtung globaler Compliance Boards (z. B. SITA), Stärkung der Chief Compliance Officer-Rolle.
Partnerprüfung: Risikobasierte Kontrolle von Distributoren und Resellern.
Audits von IT-Systemen: Regelmäßige Tests, ob sanktionierte Akteure Zugriff auf Netzwerke oder Software haben.
Schulungen: Obligatorische Trainings für Entwickler, Vertrieb und Support.
Berichterstattung: Jährliche Nachweise gegenüber OFAC über Umsetzung und Fortschritt.

causa finita est

Anhang

Anhang A: OFAC Enforcements 2019–2024

	Name	Datum	Strafzahlung (USD)
1	e.l.f. Cosmetics	31.01.2019	996.080,00
2	KollMorgen	07.02.2019	13.381,00
3	AppliChem	14.02.2019	5.512.564,00
4	ZAG IP	21.02.2019	506.250,00
5	Stanley Black and Decker	27.03.2019	1.869.144,00
6	Standard Chartered Bank	09.04.2019	657.040.033,00
7	Acteon Group	11.04.2019	441.366,00
8	UniCredit Bank	15.04.2019	611.023.421,00
9	Haverly Systems	25.04.2019	75.375,00
10	MID-SHIP Group	02.05.2019	871.837,00
11	Western Union	07.06.2019	401.697,00
12	Cubasphere	13.06.2019	40.320,00
13	Expedia	13.06.2019	325.406,00
14	Hotel Beds	13.06.2019	222.705,00
15	PACCAR Inc.	06.08.2019	1.709.325,00
16	DNI Express Shipping Company	08.08.2019	Finding of Violation
17	Atradius Trade Credit Insurance, Inc.	16.08.2019	345.315,00
18	British Arab Commercial Bank plc	17.09.2019	4.000.000,00
19	The General Electric Company	01.10.2019	2.718.581,00
20	Apollo Aviation Group, LLC	07.11.2019	210.600,00
21	Apple, Inc	25.11.2019	466.912,00

(Fortsetzung)

D. O. Schindler, *OFAC Settlement Agreements*,
https://doi.org/10.1007/978-3-658-50017-7

	Name	Datum	Strafzahlung (USD)
22	Allianz Global Risks U.S. Insurance Company	09.12.2019	170.535,00
23	ACE Limited	09.12.2019	66.212,00
24	Park Strategies, LLC	21.01.2020	12.150,00
25	Eagle Shipping International (USA) LLC	27.01.2020	1.125.000,00
26	Société Internationale de Télécommunications Aéronautiques SCRL	26.02.2020	7.829.640,00
27	BIOMIN America, Inc.	05.06.2020	257.862,00
28	Amazon.com, Inc.	08.07.2020	134.523,00
29	Essentra FZE Company Limited	16.07.2020	665.112,00
30	Whitford Worldwide Company, LLC	28.07.2020	824.314,00
31	An Individual	11.08.2020	5.000,00
32	Deutsche Bank Trust Company Americas	09.09.2020	583.100,00
33	Comtech Telecommunications Corp.	17.09.2020	984.111,00
34	Keysight Technologies Inc.	24.09.2020	473.157,00
35	Generali Global Assistance, Inc.	01.10.2020	5.864.860,00
36	Berkshire Hathaway, Inc.	20.10.2020	4.144.651,00
37	National Commercial Bank	28.12.2020	653.347,00
38	BitGo, Inc.	30.12.2020	98.830,00
39	Union de Banques Arabes et Françaises	01.04.2021	8.572.500,00
40	PT Bukit Muria Jaya	14.01.2021	1.016.000,00
41	BitPay, Inc.	18.02.2021	507.375,00
42	UniControl, Inc.	15.03.2021	216.464,00
43	Nordgas, S.r.l.	26.03.2021	950.000,00
44	Alliance Steel, Inc.	19.04.2021	435.003,00
45	MoneyGram Payment Systems, Inc.	29.04.2021	34.328,78
46	SAP SE	29.04.2021	2.132.174,00
47	Alfa Laval Inc.	19.07.2021	16.875,00
48	Alfa Laval Middle East Ltd.	19.07.2021	415.695,00
49	Payoneer Inc.	23.07.2021	1.385.901,40
50	Bank of China (UK) Limited	26.08.2021	2.329.991,00
51	First Bank of Romania	27.08.2021	862.318,00
52	NewTek, Inc.	09.09.2021	189.483,00
53	Cameron International Corporation	27.09.2021	1.423.766,00
54	Schlumberger Rod Lift, Inc.	27.09.2021	160.000,00
55	Mashreqbank PSC	09.11.2021	Finding of Violation
56	An Individual	08.12.2021	133.860,00

(Fortsetzung)

	Name	Datum	Strafzahlung (USD)
57	TD Bank, N.A.	23.12.2021	115.005,04
58	Airbnb Payments, Inc.	01.01.2022	91.172,29
59	Sojitz (Hong Kong) Limited	11.01.2022	5.228.298,00
60	S&P Global, Inc.	01.04.2022	78.750,00
61	Newmont Corporation	21.04.2022	141.442,00
62	Chisu International Corporation	21.04.2022	45.908,00
63	Toll Holdings Limited	25.04.2022	6.131.855,00
64	Banco Popular de Puerto Rico	27.05.2022	255.937,86
65	American Express National Bank	15.07.2022	430.500,00
66	MidFirst Bank	21.07.2022	Finding of Violation
67	CFM Indosuez Wealth	26.09.2022	401.039,00
68	CA Indosuez Switzerland S.A.	26.09.2022	720.258,00
69	Tango Card, Inc.	30.09.2022	116.048,60
70	Bittrex, Inc.	10.11.2022	24.280.829,20
71	Nodus International Bank, Inc.	18.10.2022	Finding of Violation
72	Payward, Inc. ("Kraken")	28.11.2022	362.158,70
73	Danfoss A/S	30.12.2022	4.379.810,00
74	Godfrey Phillips India Limited	01.03.2023	332.500,00
75	Wells Fargo Bank, N.A.	30.03.2023	30.000.000,00
76	Uphold HQ Inc.	31.03.2023	72.230,32
77	Microsoft Corporation	06.04.2023	2.980.265,86
78	British American Tobacco p.l.c.	25.04.2023	508.612.492,00
79	Poloniex, LLC	01.05.2023	7.591.630,00
80	Murad, LLC, and an Individual	17.05.2023	3.509.286,00
81	Swedbank AS (Latvia)	20.06.2023	3.430.900,00
82	Construction Specialties Inc.	16.08.2023	660.954,00
83	3M Company	21.09.2023	9.618.477,00
84	Emigrant Bank	21.09.2023	31.867,90
85	DaVinci Payments	06.11.2023	206.213,00
86	Binance Holdings, Ltd.	21.11.2023	968.618.825,00
87	Nasdaq, Inc.	08.12.2023	4.040.923,00
88	CoinList Markets LLC	13.12.2023	1.207.830,00
89	Privilege Underwriters Reciprocal Exchange	21.12.2023	466.200,00
90	EFG International AG.	14.03.2024	3.740.442,00
91	SCG Plastics Co., Ltd.	19.04.2024	20.000.000,00
92	Mondo TV, S.p.a.	26.06.2024	538.000,00
93	State Street Bank u. a.	26.07.2024	7.452.501,00
94	Vietnam Beverage Company Limited	17.10.2024	860.000,00
95	American Life Insurance Company	14.11.2024	178.421,00
96	An Individual	19.11.2024	1.104.408,00

(Fortsetzung)

	Name	Datum	Strafzahlung (USD)
97	Aiotec GmbH	03.12.2024	14.550.000,00
98	C.H. Robinson International, Inc.	13.12.2024	257.690,00
99	An Individual	18.12.2024	45.179,00
100	Córdoba Music Group	18.12.2024	41.591,00
101	SkyGeek Logistics, Inc.	31.12.2024	22.172,00
		Gesamtsumme	**2.966.200.593,95**
		Mittelwert	**30.579.387,57**

Anhang B: OFAC Enforcements gegen Nicht-US-Unternehmen

	Name	Datum	Strafzahlung (USD)	Sitz	Branche
1	AppliChem	14.02.2019	5.512.564,00	DE	Chemie
2	Stanley Black and Decker	27.03.2019	1.869.144,00	CN	Werkzeuge
3	Standard Chartered Bank	09.04.2019	657.040.033,00	UK	Bank
4	Acteon Group	11.04.2019	441.366,00	UK	Energie
5	UniCredit Bank	15.04.2019	611.023.421,00	DE	Bank
6	British Arab Commercial Bank plc	17.09.2019	4.000.000,00	UK	Bank
7	Eagle Shipping International (USA) LLC	27.01.2020	1.125.000,00	MH	Logistik
8	Société Internationale de Télécommunications Aéronautiques SCRL	26.02.2020	7.829.640,00	CH	Luftfahrt
9	Essentra FZE Company Limited	16.07.2020	665.112,00	AE	Tabakwaren
10	National Commercial Bank	28.12.2020	653.347,00	SA	Bank
11	Union de Banques Arabes et Françaises	01.04.2021	8.572.500,00	FR	Bank
12	PT Bukit Muria Jaya	14.01.2021	1.016.000,00	ID	Papier
13	Nordgas, S.r.l.	26.03.2021	950.000,00	IT	Anlagenbau
14	SAP SE	29.04.2021	2.132.174,00	DE	Software
15	Alfa Laval Middle East Ltd.	19.07.2021	415.695,00	AE, SE	Anlagenbau

(Fortsetzung)

	Name	Datum	Strafzahlung (USD)	Sitz	Branche
16	Bank of China (UK) Limited	26.08.2021	2.329.991,00	UK	Bank
17	First Bank of Romania	27.08.2021	862.318,00	RO	Bank
18	Mashreqbank PSC	09.11.2021	Finding of Violation	AE	Bank
19	Sojitz (Hong Kong) Limited	11.01.2022	5.228.298,00	CN	Bank
20	Toll Holdings Limited	25.04.2022	6.131.855,00	AU	Logistik
21	CFM Indosuez Wealth	26.09.2022	401.039,00	MC	Bank
22	CA Indosuez Switzerland S.A.	26.09.2022	720.258,00	CH	Bank
23	Nodus International Bank, Inc.	18.10.2022	Finding of Violation	PR	Bank
24	Danfoss A/S	30.12.2022	4.379.810,00	DK	Anlagenbau
25	Godfrey Phillips India Limited	01.03.2023	332.500,00	IN	Tabakwaren
26	British American Tobacco p.l.c.	25.04.2023	508.612.492,00	UK	Tabakwaren
27	Swedbank AS (Latvia)	20.06.2023	3.430.900,00	LV	Bank
28	3M Company	21.09.2023	9.618.477,00	CH	Kunststoffe
29	Binance Holdings, Ltd.	21.11.2023	968.618.825,00	KY	Kryptos
30	EFG International AG.	14.03.2024	3.740.442,00	CH	Bank
31	SCG Plastics Co., Ltd.	19.04.2024	20.000.000,00	TH	Kunststoffe
32	Mondo TV, S.p.a.	26.06.2024	538.000,00	IT	Medien
33	Vietnam Beverage Company Limited	17.10.2024	860.000,00	VN	Getränke
34	Aiotec GmbH	03.12.2024	14.550.000,00	DE	Anlagenbau
	Gesamtsumme		**2.853.387.335,00**		
	Mittelwert		**89.168.354,22**		

Anhang C: Betroffene Sanktionsprogramme und US-Nexus

			US-Nexus			
	Name	Sanktions-programm	US-Mutter	US-Partner	CO	Zahlung in USD
1	AppliChem	CACR	ja	-	-	-
2	Stanley Black and Decker	ITSR	ja	-	-	ja

(Fortsetzung)

			US-Nexus			
	Name	Sanktions-programm	US-Mutter	US-Partner	CO	Zahlung in USD
3	Standard Chartered Bank	CACR, ITSR, SySR	-	-	-	ja
4	Acteon Group	CACR	ja	-	-	-
5	UniCredit Bank	BSR, CACR, GTSR, ITSR, LSR, SSR, SySR, WMDPSR	-	-	-	ja
6	British Arab Commercial Bank plc	SSR	-	-	-	ja
7	Eagle Shipping International (USA) LLC	BSR	ja			ja
8	Société Internationale de Télécommunications Aéronautiques SCRL	GTSR	-	-	USA	-
9	Essentra FZE Company Limited	NKSR	-	-	-	ja
10	National Commercial Bank	SSR	-	-	-	Ja
11	Union de Banques Arabes et Françaises	SySR	-	-	-	ja
12	PT Bukit Muria Jaya	NKSR	-	-	-	ja
13	Nordgas, S.r.l.	ITSR	-	-	USA	-
14	SAP SE	ITSR	-	-	USA	-
15	Alfa Laval Middle East Ltd.	ITSR	-	-	USA	-
16	Bank of China (UK) Limited	SSR	-	-	-	ja
17	First Bank of Romania	ITSR, SySR	ja	-	-	ja
18	Mashreqbank PSC	SSR				

(Fortsetzung)

			US-Nexus			
	Name	Sanktions-programm	US-Mutter	US-Partner	CO	Zahlung in USD
19	Sojitz (Hong Kong) Limited	ITSR	-	-	-	ja
20	Toll Holdings Limited	GTSR, ITSR, NKSR, SySR, WMDPSR	-	-	-	ja
21	CFM Indosuez Wealth	CACR, ITSR, SySR	-	-	-	ja
22	CA Indosuez Switzerland S.A.	CACR, EO 13685, ITSR, SSR, SySR	-	-	-	ja
23	Nodus International Bank, Inc.	VSR				
24	Danfoss A/S	ITSR, SySR, SSR	-	-	-	ja
25	Godfrey Phillips India Limited	NKSR	-	-	-	ja
26	British American Tobacco p.l.c.	NKSR, WMDPSR	-	-	-	ja
27	Swedbank AS (Latvia)	EO 13685	-	-	-	ja
28	3M Company	ITSR	ja	ja	-	ja
29	Binance Holdings, Ltd.	CACR, ITSR, NKSR, SySR	-	-	-	ja
30	EFG International AG.	CACR, FNKSR, RuHSR	-	ja	-	ja
31	SCG Plastics Co., Ltd.	ITSR	-	-	-	Ja
32	Mondo TV, S.p.a.	NKSR	-	-	-	ja
33	Vietnam Beverage Company Limited	NKSR	-	-	-	ja
34	Aiotec GmbH	ITSR	-	ja	-	ja

Literatur

Adler, David B. (2016): Die Anwendung und Durchsetzung US-amerikanischer Handelsbeschränkungen innerhalb der Europäischen Union – Wie schutzlos ist die EU?, 1st ed., Berlin.

Bauer, Oswald (1906): Der ehrbare Kaufmann und sein Ansehen, Dresden.

Behringer, Stefan/Belser, Karl-Heinz/Cranshaw, Friedrich L./Fabisch, Nicole/Fissenewert, Peter/Hess, Hans-Joachim et al. (2018): Compliance kompakt: Best Practice im Compliance-Management, 4., neu bearbeitete Auflage., Berlin.

Bryman, Alan (2007): The Research Question in Social Research: What is its Role? In: International Journal of Social Research Methodology, 2007, 10 (1), S. 5–20.

Bundesamt für Wirtschaft und Ausfuhrkontrolle (2018): Firmeninterne Exportkontrolle, 3. Auflage., Eschborn.

Bureau of Industry and Security (2017): Export Compliance Guidelines, Washington D.C.

Contrubis, John (1999): Executive Orders and Proclamations. No. 95–772., Washington D.C.: Congressional Research Service.

Department of Commerce/Department of the Treasury/Department of Justice (2024): Tri-Seal Compliance Note: Obligations of foreign-based persons to comply with U.S. sanctions and export control laws.

Department of State (2022): International Traffic in Arms Regulations (ITAR) Compliance Program Guidelines.

Department of The Treasury (2019): A Framework for OFAC Compliance Commitments.

Döring, Nicola (2023): Forschungsmethoden und Evaluation in den Sozial- und Humanwissenschaften (Springer-Lehrbuch), 6., vollständig überarbeitete, aktualisierte und erweiterte Auflage., Berlin.

Europäische Kommission (2019): Empfehlung (EU) 2019/1318 vom 30. Juli 2019 zu internen Compliance-Programmen für die Kontrolle des Handels Dual-Use-Gütern, Brüssel.

Gordon, Richard John Francis/Smyth, Michael/Cornell, Tom (2019): Sanctions law, Oxford.

Graber, Abigail A. (2021): Executive Orders: An Introduction. No. R46738., Washington D.C.: Congressional Research Service.

D. O. Schindler, *OFAC Settlement Agreements*,
https://doi.org/10.1007/978-3-658-50017-7

Hauschka, Christoph E./Besch, Christoph (Hrsg.) (2010): Corporate Compliance: Handbuch der Haftungsvermeidung im Unternehmen, 2., überarb. und erw. Aufl., München.

Hirschhorn, Eric L./Egan, Brian James/Krauland, Edward J. (2022): U.S. export controls and economic sanctions, Fourth edition., New York.

Hocke, Ernst/Sachs, Bärbel/Pelz, Christian/Abersfelder, Tobias Valentin/Alberda, Regan K./Arend, Katrin (2024): Außenwirtschaftsrecht (Heidelberger Kommentar), 3., neu bearbeitete Auflage., Heidelberg.

Hoff, Laurent (2019): Transaktionen in US-Dollar und sekundäre Sanktionen: ist die US-amerikanische Sanktionspraxis mit dem Völkerrecht vereinbar? (Schriften zur europäischen Integration und internationalen Wirtschaftsordnung), 1. Auflage., Baden-Baden.

Hohmann, Harald (2019): US-Exportrecht: einige Fallstricke. In: ExportManager, 2019, (4/2019), S. 21–22.

Hohmann, Harald (2019): Anmerkungen zum aktuellen US-Iran Embargo. In: AW-Prax Service Guide 2019, 2019, S. 42–44.

Hohmann, Harald/Jasper, Ulrike/Linnemann, Leif (2024): Praxis der US-(Re-)Exportkontrolle: EAR – OFAC – US-Regelungen sicher beherrschen, 4. aktualisierte Auflage., Köln.

KPMG (2022): OFAC Framework for Sanctions Compliance Programs [2022], https://kpmg.com/us/en/articles/2022/ofac-framework-sanctions-compliance.html [19.09.2024].

Kracauer, Siegfried (1952): The Challenge of Qualitative Content Analysis. In: Public Opinion Quarterly, 1952, 16 (4), S. 631–642.

Kreipl, Claudia (2020): Verantwortungsvolle Unternehmensführung: Corporate Governance, Compliance Management und Corporate Social Responsibility (Lehrbuch), Wiesbaden [Heidelberg].

Kuckartz, Udo/Rädiker, Stefan (2024): Qualitative Inhaltsanalyse. Methoden, Praxis, Computerunterstützung (Grundlagentexte Methoden), 6. Auflage., Weinheim.

Li, Kevin (2022): Reconceiving extraterritorial jurisdiction: from formality to function (Beiträge zum ausländischen öffentlichen Recht und Völkerrecht), 1st edition., Baden-Baden.

Makowicz, Bartosz (2018): Globale Compliance Management Standards: wertorientierte Umsetzung von DIN ISO 19600 und ISO 37001, München.

Mayring, Philipp (2016): Einführung in die qualitative Sozialforschung: eine Anleitung zu qualitativem Denken (Pädagogik), 6., überarbeitete Auflage., Weinheim Basel.

Merz, Matthias (2018): Interne Compliance-Programme in der Exportkontrolle – Modelle im Vergleich. In: Summersberger, Walter/Merz, Matthias/Jatzke, Harald/Achatz, Markus (Hrsg.), Außenwirtschaft, Verbrauchsteuern und Zoll im 21.Jahrhundert: Festschrift für Hans-Michael Wolffgang zum 65. Geburtstag, Köln, S. 83–121.

Mey, Günter/Mruck, Katja (Hrsg.) (2010): Handbuch qualitative Forschung in der Psychologie, 1. Auflage., Wiesbaden.

Moyer, Homer E./Mabry, Linda A. (1988): Export controls as intruments of foreign policy: the history, legal issues, and policy lessons of three recent cases, Lanham, MD.

Nunn, Sam/Wolfowitz, Paul (2000): Nunn-Wolfowitz Task Force Report: Industry „Best Practices" regarding Export Compliance Programs.

Office of Foreign Assets Control (2009): Economic sanctions enforcement guidelines, final [09.11.2009], https://ofac.treasury.gov/recent-actions/20091109 [19.09.2024].

Office of Foreign Assets Control (o.J.): About OFAC, https://ofac.treasury.gov/about-ofac [28.11.2023a].

Office of Foreign Assets Control (o.J.): OFAC Consolidated Frequently Asked Questions, https://ofac.treasury.gov/faqs/all-faqs [19.09.2024b].

Schindler, Darius (2024): Nicht-US-Personen: Tri-Seal Comliance Note [12.04.2024], https://www.us-exportrecht.com/nicht-us-personen-tri-seal-comliance-note/ [19.09.2024].

Schindler, Darius (2025): OFAC-Enforcements gegen Nicht-US-Unternehmen 2019–2024. Paper on International Trade No. 2., Center for International Trade and Export Control (CiTEX).

Wecker, Gregor/Laak, Hendrik van (2008): Compliance in der Unternehmerpraxis: Grundlagen, Organisation und Umsetzung, 1. Aufl., Wiesbaden.

Wecker, Gregor/Ohl, Bastian (Hrsg.) (2013): Compliance in der Unternehmerpraxis: Grundlagen, Organisation und Umsetzung, 3., aktualisierte und erw. Aufl., Wiesbaden.